Las nuevas economías

De la economía evolucionista a la economía cognitiva:
más allá de las fallas de la teoría neoclásica

Traducción de
Luisa Gabriela D' Orazio y Nadia Silvana Gómez

Supervisión técnica de la traducción
Cristina Gómez

Las nuevas economías

De la economía evolucionista a la economía cognitiva:
más allá de las fallas de la teoría neoclásica

Riccardo Viale
Compilador

FLACSO
MÉXICO

330.1
N9647 Las nuevas economías : de la economía evolucionista a la economía
cognitiva : más allá de las fallas de la teoría neoclásica / compilador
Riccardo Viale : traducción de Luisa Gabriela D'Orazio y Nadia Silvana Gómez. –
2ª. ed. – México : Flacso México, 2009.
322 p. : gráfs. ; 17x23 cm.

ISBN 978-607-7629-09-2

1. Economía – Teorías 2. Economía del Conocimiento. 3. Sistemas Económicos.
I. Viale, Riccardo, comp.

Título original: *Le nuove economie. Dall'economia evolutiva a quella cognitiva: oltre i fallimenti della teoria neoclásica*

Sede México, Carretera al Ajusco 377, col. Héroes de Padierna, del. Tlalpan, 14200 México, D.F.
www.flacso.edu.mx

Primera edición: 2008.
Segunda edición: 2009.

ISBN 978-607-7629-09-2

Cuidado editorial: Julio Roldán
Diseño de forros: Cynthia Trigos
Diseño y diagramación de interiores: Flavia Bonasso

Impreso y hecho en México. *Printed and made in Mexico.*

Sumario

Prefacio

La dinámica de cambio en las sociedades modernas repercute directamente en el intercambio y producción económicas; en tanto que las transformaciones del sistema económico contemplan distintas aristas en los niveles micro, meso y macro. Ante dicha circunstancia, la racionalidad del *Homo oeconomicus*, en muchas ocasiones, parece más una excepción que la regla.

En la ciencia económica hoy emergen explicaciones que plantean la necesidad de trascender el paradigma que enfatiza la racionalidad de las elecciones de un individuo; en especial, porque las problemáticas sociales derivan de la suma de las diversas orientaciones que toman las acciones de los individuos cuando éstos interaccionan con otros quienes, a su vez, responden a muy diferentes racionalidades. Esta cambiante lógica del sistema permite deducir que los fenómenos sociales son resultado de procesos complejos que exigen un tratamiento interdisciplinario.

La interdisciplinariedad es indispensable; no se puede negar el salto cualitativo que el desarrollo del conocimiento ha dado por el abordaje inter y transdisciplinario de los fenómenos y problemas. La combinación de explicaciones ante nuevas realidades significa una renovada forma de pensar la economía y representa un camino alterno para la explicación, el análisis y la decisión. Ya Riccardo Viale lo afirma: "[...] no existe un único modelo teórico que incluya todos los aspectos del conocimiento económico [...] lo que encontrarán en el libro es una articulada serie de propuestas que, partiendo de supuestos de naturaleza psicológica de la acción económica, trata de explicar los principales fenómenos micro y macro económicos."

El proyecto de publicar por primera vez en castellano *Le nuove economie. Dall'economia evolutiva a quella cognitiva: oltre i fallimenti della teoria neoclásica,* compilación de Riccardo Viale, responde a la exigencia de enriquecer el panorama en México de las visiones críticas que sobre el tema surgen en el viejo continente. La perspectiva ampliada y plural que incluye este libro permite renovar la discusión en torno a una línea de investigación crucial para comprender el papel del conocimiento y las nuevas tecnologías en los procesos productivos que tienen un fuerte anclaje en la teoría evolucionista y cognitiva: la sociedad del conocimiento, la innovación y las redes.

Una obra con esta perspectiva innovadora es una oportunidad para conocer diversas reflexiones en materia económica de reciente publicación, al tiempo que responde a la vocación científica de la Flacso México que, desde su creación, se ha orientado al debate riguroso y crítico de las corrientes de pensamiento presentes y emergentes en las ciencias sociales.

El acercamiento a los aportes de prestigiados economistas de Europa, resulta fundamental en un mundo globalizado y heterogéneo, y es útil para plantear alternativas de investigación en un mundo dominado por la literatura y los paradigmas de países como Estados Unidos e Inglaterra.

Agradezco a Riccardo Viale y a los demás autores que hayan accedido a publicar su obra en castellano, sin duda ésta será fundamento para inéditas y mejores ideas cuando se encuentre con los lectores, motivo final por el que la Flacso México se esfuerza en proponer publicaciones novedosas.

Giovanna Valenti Nigrini

Presentación

Este libro abre, por primera vez en los últimos quince años, un panorama plural y sistemático de las nuevas teorías económicas que compiten con la teoría predominante —esas son "las nuevas economías" a las que alude el título. Por ello constituye una muy valiosa contribución al tan necesario debate teórico tan necesario. Se trata de un excelente texto para introducir a los estudiantes de diferentes niveles en aportaciones cruciales que, además, en todos sus capítulos ofrece una amena lectura sobre las relaciones de la economía con otras ciencias sociales, con la filosofía y con la historia del pensamiento.

El tono general de los autores es la crítica puntual, acuciosa y razonada de aspectos centrales de la teoría neoclásica. En este mundo de exageraciones y juicios insensatos que tocan incluso las polémicas académicas, estas miradas analíticas, mesuradas y serias sobre problemas teóricos y empíricos relevantes de la ciencia económica configuran un espacio reconfortante y benéfico para quienes se dedican a la economía como ciencia y como profesión. Debemos agradecer a Riccardo Viale haber construido ese ambiente de reflexión y diálogo que está inmanente en el libro y a la Flacso México el acierto de traducirlo al español y promover su difusión.

Los siguientes renglones caracterizan los *temas* de las diferentes partes del libro y mencionan los nombres de los principales creadores de las subdisciplinas en que se ubican dichos temas. Entre paréntesis aparecen sus fechas de nacimiento y, si es el caso, la mención del año en que recibieron el premio Nóbel de la disciplina. Esos datos demuestran el carácter contemporáneo de las aportaciones del libro.

La primera parte trata sobre las funciones del conocimiento y de la innovación en el marco de la empresa y de los sistemas económicos. Entre los creadores de la *economía de la innovación* se encuentran Christopher Freeman (1921), Nathan Rosenberg (1927), Richard R. Nelson (1930), Sidney G. Winter (1935), Bengt-Åke Lundvall (1941), Luc Soete (1950), y Giovanni Dosi (1953).

La segunda parte se refiere a la oposición entre la explicación lógica y aquella basada en experimentos cuando se enfoca el comportamiento de los individuos y de las organizaciones. Entre los principales creadores de la *economía experimental* se encuentran Maurice Allais (1911, Premio Nóbel de Economía (PNE) 1988), Vernon L. Smith (1927, PNE 2002), Reinhard Selten (1930, PNE 1994), Daniel Kahneman (1934, PNE 2002), Amos Tversky (1937–1996), John D. Hey (1944), Alvin Roth (1951), y Ariel Rubinstein (1951).

La tercera parte discute el papel de las diferentes formas de racionalidad, o bien, de la capacidad intelectual como fundamentos de la decisión. Este campo incluye a los creadores de la economía experimental, en particular a Allais, Smith, Kanheman y Tversky, quienes hicieron posible, entre otros, plantear los problemas y algunas de las líneas de la *economía cognitiva* creada por Friedrich von Hayek (1999–1992, PNE 1974), Armen A. Alchian (1914), Herbert Simon (1916–2001, PNE 1978), Gerd Gingerezer (1947), y Ellen Langer (1947).

La última parte está dedicada a las relaciones entre los sistemas complejos y la economía. La *economía de la complejidad*, desarrollada en el marco del programa de ciencias de la complejidad del Santa Fe Institute, tiene entre sus iniciadores a Robert Axelrod (1943), William A. Brock, W. Brian Arthur (1945), David A. Lane (1945), Leigh S. Tesfatsion, y Steven N. Durlauf.

Las contribuciones de las partes primera y última se refieren especialmente a:

- las relaciones entre conocimiento, innovación e instituciones que hacen posible que se generen los ciclos largos de crecimiento y bienestar económico, y

- la simulación mediante metodologías y técnicas de las ciencias de los sistemas complejos de las interacciones entre agentes económicos.

Quien esté interesado en la interpretación evolucionista de las conexiones mencionadas primero leerá con gran provecho la primera parte. A la vez, quienes se interesen por las instituciones que posibilitan la interacción entre creadores de conocimiento, empresarios y hacedores de políticas públicas para la ciencia y la tecnología tendrán, en dicha parte, una guía útil. Los preocupados por replicar la evolución del sistema económico y la emergencia de estructuras sociales auto–organizadas, que trascienden y condicionan a los actores, leerán con fruición la última parte de este libro.

Los dos siguientes ejemplos de algunos de los muchos problemas que trata el libro tienen el objeto de acercar al lector a sus asuntos principales.

1) El juego del ultimátum y la racionalidad auto–interesada de los egoístas universales en el capítulo "Teoría de juegos del comportamiento y preferencias sociales" de Sacco y Zarri.

Este es un juego secuencial de dos estadios y dos jugadores donde el primero le propone al segundo repartirse una cantidad de dinero. Al primero le tocará el monto menos la proporción x que le ofrece al segundo. Si el segundo acepta lo que el primero le ofrece el juego termina: el primer jugador recibe la cantidad menos la proporción ofrecida que es recibida por el segundo. Cuando el segundo jugador rechaza la oferta ninguno recibe dinero.

La teoría tradicional de juegos pronostica que dos jugadores auto–interesados que se guían por la maximización de los beneficios y que conocen de forma común la información resolverán la situación de la siguiente forma. El primer jugador ofrecerá una proporción positiva y muy pequeña de la cantidad de dinero y el otro aceptará. No obstante, la economía experimental cuestiona con evidencia reiterada este resultado.

Las motivaciones de los individuos participantes, aun en juegos simples como éste, son más amplias que el puro interés monetario egoísta. Otras consideraciones como el aprecio por el otro, el sentido de equidad del reparto, la reciprocidad en la negociación desvían a los jugadores experimentales del pronóstico convencional. Ello abre una reflexión sustancial sobre los comportamientos económicos, las interacciones entre los sujetos y las formas de representarlos y entenderlos.

2) La primacía de la razón ilimitada y universal sobre el mesurado intelecto como el fundamento del cálculo racional de los agentes económicos y el empobrecimiento consecuente de la mente y la psicología de los actores en el capítulo "Cuál mente para la economía cognitiva" de Viale.

La teoría de la elección racional que se usa en la economía parte de que los agentes involucrados usan sus facultades intelectuales, primero, para discriminar y clasificar opciones y, segundo, para ordenar o valorar conjuntos de opciones según un criterio *a priori* basado en las preferencias o la utilidad. Una vez que determinaron algunos conjuntos como más preferidos o mejores que otros estarán en posibilidad de elegir lo óptimo bajo condiciones externas que no dependen de su voluntad. El origen de la decisión se encuentra así en una primacía del discernimiento sistemático. La razón que organiza e informa la mente de estos agentes está basada puramente en un intelecto que abstrae, clasifica, mide y evalúa perfectamente.

La psicología de las decisiones exhibe de manera consecuente que los actores que toman decisiones en circunstancias complejas e inciertas recurren a otras facultades, capacidades y rutinas que están más allá de ese intelecto guiado por la razón pura. La experiencia, los hábitos de la decisión y las formas intuitivas de allegarse información y usarla para decidir configuran otra mente para los actores. La teoría de la racionalidad a la que recurre la economía convencional, por lo general, se basa en una concepción cognitiva que no incluye esas facultades que trascienden a las del calculador sistemático.

Las páginas de este libro sirven para comprender que el sentido de las buenas decisiones económicas radica no en un intelecto que computa inmensas masas de información y utiliza extraordinarios y refinados algoritmos para elegir un curso de acción, sino en facultades humanas entrenadas cotidianamente para mejorar las formas de vivir en sociedad.

Martín Puchet Anyul

Introducción. El cambio empírico de la economía

Por Riccardo Viale

Quizá no existe mejor manera de ilustrar los nuevos aires que soplan en la ciencia económica que retomando algunas frases del discurso que pronunció el profesor Lars-Göran Nilsson en Estocolmo con motivo del Premio Nóbel de Economía del año 2002, otorgado a Daniel Kahneman y Vernon Smith:

> La descripción de las ciencias económicas teóricas y empíricas, comúnmente en uso, puede tener validez histórica, pero, hoy en día, debe ser modificada. Quienes estudian el rol de la psicología en el ámbito económico pueden demostrar, siempre con más confianza, que en algunas situaciones los individuos no se comportan como *Homo oeconomicus*. Los investigadores de economía experimental perfeccionaron métodos para efectuar experimentos de laboratorio en ambiente controlado, incluso en ámbito económico. Numerosos estudiosos contribuyeron enormemente en este sentido, incluso algunos premios nóbel anteriores: Maurice Allais y Herbert Simon han incorporado la perspectiva psicológica a la teoría de decisión, mientras que John Nash y Richard Selten han realizado estudios experimentales preliminares. Los dos premios nóbel de este año son figuras destacadas en estos dos campos.

Las palabras del profesor Lars-Göran Nilsson pueden hacer creer en un cambio que sólo transcurre en la comunidad científica. Estos nuevos aires, sin embargo, no están limitados a las aulas y a los departamentos universitarios. Son aires que están sacudiendo, desde sus raíces, la confianza de los economistas de profesión en relación con los instrumentos tradicionales para analizar e intervenir en el mundo económico. Esto se refleja también en las apreciaciones dadas por la prensa especializada. *L' Economist*, por ejemplo, publica periódicamente artículos irónicos y sarcásticos sobre los errores anunciados de previsión y explicación de la economía tradicional. Entonces nos preguntamos ¿cómo es posible que los bancos, empresas e instituciones sigan pagando enormes cantidades a analistas cuyo "récord" de errores de previsión e interpretación está tan documentado? Algunos sospechan que el análisis económico se ha transformado en una especie de *retórica* cuyo valor no radica tanto en la eficacia de las recetas propuestas sino en la posibilidad de reconocimiento e identificación en el lenguaje y en los conceptos utilizados. Por otro lado, como nos enseña la historia de la ciencia, muchas veces el abandono de una teoría errada a favor de una nueva necesita mucho tiempo antes de que este cambio pase a formar parte del bagaje metodológico del científico aplicado o del técnico. Hasta que la *cadena del conocimiento* que une a quien enseña una teoría con quien la aplica en la realidad profesional permanezca monopolizada por la vieja doctrina, se seguirá utilizando, aun siendo evidente su falta de adecuación. Esto es lo que está sucediendo con la *economía neoclásica*. Como se verá en el libro, las objeciones empíricas que ésta ha sufrido son varias y sistemáticas. A éstas, la economía neoclásica ha respondido atrincherándose en un fortín de estratagemas *ad hoc* y rescates metodológicos. Progresivamente, esta teoría se ha transformado cada vez más en un ejercicio tautológico de deducción matemática, sin relación con la realidad económica. A pesar de tal retroceso como programa de investigación científica, la economía neoclásica continúa siendo la teoría prevaleciente tanto en la enseñanza universitaria como en la formación y promoción de investigadores y profesores, en la selección de publicaciones, en los financiamientos públicos, y en los premios y reconocimientos académicos. La autorreferencia social de la comunidad de economistas neoclásicos no parece hacer algo para prever a corto plazo la superación de este sofocante monopolio ni la apertura hacia las teorías de la nueva ciencia económica que están, desde hace años, golpeando delicadamente la puerta del mundo económico.

Este libro pretende ofrecer un análisis de los importantes cambios que se están produciendo en la doctrina económica. Como se verá, a diferencia de la estrechez teórica de la economía neoclásica, la nueva ciencia económica se propone de un modo mucho más articulado. No existe un único modelo teórico que incluya todos los aspectos del conocimiento económico. La nueva teoría de la acción económica, en cuanto atenta a la validez empírica de sus hipótesis, no quiere sacrificar su realismo en el altar de la abstracción y la formulación matemática. Por ende, los lectores no deben esperar la propuesta de un elegante y simple modelo aplicable a todos los periodos. Lo que leerán en las cuatro partes de este libro es una articulada serie de propuestas que, partiendo de una refundación psicológica de la acción económica, trata de explicar los principales fenómenos micro y macro económicos.

En la vida de todos los días, el individuo generalmente sigue reglas de comportamiento que se perpetúan, en mayor o menor grado, con el tiempo. La excepción de elegir no se da en el campo económico. Frecuentemente se decide sobre la base de comportamientos rutinarios, automáticos y basados en reglas implícitas y no concientes. Parecen entonces falsas las premisas —sobre las que se basa la teoría estándar en economía— de un agente económico guiado por procesos intencionales, con un modelo correcto de la realidad y capaz de maximizar cualquier función subjetiva. A partir de esta consideración, común a todos los ensayos de este libro, comienza el capítulo de Giovanni Dosi, "La interpretación evolucionista de las dinámicas socio-económicas", el cual abre la primera parte del libro: "Mercado, empresa y conocimiento". Es justamente a partir de la *imperfecta adaptación* del actor económico —de hacerse guiar por heurísticas que conducen a decisiones no óptimas sino tan sólo satisfactorias, de actuar algunas veces de modo reflejo y automático, según rutinas no apropiadas— que se genera el margen de cambio e innovación económica. A menudo, los comportamientos por debajo de lo óptimo se reflejan negativamente en el individuo y en la sociedad; por ejemplo, el frecuente caso de las fallas de mercado. Otras veces introducen soluciones y comportamientos nuevos que pueden tener una mayor capacidad de adaptación y que se difunden, como mutaciones flexibles, velozmente en el ambiente a través de procesos de aprendizaje e imitación. Sin embargo, el enfoque evolucionista en economía no debe caer en las ingenuidades del darwinismo simplista de ciertos economistas —por ejemplo, M. Friedman en su famoso y controvertido ensayo de 1953, "The Methodology of Positive Economics"— que sostienen una función perfeccionista de la selección ambiental. De hecho, en economía, como en biología, generalmente no sobreviven los que maximizan, sino los individuos que actúan bien por debajo del umbral de la máxima eficiencia. Por lo tanto, el ambiente económico estará caracterizado por agentes muy diferentes en eficiencia y rendimientos. Entonces, ¿cómo se podrá crear una forma de coordinación y equilibrio? A través de la auto-organización; específicamente, de la coordinación que reúne los comportamientos de los agentes. Se trata de la génesis de las organizaciones e instituciones que caracterizan la dinámica de los mercados, como es el caso de la subasta descentralizada. Al mismo tiempo, los propios agentes crearán formas organizativas que, para desarrollarlas y mejorarlas, dependerán del tipo de conocimiento tecnológico incorporado a los productos y de los típicos procesos de aprendizaje y solución de problemas.

En algunos casos, el conocimiento tecnológico innovador es introducido a una empresa de modo fortuito —el conocido fenómeno de la *serendipity*. Esto recuerda el fenómeno de la mutación casual en el campo biológico. Contrariamente a ésta y a su manifestación de modo indeterminado en la evolución natural, la innovación tecnológica parece seguir, no obstante, determinadas trayectorias de desarrollo. Son los llamados *paradigmas tecnológicos* —es decir, "modelos de solución para problemas tecnológicos específicos, fundados en principios científicos y en tecnologías bien definidas" (Dosi, 1984)—, que fijan en forma abierta, pero no casual, los recorridos que seguirá la empresa para desarrollar la innovación. Sobre estos temas versa el ensayo de Franco Malerba, "La teoría evolucionista: las aportaciones empíricas". Se parte de la afirmación de Schumpeter (1942): "en la realidad del capitalismo [...] no es la competencia [sobre los precios] lo que cuenta, sino la competencia sobre los nuevos bienes, sobre las nuevas tecnologías", que evidencia su relación *ante litteram* con el enfoque evolucionista. Los economistas evolucionistas han propuesto dos modelos principales de la competencia schumpeteriana: "Schumpeter Mark I" (SmI), que representa la estructura industrial de fines del siglo XIX, caracterizada por una pluralidad de pequeñas empresas innovadoras; "Schumpeter Mark II" (SmII), que se refiere a la gran empresa americana de la primera mitad del siglo XX, dotada de laboratorios de investigación y desarrollo. Existe una natural evolución desde el primer modelo al segundo. Esto depende del rol causal de tres variables relacionadas al conocimiento y que cambian de sector en sector: *accesibilidad*, es decir, la facilidad con la que la empresa puede utilizar el conocimiento producido por otros; *oportunidad*, esto es, la fuente específica del conocimiento innovador que, por una parte, puede ser el laboratorio universitario y, por otra, las sugerencias de clientes y proveedores; *acumulación*, es decir, la capacidad de generar nuevos conocimientos a partir de uno precedente. Con base en estas características del ambiente se configuran los modelos de adaptación mediante el aprendizaje y la solución de problemas de las empresas individuales. Cuando un ambiente presenta elevada accesibilidad, en cuanto que el conocimiento no es propiedad segregada ni exclusiva del inventor, entonces se tendrá un ambiente rico de varios pequeños innovadores con un fuerte *turnover* entre nacimientos y muertes empresariales (SmI). Por el contrario, un alto grado de apropiación estimulará la concentración industrial (SmII). Una gran oportunidad —relacionada con la disponibilidad difundida de conocimiento, fácilmente traducible en innovación— permite una continua entrada de innovadores y la ausencia de rentas de posición (SmI). En cambio, cuando existe poca oportunidad tecnológica, prevalece la gran empresa poco innovadora, pero con mejores economías de escala y de objetivo (SmII). Finalmente, una elevada acumulación conduce a la concentración de empresas dotadas de capacidades organizativas, de una base tecnológica consolidada y con un currículum de éxito en el mercado. Sólo ellas tendrán los recursos de aprendizaje para explotar de manera ventajosa el conocimiento acumulado anteriormente (SmII).

Según la teoría del equilibrio económico general, la totalidad de la vida económica se reduce a intercambios regulados por el mercado mediante el sistema de precios. Esto presupone hipótesis de racionalidad ilimitada, tanto a nivel individual como de las consecuencias colectivas. Asimismo, esta posición implica una clara separación entre los actores individuales y los contextos institucionales y organizativos en los que se produce la interacción económica. Mientras la crítica de la primera hipótesis será desarrollada en la tercera parte del libro, la segunda es el tema central del ensayo de L. Marengo y C. Pasquali: "El mercado, la empresa y la primacía del conocimiento". La posición neoclásica, desarrollada posteriormente por Coase y Williamson, considera al mercado como el estado natural, originario, donde toda función de coordinación es asumida por los precios. El tránsito de este sistema a aquél de instituciones y estructuras integradas se logra cuando el primero conlleva costos de transacción mayores que los del segundo. Esta posición, simplista y mecanizada, demuestra que ignora cómo nacieron y cuál es la finalidad de las instituciones económicas, empezando por la empresa. A partir de Herbert Simon, las tradiciones de investigación de tipo evolucionista, cognitivo o aquélla que se ocupa del comportamiento revierten esta visión y proponen un enfoque de procedimiento que ve las razones de la génesis de las instituciones en la capacidad de solución de problemas y en los conocimientos y competencias. La empresa nace y se refuerza en cuanto es capaz de elaborar conocimientos técnicos y de incorporarlos a nuevos productos. Para lograr este objetivo, la empresa desarrolla formas de coordinación integrada por diferentes deberes y actividades de solución de problemas que el mercado, por sí mismo, no sería capaz de generar.

Una aplicación de estas tesis *post-institucionales* se encuentra en el ensayo de A. Gambardella, "Empresas de gestión y 'nuevos' sistemas empresariales". Se comparan dos modelos de desarrollo industrial; uno basado en la empresa *de gestión*, que corresponde a la gran empresa jerárquica —descrita por Alfred

Chandler (1977, 1990)—, y otro de tipo *empresarial*, constituido por pequeñas empresas en los sectores de *hi-tech* [alta tecnología], siguiendo el ejemplo de Silicon Valley. Los dos sistemas son complementarios, se desarrollan a menudo en sectores distintos y encuentran su justificación institucional en la diferente dinámica cognitiva y cognoscitiva implicada. La gran empresa chandleriana está ligada a una función-objetivo: la explotación de una idea innovadora. Fundamentalmente, necesita ejecutores organizados en una estructura jerárquica de comportamientos rutinarios. Esta arquitectura organizativa —con un pequeño conjunto de innovadores manager y un gran cuerpo de realizadores— está sujeta a fenómenos cognitivos, como la escalada irracional a partir de costos irrecuperables —*sunk cost*—, el impulso inercial a seguir en los programas iniciales una vez producido el aprendizaje organizativo, y la correspondiente pobreza creativa debida a idiosincrasias y sesgos cognitivos de los manager que deciden. En relación con estas características organizativas, la gran empresa chandleriana parece ideal, sobre todo en sectores donde se encuentra presente la producción en masa, donde son evidentes los bienes en la cuenta capital y, como en el sector automovilístico o aeronáutico, donde el producto es un típico colector de innovaciones de origen exógeno. Por el contrario, en sectores de alta tecnología y relacionados con tecnologías críticas, como el *software*, las biotecnologías y las nanotecnologías, el formato institucional y organizativo que se ha demostrado más competitivo presenta características opuestas. Una red de pequeñas empresas, con una gran cabeza creativa y un pequeño cuerpo ejecutivo, donde son minimizados los peligros cognitivos que derivan de los costos en negro, la inercia organizativa y las idiosincrasias y sesgos individuales.

Como muestran los ensayos referidos, no es posible explicar la génesis y el funcionamiento de las instituciones económicas y, en particular, de la empresa, sin una adecuada teoría del actor económico construida sobre bases empíricas y no a priori. ¿Cuáles pueden ser los instrumentos metodológicos para el análisis empírico de la acción económica? Al igual que en otras disciplinas científicas, principalmente la observación y la experimentación. Los economistas ortodoxos no coinciden con esto pues, en conformidad con las corrientes más irracionales de la epistemología contemporánea, sostienen la tesis de la diversidad epistemológica de la ciencia económica. La economía, de forma análoga a otras ciencias sociales, no puede basarse en metodologías de revelación empírica de las ciencias naturales. Esta tesis es contradicha en el ensayo de Michele Bernasconi, "La 'economía' de los experimentos", que da inicio a la segunda parte del libro: "La economía como ciencia experimental". A partir de los años sesenta, y fundamentalmente en estos últimos quince años, ha aumentado la actividad experimental en economía. Desde el famoso artículo de Vernon Smith, de 1962, hasta los premios nóbel de economía otorgados a los mismísimos Smith y Daniel Kahneman en 2002, muchos investigadores han tratado de construir en laboratorio microsistemas controlados donde se pueda analizar la relación entre causa y efecto de las variables económicas. No sólo el comportamiento y los modelos de juicio y decisión económica son sometidos a la revisión empírica. También el efecto de los órdenes institucionales, de los mercados, de las organizaciones y de las empresas se convierte en uno de los objetivos de la *economía experimental*. Al inicio, los ámbitos experimentales eran fundamentalmente las aulas universitarias, los incentivos usados eran poco concretos y motivadores y las formas de interacción se alejaban demasiado de la realidad de la vida económica. Últimamente la experimentación se ha perfeccionado de manera notable. Se han creado verdaderos laboratorios separados de las aulas universitarias con la finalidad de aislar variables de alteración, como la figura del docente; se han introducido computadoras para aumentar las posibilidades de simulación de eventos complejos; los incentivos han sido conmensurables a las exigencias del experimento. Finalmente, con prepotencia, están entrando en juego las técnicas de *neural imaging* para evidenciar las áreas del cerebro que son estimuladas en respuesta a determinados deberes de elección económica. Estos procedimientos experimentales parecen capaces de contribuir a la individualización empírica de los modelos neurocognitivos de razonamiento, juicio y decisión económica (de aquí el nuevo término: neuroeconomía); en otras palabras, a la construcción de una fundada teoría neurocognitiva del actor económico.

La economía experimental se ha aventurado en numerosas aplicaciones, fundamentalmente relacionadas con el comportamiento de los consumidores y de los inversionistas. En el campo del marketing se ha estudiado cómo el consumidor reacciona frente a diversas formas de presentación de un producto, o cuáles son las características marginales cruciales que pueden determinar la elección de una opción con respecto a alternativas igualmente válidas. En el campo de las finanzas se han estudiado las formas de irracionalidad —por ejemplo, el *overconfidence*— en la valoración de las oportunidades de inversión en los mercados financieros, particularmente en la Bolsa y en el Nuevo Mercado. Luego de los éxitos de previsión de muchos análisis realizados con estas hipótesis experimentales —reconocidas también por los más importantes periódicos económicos—, incluso se ha acuñado el término "*behavioral finance*" para bautizar el nacimiento de la nueva especialidad económica. El ensayo de Maria Giovanna Devetag y Massimo Warglien, "El laboratorio y la empresa: ¿una economía experimental aplicada?", no se detiene en los temas más tradicionales de la economía experimental, sino que enfrenta el emergente tema del estudio de la organización y gestión de las empresas. Las empresas representan los ámbitos experimentales vivientes, dado que en ellas el ambiente de interacción es delimitado y las variables internas son, en gran parte, separables de los factores externos de molestia. Desde este punto de vista, el estudio del impacto de los cambios organizativos, de la introducción de incentivos selectivos, del cambio de los niveles de comunicación, etc., son capaces de proveer interesantes hipótesis sobre el comportamiento y aprendizaje organizativo. Por otro lado, la realización de experimentos económicos puede proveer un precioso instrumento de control empírico sobre las hipótesis de diseño organizativo que se desee introducir en la empresa. Valorado así, el experimento actúa como "túnel de viento" para probar nuevas políticas de tipo organizativo sin correr el riesgo de los costos por falla de un cambio hecho a ciegas.

Un primer contacto experimental, muy común para estudiar fenómenos como la coordinación y la negociación, es el uso de la teoría de juegos. Nacida en el seno de la economía neoclásica —con el trabajo de von Neumann y Morgenstern (1944), y desarrollada en los primeros años, sobre todo a nivel matemático—, en los últimos tiempos se ha convertido cada vez más en el banco de prueba para el estudio experimental de los modelos de interacción estratégica. Los premios nóbel de economía John Nash y, fundamentalmente, Reinhard Selten ya habían comenzado a plantearse el problema de la "factibilidad" empírica de las soluciones ofrecidas por la teoría de juegos. Sin embargo, es básicamente con Thomas Schelling que se evoluciona hacia la *teoría de juegos del comportamiento*, en la que se trata de incorporar los resultados obtenidos con la investigación experimental en la estructura formal de la teoría. El ensayo de Pier Luigi Sacco y Luca Zarri, titulado "Teoría de juegos del comportamiento y preferencias sociales", afronta uno de los capítulos más fructíferos de la investigación experimental y teórica de la teoría de juegos: la dimensión *motivacional* de las *preferencias sociales*. A diferencia de la concepción neoclásica, que ve al actor económico atraído sólo por motivaciones vinculadas con la ganancia individual y sin interés alguno por el bienestar ajeno, la investigación experimental ha demostrado cómo, dentro de las motivaciones del individuo, existen también disposiciones relacionadas con las condiciones sociales y económicas de los demás. Éstas pueden ser positivas, como el altruismo y el sentido de igualdad; o negativas, como los celos y la envidia. Se configuran no tanto como las preferencias en la tradición económica (bajo forma de ordenamientos individuales de opciones de elección), sino como *estructuras motivacionales* a nivel metapreferencial. Es decir, son modalidades y propensiones psicológicas que, en la toma de decisiones, impulsan al individuo a dar importancia a factores relacionados no sólo con el interés personal, sino también con el de los demás. La existencia de las preferencias sociales complica bastante la teoría de la racionalidad económica. La búsqueda de la perfección en la interacción estratégica sólo puede cumplirse con la premisa de que los actores en juego tengan la misma estructura motivacional de auto-interés, es decir, orientada a maximizar su ganancia. Por el contrario, se deberá tener en cuenta una heterogeneidad motivacional caracterizada también por el altruismo, la equidad, la solidaridad, la reciprocidad o por sentimientos opuestos, negativos, pero en todos los casos orientados hacia los demás.

Concentrarse en un actor económico orientado no sólo hacia sí mismo, sino también hacia los demás, no representa únicamente un cambio metodológico, sino una crítica radical de naturaleza ontológica a la teoría de la racionalidad económica de derivación neoclásica. De hecho, mientras el *Homo oeconomicus* neoclásico sólo parece interesado en relacionarse con bienes y servicios capaces de acrecentar su ganancia, el actor económico que resulta de la economía experimental también está interesado en relacionarse con sus semejantes y tener, con respecto a ellos, sentimientos morales, como la solidaridad, la simpatía, la reciprocidad, etc. El ensayo de Stefano Zamagni, que lleva el título "La economía civil y los bienes relacionales", desarrolla las implicaciones de este cambio en la perspectiva. Los bienes, objetivo de los razonamientos y de las decisiones económicas, ya no son solamente aquellos materiales, como los bienes financieros e inmobiliarios, sino también aquellos *relacionales*, representados por la felicidad de relacionarse con otros, por la satisfacción de sentirse amado, por la propensión a corresponder las atenciones y las ayudas ajenas, etc. Este enriquecimiento de perspectiva de la acción económica presupone un vuelco de la imagen antropológica del actor. Ya no sólo Robinson Crusoe, interesado en optimizar su supervivencia bajo los vínculos de escasez de recursos, sino también Don Quijote, capaz de interactuar y entrar en empatía con las diversidades y las peculiaridades de otros ánimos humanos y de estar motivado por sentimientos desinteresados y generosos. Como han demostrado los resultados de la economía experimental, en situaciones de negocios o en la elección de alternativas contrarias, a menudo el comportamiento del actor económico no sigue las prescripciones de la racionalidad neoclásica, justamente porque son los bienes relacionales los que van a inclinar la balanza de decisión hacia la parte "desviadora". A pesar de los deseos de la economía neoclásica, el sentido de la felicidad que proviene de una buena relación humana suele tener más valor que la ganancia positiva de un buen negocio.

Una teoría de la acción económica que quiera superar los problemas de la racionalidad neoclásica y que sea permeable a los resultados de la investigación empírica debe afrontar con decisión el problema del modelo de mente del actor económico. Esta posición no es compartida por todos los que sostienen el estatuto empírico de la economía y de la importancia epistemológica de los experimentos y la observación controlada para mejorar la teoría económica. Para algunos de ellos, basta con adecuar marginalmente la teoría de la racionalidad cambiando, por ejemplo, algunos axiomas de la teoría de la ganancia, a la luz de la evidencia basada en la observación y la experimentación. Por el contrario, como tratan de argumentar los ensayos contenidos en la tercera parte del libro, "Cognición y racionalidad económica", para renovar la economía no es suficiente el *maquillaje* superficial de la teoría —definible también, en otros términos, como *estratagemas convencionalistas*. Es necesaria, en cambio, su *microfundación psicológica*. Éste es el objetivo del ensayo de Massimo Egidi, titulado "De la racionalidad limitada a la economía del comportamiento". La racionalidad económica se afirma, en el pasado, como un cálculo deductivo que utiliza la teoría de la probabilidad como instrumento formal. Este concepto se remonta a Bernoulli, es sistematizado en economía por Lionel Robbins —en el famoso *Essay on the Nature and Significance of Economics Science* (1932)— y llega a su ápice formal con la teoría de la utilidad de von Neumann y Morgenstern (1944). En los años cincuenta asistimos a dos fundamentales ataques a este tótem de la teoría económica, emblema de la llamada Escuela Americana. Por un lado, Maurice Allais demuestra cómo los axiomas —de totalidad, transitividad, continuidad e independencia—, sobre los que se basa la teoría de la ganancia esperada, son violados sistemáticamente en varios tipos de experimentos. Por otro lado, en América, Herbert Simon y una serie de colaboradores —en el análisis empírico del comportamiento de gestión en instituciones públicas y empresas— descubren cómo sus comportamientos están bien alejados del óptimo requerido por los diversos modelos de planificación racional. Los manager no son capaces de representar todos los datos relevantes ni de cumplir, en modo correcto, las necesarias inferencias deductivas y de probabilidades. Existen límites en la capacidad racional del hombre, encarnados en la estructura de la mente humana y, en particular, en el modo en que son representados los problemas de elección. En particular, la mente humana, a causa del cuello de botella de la memoria a corto plazo (así representada por su incapacidad para contener al mismo tiempo más de 9 ítems mnemónicos) no está en condiciones de absorber gran parte de la información externa ni de elaborarla en modo completo y correcto. El dato sobre la *racionalidad limitada* (Simon, 2000) da origen a la principal corriente de investigación sobre los fundamentos cognitivos de la economía. Daniel Kahneman y Amos Tversky son los impulsores de una serie de estudios fundamentales que evidencian algunos fenómenos relacionados con las limitaciones cognitivas en la capacidad de juzgar y decidir. Por un lado, nosotros utilizamos atajos de pensamiento, llamados heurísticos, que nos llevan a acelerar nuestras decisiones, pero, al mismo tiempo, a caer en errores y sesgos. Por otro lado, un componente fundamental en nuestra actividad de decisión no reside en la esfera conciente y racional, sino en la tácita y afectivo-emocional. Estas características de la mente humana pueden explicar las peculiaridades de génesis y desarrollo de los principales fenómenos económicos agregados, como el surgimiento de las instituciones económicas o el aprendizaje organizativo de las empresas. De hecho, como había oportunamente destacado von Hayek, es justamente nuestra incapacidad para razonar como el demonio de Laplace —capaz de calcular todos los estados futuros del mundo— y poseer todo el conocimiento empírico disponible, lo que nos lleva a desarrollar —de modo involuntario, según von Hayek, aunque esto, en algunos casos, parece opinable— ayudas para nuestra limitación cognitiva y cognoscitiva. Éstas se configuran como instrumentos de soporte cognitivo individual —desde el lápiz y el papel, a los libros y hasta el actual computador— o como instituciones de apoyo a las decisiones colectivas —entre ellas, la división del trabajo en las organizaciones, el sistema de precios en el mercado, los intermediarios financieros e inmobiliarios, las subastas, la diversificación de sectores y los tipos de empresas industriales.

Una corriente de estudios sobre la racionalidad limitada ha hecho entrar con fuerza a la psicología cognitiva en el dominio de la economía. Mientras economistas como Robbins, influenciados por el entonces imperante dogma neopositivista —adoptado por Gottlob Frege— de la distinción entre lógica y psicología, han reivindicado durante años una separación epistemológica clara entre teoría de la racionalidad económica y psicología del razonamiento y decisión económica, con Simon, Allais, Kahneman y Tversky, la psicología entra en el corazón de la economía. El capítulo de Paolo Legrenzi y Rino Rumiati, titulado "La economía y la psicología", desarrolla el tema de la contribución de la psicología cognitiva al estudio del comportamiento económico. La relación entre las dos disciplinas es de mutuo interés. La economía propone teorías normativas sobre aquello que significa decidir racionalmente. La psicología nos explica por qué en la realidad cotidiana el individuo frecuentemente decide de modo irracional. Del estudio de las causas de esta variación pueden derivar teorías sobre el mismo funcionamiento de la mente. El capítulo se concentra en algunos fenómenos de irracionalidad en la vida cotidiana. El individuo tiende a valorar diversamente propuestas económicas que tienen el mismo valor cuando están representadas de distinto modo. Solemos concentrarnos en datos más recientes y descuidamos los valores medios a largo plazo. En condiciones de incertidumbre se tiende a evitar mayormente el riesgo cuando se está en una circunstancia de ganancia con respecto a las situaciones en las que el sujeto está perdiendo. Por último, en la valoración del bienestar se tiende a dar más relevancia a los aspectos de cambio que, por lo general, entre un estado y otro son los de menor importancia y, aún menos, en relación con aquello que permanece constante. Esto provoca distorsiones en las elecciones económicas, públicas y privadas, destinadas a influir sobre el bienestar individual o colectivo.

Asimismo, en economía —ya sea en las decisiones tomadas por el manager y los expertos, como en las adoptadas por el consumidor— existe un fuerte componente intuitivo. El ensayo de Nicolao Bonini, "La intuición en las decisiones económicas", subraya cómo la intuición no es la excepción, sino la norma, en la mayor parte de las decisiones en economía; esto, en detrimento de la planificación analítica y la valoración sistemática de las opciones disponibles. Los mismos principios formales de la racionalidad económica —a partir de la descomposición de un problema en las probabilidades con las que los resultados se verifican, y en la utilidad asignada a los mismos— tienen una base intuitiva. Esto, aunque en forma más general para los fundamentos de la matemática, es sostenido por Brouwer y la corriente intuicionista. Sin embargo, frecuentemente la justificación intuitiva con la que aceptamos ciertos principios se contradice con las decisiones tomadas sobre la base intuitiva. Por ejemplo: aceptamos el principio de *coherencia descriptiva*, según el cual la expresión de las preferencias no depende del modo en que las opciones son descritas, al igual que las consecuencias que de ellas resultan. Asimismo, nos parece justificado también el principio de *coherencia de procedimiento*, con base en el cual las preferencias no deben cambiar en función de cómo son expresadas. En la realidad comportamental, por lo general, violamos intuitivamente estos principios de racionalidad.

En los últimos tiempos parece ya reconocida por muchos la aportación fundamental de la ciencia cognitiva a la teoría del actor económico. El objetivo de las investigaciones es identificar modelos psicológicos que expliquen las limitadas capacidades cognitivas del actor en las decisiones de tipo económico. En otras palabras, se trata de declinar la teoría de la mente sobre la base de la limitada racionalidad del actor económico. Existe, sin embargo, un vicio de origen filosófico en este enfoque: concentrarse solamente en el componente intencional, conciente, explícito y calculador de la mente humana para explicar su comportamiento económico. Por el contrario, parece justamente el componente no intencional, tácito, intuitivo y emocional, el que desarrolla un mayor rol causal en la acción económica. Sobre este tema trata el ensayo de Riccardo Viale que lleva el título "Como mente para la economía cognitiva". Las principales hipótesis alternativas de tipo empírico para la economía neoclásica parecen prisioneras de una teoría de la mente que pone los límites de la racionalidad sólo en las restringidas capacidades computacionales, de razonamiento deductivo y juicio de probabilidad. Son limitaciones de la esfera conciente e intencional de la actividad de deducción humana. Este componente sustancial de la mente del actor económico no agota, sin embargo, la riqueza psicológica de la base del comportamiento económico. Cada vez parece más evidente (Kahneman, 2003) que en el fondo de muchas decisiones económicas siempre existen componentes de carácter emocional, intuitivo y afectivo. Se habla ya de *affect heuristic* (Slovic, 2001) para evidenciar los procedimientos de deducción guiados por variables de naturaleza afectiva.

Parece que las mismas heurísticas tradicionales, como las de *representatividad* y *disponibilidad*, se basan en la *accesibilidad* mental a ciertos conceptos, guiadas por factores emocionales y afectivos. En muchos fenómenos económicos parece jugar un papel relevante el *conocimiento tácito*, es decir, el conjunto de informaciones y conceptos que no llegan a ser representados concientemente y explicados lingüísticamente. Este conjunto de consideraciones, junto a muchas otras, parece hacer surgir con fuerza la hipótesis de una *dualidad cognitiva de la mente*. El primer sistema, que también puede llamarse *Mente intuitiva*, está representado por componentes tácitos, no intencionales, afectivos e intuitivos del conocimiento. El segundo, que a su vez podría llamarse *Mente razonadora*, está compuesto por los aspectos intencionales, explícitos y racionales de la esfera cognitiva. La actividad de las dos mentes está integrada y, por ello, es incorrecto hablar de dualismo cognitivo. El papel relativo del componente intuitivo y razonante cambia en función de los contextos de decisión económica. Sin embargo, puede afirmarse que la mente intuitiva mantiene la primacía como responsable causal del comportamiento económico. La metáfora del iceberg captura muy bien la arquitectura del sistema. La pequeña parte que emerge representa la mente razonante, que caracteriza la imagen superficial del actor económico. Sin embargo, ésta se apoya sobre el gran cuerpo sumergido, la mente intuitiva, no visible, pero responsable de guiar los caminos de deducción del *Homo oeconomicus*. La *economía cognitiva* asume esta dualidad de la mente humana y la primacía del componente intuitivo en la explicación de la acción económica.

Como habíamos visto anteriormente, la racionalidad limitada parece encontrarse en la base del surgimiento de las diferentes formas organizativas e institucionales. Los conocimientos limitados y las dificultades de razonamiento y juicio del individuo, en relación con la escasez de tiempo y recursos disponibles, llevan al agente económico, intencionalmente o no, a favorecer el nacimiento de soluciones sociales que sustituyan de manera colectiva y coordinada las deficiencias individuales en relación con los vínculos "ambientales". Dos ejemplos. La limitación de las competencias y habilidades individuales encuentra su razón de ser en la división del trabajo en las organizaciones productivas, ejemplificada, en modo extremo, en el modelo *taylorista* y *fordista* de la producción en masa. De la imposibilidad de definir en modo central una atribución racional de los recursos que garantice el equilibrio económico, nace y se desarrolla el sistema de precios basado en la relación descentralizada entre demandas y ofertas individuales de mercancías y servicios. Si esto es verdad, entonces derivan dos consecuencias. La primera es la extrema *complejidad* y *el carácter no lineal* de los fenómenos que resultan de la interacción dispersa y descentralizada de los agentes económicos. Esto se refleja en la dificultad para elaborar modelos e hipótesis que tengan alcance empírico y capacidad de predicción. La segunda es la *imposibilidad holística* para explicar los fenómenos económicos, desautorizando el nivel individual de la acción económica y de la génesis cognitiva.

Si es verdad que instituciones, organizaciones y eventos colectivos no derivan de la planificación racional centralizada, sino que emergen de la interacción de actores con racionalidad limitada, entonces no se puede evitar partir de este nivel de análisis para estudiar la complejidad de los fenómenos económicos. Éste es el fondo sobre el que se basan los dos ensayos de la cuarta parte, "Complejidad y economía". El primero, de Pietro Terna, que lleva el título de "Economía y sistemas complejos", utiliza la metáfora del hormiguero. La economía es un sistema complejo del que ningún participante tiene un conocimiento completo, ni puede entenderse su funcionamiento a partir del examen de sus partes aisladas. Al igual que un hormiguero no puede ser comprendido por el examen de cada una de las hormigas, sino sólo por la individualización de los modelos de su interacción, los fenómenos económicos —por ejemplo, el funcionamiento de los mercados— no pueden ser explicados analizando a los consumidores como puntos individuales aislados, sino estudiando las acciones e interacciones de los diversos agentes económicos. Éste es el problema epistemológico clásico de la relación *micro-macro* —también llamado "de la posibilidad negativa o positiva" del reduccionismo—, presente en todas las disciplinas científicas. ¿Cómo se explican, por ejemplo, las leyes macro de la termodinámica de los gases con las leyes micro de la mecánica de las moléculas de los gases? Mediante la identificación de las leyes estadísticas de interacción mecánica de cada una de las moléculas, cuyo movimiento genera las propiedades agregadas, como volumen, presión y temperatura de los gases. Si la relación micro-macro es compleja entre termodinámica y mecánica, lo es en mayor grado entre economía y psicología por la variabilidad e irregularidad de los modelos de acción e interacción individuales, como es explicado en el ensayo de Rosaria Conte, "El valor agregado de la complejidad". Esta interacción produce fenómenos no lineales y de tipo caótico que difícilmente pueden representarse a nivel teórico. ¿Cómo estudiar este tipo de complejidad? La utilización de la computadora con *modelos de simulación con agentes* parece ser la mejor solución. Estos agentes virtuales pueden ser dotados de mente —representadas, por ejemplo, por *redes neuronales*— y operar en ambiente estructurado, como una Bolsa telemática. Las simulaciones obtenidas determinan resultados agregados plausibles y complejos que demuestran una buena capacidad de representar en modo realista los fenómenos económicos. Las mismas metodologías pueden extenderse al estudio de redes sociales, como la empresa y los sistemas de empresas. Esto ha ocurrido, concretamente, en la aplicación a empresas del sector textil, del vestido, el mecánico, de servicios públicos. En estos casos se ha reconstruido en computadora el funcionamiento de una realidad organizativa, especificando las unidades operativas y las tareas por ellas realizadas. Posteriormente, sobre estos modelos se han experimentado simulaciones sobre los efectos organizativos producidos por el cambio de algunos parámetros. Los resultados presentan interesantes analogías con las realidades empresariales.

El libro *Las nuevas economías* no pretende ser un manual exhaustivo sobre todas las tendencias teóricas y metodológicas innovadoras, presentes en la economía. Su finalidad es demostrar aquello que se está preparando en la investigación económica y cómo estas novedades podrán cambiar el bagaje metodológico del economista profesional. Muchas de las aportaciones para este libro provienen de un grupo de colegas que, desde diversas especialidades, se han ocupado en estos años de renovar, en sentido empírico, la disciplina económica. El resultado de estos trabajos —que encuentran inspiración común en el pensamiento de Herbert Simon, a quien está dedicado este libro y con quien algunos de los autores del mismo han tenido la suerte de poder colaborar— caracteriza un nuevo programa de investigación, cuya fertilidad empírica está en que sustituye gradualmente los componentes más regresivos y tautológicos de la economía neoclásica.

Un agradecimiento a los colaboradores de la Fondazione Rosselli–Laboratorio di Scienze cognitive, metodologiche ed economico-sociali (LaSCoMES) de Turín, a la redacción de *Mind&Society* y a Laura Gilardi, en particular, por la paciente contribución en la redacción de este libro.

Los aportes a este tomo ofrecen, por razones de espacio, un sumario separado de las innovaciones en la ciencia económica. Asimismo, en nombre de los otros autores del libro, invito a los lectores que quisieran profundizar en los temas tratados aquí a escribir a las direcciones de correo electrónico que se encuentran en la parte dedicada a las biografías.

Bibliografía

Chandler A. D. (1977), *The Visible Hand: The Managerial Revolution in American Business*, Cambridge University Press Cambridge. [Ed. en italiano (1993), *La mano visibile*, Franco Angeli, Milán.]

Chandler A. D. (1990), *Scale and Scope: The Dynamics of Industrial Capitalism*, Harvard University Press, Boston. [Ed. en italiano (1994), *Dimensione e diversificazione*, il Mulino, Bolonia.]

Dosi G. (1984), *Technical Change and Industrial Transformation: The Theory and an Application to the Semiconductor Industry*, St. Martin's Press, Nueva York.

Kahneman D. (2003), "Maps of Bounded Rationality: Psychology for Behavioural Economics", en *The American Economic Review*, vol. 93, núm. 5, pp. 1449-1475.

Schumpeter J. A. (1942), *Capitalism, Socialism and Democracy*, Harper, Nueva York. [Ed. en italiano (2001), *Capitalismo, socialismo e democrazia*, Etas, Milan.]

Simon H. A. (2000), "Bounded Rationality in Social Sciences: Today and Tomorrow", *Mind&Society*, vol. 1, núm. 1, pp. 25-41.

Slovic P., Finucane M., Peters E. y MacGregor D. G. (2001), "The Affect Heuristic", en Gilovich, Griffin y Kahneman [ed.] *Heuristics and Biases: The Psychology of Intuitive Thought*, Cambridge University Press, Nueva York.

Smith V. (1962), "An Experimental Study of Competitive Market Behavior", *Journal of Political Economy*, vol. 70, núm. 2, pp. 111-137.

Von Neumann J. y Morgenstern O. (1944), *Theory of Games and Economic Behavior*, Princeton University Press, Nueva Jersy.

Primera parte

Mercado, empresa y conocimiento

1. La interpretación evolucionista de las dinámicas socio-económicas

Por Giovanni Dosi

¿"Evolución" social y económica? Algunos principios introductorios

Dentro del ámbito socio-económico, ¿en qué sentido puede hablarse de "evolución"? Es decir, ¿de qué modo puede afirmarse que empresas, tecnologías e instituciones evolucionan? ¿Y cuáles son las implicaciones de una eventual perspectiva "evolucionista" para la interpretación de los principales fenómenos económicos?

Éstas son las preguntas que me propongo afrontar a continuación. Naturalmente, en un breve ensayo me resulta imposible ahondar en las diferencias entre teorías evolucionistas y otros paradigmas interpretativos en economía. Esto requeriría mucho más espacio y, en todo caso, podría sonar insoportablemente críptico para la mayoría de los lectores que no son economistas profesionales. Por el contrario, lo que intentaré hacer —sin más pretensión— es ofrecer una suerte de mapeo, inevitablemente telegráfico, de algunos fundamentos interpretativos, seguido por la discusión de animosos resultados analíticos, los que, a su vez, aluden a importantes cuestiones *normativas* que, en sentido lato, se mueven libremente desde las prácticas de gestión hasta las políticas públicas.

Para anticipar lo que discutiré más adelante, aclaro: cuando me refiero a una teoría "evolucionista" de la economía, entiendo una interpretación de los fenómenos económicos basada en la interacción de múltiples agentes heterogéneos —entre ellos, empresas e individuos—, quienes mediante la repetición de un sistema de prueba y error intentan continuamente explorar nuevas tecnologías, nuevas estrategias comportamentales, nuevas formas organizativas. En esta visión, las variables *macroeconómicas* —inversiones, ganancias, producto bruto agregado, etcétera— resultan de los comportamientos *microeconómi-*

cos, es decir, de agentes individuales, respecto a los cuales no puede suponerse, en general, que hayan anticipado correctamente el valor de las mismas variables macroeconómicas. Esta interpretación será comparada con aquella más ortodoxa, que con frecuencia atribuye mucha más *racionalidad* a los agentes económicos y suele presumir que el mundo que empíricamente observamos representa algún tipo de *equilibrio*.

Sin embargo, para comenzar, es útil considerar algunos principios más bien generales que tienen que ver con la misma noción de *evolución* y que reúnen diversas disciplinas, desde las ciencias sociales hasta la biología.[1]

En mi opinión, los "ingredientes fundamentales" que asimilan diversas clases de procesos evolucionistas son los siguientes.

Heterogeneidad y selección

En el transcurso de toda la historia del sistema que se pretende interpretar existen *múltiples entidades heterogéneas* que interactúan entre sí mediante mecanismos que, en modo diferente, favorecen u obstaculizan su reproducción con el tiempo y, por este camino, probablemente también la reproducción de "programas", "códigos", "genes", "comportamientos", etc., de los cuales, tales entidades son portadoras.

En este nivel de abstracción pretendo, voluntariamente, ser genérico. Por ejemplo, existe una enorme variedad en los mecanismos de interacción y, del mismo modo, en las determinantes "ventajas" y "desventajas" evolucionistas —más técnicamente, *fitness* relativas—, es decir, aquello que al final determina quién crece más o menos, quién tiene más posibilidades de sobrevivir, etc. Aun en los ambientes biológicos más simples puede haber mecanismos de acceso relativamente más o menos eficientes en las fuentes de nutrición, o mecanismos relativamente más eficientes en la utilización de tales fuentes o, incluso, procesos de reproducción más o menos prolíficos o, por el contrario, modalidades de filiación menos prolíficas pero más "protectoras"... Con mayor razón, esto se aplica a nivel socio-económico.

1 Para discusiones detalladas sobre estos temas —por el aspecto socio-económico—, véase Nelson y Winter (1982), Dosi *et al.* (1988), Dosi y Winter (2002), Hodgson (1993), Metcalfe (1998), entre otros. Y para una visión concordante con la aquí presentada —por el aspecto de la biología—, véase Gould (2002).

A este respecto, un primer mecanismo de interacción en el que pensamos inmediatamente es el *mercado*: de qué modo plasma las oportunidades y los vínculos de crecimiento, el beneficio y la probabilidad de supervivencia de las empresas. Es decir, en última instancia, los procesos de interacción del mercado operan como *mecanismos de selección*. Al mismo tiempo, es importante notar que empíricamente se observa una impresionante variedad de "mecanismos de mercado", desde las subastas centralizadas hasta las múltiples negociaciones descentralizadas relativas a bienes, servicios, actividades financieras, etcétera.

En todo ello, los mercados operan para *a)* volver a ser *selectores*, pero también instituciones que *b) agregan y difunden información*, y *c)* permiten y limitan operaciones de *arbitraje* (es decir, en síntesis, "comprar barato y vender caro"...) que son realizadas por agentes, quienes experimentan vínculos de balance —en cuanto que sus "historias" de acumulación de riquezas determinan banalmente el grado de libertad respecto a lo que pueden vender o comprar.

Es oportuno destacar *ab initio* que la noción de *selección* aquí presentada no tiene ninguna relación con analogías normativas —por otra parte fáciles, pero lamentablemente erradas—: la selección no va necesariamente de lo peor a lo mejor.

Esto es válido en biología y aún más en el ámbito socio-económico. Lo "mejor" y lo "peor" son nociones absolutamente contingentes a los mecanismos específicos de selección, a sus historias y a la distribución de las características de los agentes —sean de especie animal o referidos a los diversos tipos de empresas— que, en efecto, están presentes durante un periodo dado, en una *ecología* o en un mercado.

Por lo tanto, la interpretación evolucionista aquí sugerida está muy alejada de las vulgarizaciones "darwinistas" que elaboran hipótesis generales, en las que el proceso competitivo selecciona "al mejor" (al "más fuerte", al "más eficiente"; en todo caso, al "más idóneo").

Persistente llegada de innovaciones

Los sistemas en evolución —sean biológicos o socio-económicos— incorporan mecanismos que inducen a sugerir persistentes *novedades*. En biología, éstas conciernen a la persistente llegada de mutaciones, tanto a nivel genético

—con los consiguientes cambios fenotípicos, es decir, de los efectivos individuos— como al de ecología de poblaciones que interactúan entre sí.

En el mundo socio-económico, las "mutaciones" están representadas por innumerables cambios e innovaciones que las sociedades contemporáneas continuamente generan en lo tecnológico, organizativo e institucional. Como expondremos más adelante, éstos también son ámbitos centrales del análisis evolucionista en economía.

Algunas advertencias metodológicas

En mi opinión, desde el más estricto enfoque metodológico, las interpretaciones genuinamente evolucionistas —ya sea en las ciencias naturales o en las sociales— aborrecen los estilos interpretativos, tanto *panglosianos* como *finalistas*. Con "estilo panglosiano" —en alusión al espíritu del personaje de Voltaire— me refiero a enfoques en la interpretación de la evidencia, los cuales tienden a presumir que "si algo existe, entonces debe ser en algún modo óptimo que exista" o, al menos, "debe ser un equilibrio de algún tipo". Con explicaciones "finalistas" me refiero a interpretaciones que deducen el por qué algo existe a partir de la función que cumple: "¿para qué existen los ojos?, para ver..." Contrariamente, la perspectiva evolucionista, según mi modo de ver, basa la explicación sobre la dinámica en el tiempo que ha conducido al surgimiento de un particular fenómeno o de una particular entidad. Y en todo ello, el "evolucionismo" en el área socio-económica es altamente complementario a las interpretaciones que enfatizan la dependencia de la historia, la *path-dependence* de gran parte de los fenómenos que tratamos de explicar (para un análisis de la literatura en este campo, véase Castaldi y Dosi, 2003).

Al contrario, es necesario ser muy cautos en el uso de analogías entre entidades analizadas en diversos campos. Así, por ejemplo, las características culturales en las poblaciones humanas, aunque sean muy persistentes en el tiempo son, por mucho, *diferentes* a los aspectos de los genes en biología. Por lo tanto, la suerte de "evolucionismo" que aquí propongo no tiene mucho en común con la "socio-biología", hoy muy de moda, que traduce de manera demasiado literal la analogía en las ciencias sociales con un darwinismo biológico altamente simplificado que funciona mal, incluso, en el mismo ámbito biológico.

Innovación, comportamientos y coordinación económica: las interpretaciones evolucionistas de la dinámica socio-económica

Los "ladrillos teóricos" apenas discutidos son bastante generales, como ya hemos recordado; tanto, que pueden ser considerados como definidores de una suerte de "metaparadigma" aplicable en las investigaciones sociales, con las apropiadas calificaciones por parte de la biología. En cambio, otros elementos son específicos de cada una de las disciplinas.

Consideremos algunos elementos fundamentales de las teorías evolucionistas en economía, que incluso las distinguen de la ortodoxia prevaleciente —aquella que lleva el nombre de teoría neoclásica, en sus múltiples ramificaciones.

Comportamientos, racionalidad y equilibrio

Un primer pilar esencial de las teorías evolucionistas —con enormes complementariedades y superposiciones con la llamada *economía cognitiva*— tiene que ver con los procesos mediante los cuales los agentes económicos —individuos y organizaciones— exploran, se adaptan, aprenden. Aquí, el evolucionismo trae sus raíces en los análisis de las decisiones y de las acciones de H. Simon, J. March y colegas, mientras que por muchos aspectos se aleja del modelo de decisión "racional".

La hipótesis evolucionista consiste en que a menudo los comportamientos son *gobernados por reglas relativamente invariables en el tiempo*, las cuales dependen de contextos particulares que, a su vez, provocan particulares repertorios comportamentales. De este modo, por ejemplo, gran parte de los comportamientos cotidianos de los humanos se plasman por reglas que responden a la interrogante: "¿qué es apropiado hacer por un ciudadano/un profesor/un obrero, etc., en las circunstancias en las que me encuentro?" Del mismo modo, una gran parte de los comportamientos de empresa se inspiran en reglas que prescriben "qué debo hacer para penetrar un nuevo mercado", "qué precio debo fijar, dados los costos", "qué debo hacer cuando los márgenes operativos disminuyen", etcétera.

Nótese que esta representación de los comportamientos individuales y organizativos es, en general, bastante diferente de aquella representación ("ortodoxa"), según la cual los mismos comportamientos son interpretados como el resultado de un proceso de maximización —de la ganancia, de las rentas, o de cualquier otra función objetivo— sobre la base del mejor uso de la información disponible, dados los vínculos que tienen delante. Naturalmente, también la teoría estándar admite información menos que perfecta, incierta, "desafortunada", en el proceso de decisión. Pero hay características cruciales del actuar hipotéticamente "racional": *a)* la noción de que los agentes poseen fundamentalmente el modelo "correcto" del mundo —que al final supone ser el que los economistas enseñan en la escuela...— y *b)* la idea de que en gran parte los comportamientos proceden de los procesos deliberativos, en los cuales los agentes prefiguran los resultados de diversos cursos de acción y elijen en consecuencia (para un análisis crítico de la racionalidad económica, véase los ensayos de Bonini, Egidi, Rumiati y Legrenzi, así como el de Viale).

Por el contrario, en economía, las teorías evolucionistas se encuentran mucho más a gusto con las teorías del análisis —derivadas de la psicología, la sociología y de las teorías organizativas—, las cuales predicen la presencia general de modelos comportamentales que por lo común no derivan de modelos de "elección racional" y que suelen asumir la forma de rutinas relativamente invariables, plasmadas por las específicas historias de aprendizaje de los agentes, por sus conocimientos preexistentes y también por sus sistemas de creencias, valores, e incluso sus prejuicios.

La otra cara de todo esto es que siempre existe un *margen innovador* inexplorado. Justamente porque nada garantiza un grado óptimo de cualquier modelo comportamental, siempre existen oportunidades inexploradas de descubrimiento e innovación; es decir, "mutaciones", en la analogía biológica. Dicho de otro modo, los fundamentos comportamentales de las teorías evolucionistas se basan en procesos de aprendizaje que implican: *a) imperfecta adaptación* (e imperfecta rutina de los comportamientos), y *b)* persistentes procedimientos de exploración e innovación, si bien llenos de errores y distorsiones cognitivas sistemáticas, Dosi G., Marengo, Fagiolo (2004) y March (1994).

Coordinación económica y equilibrio

Otro carácter distintivo y fundamental de la teoría evolucionista es el análisis de la *coordinación* entre los agentes económicos, como *la propiedad emergente de las interacciones lejanas del equilibrio entre agentes heterogéneos.*

En este aspecto, también es importante la diferencia con la ortodoxia prevaleciente.

La pregunta de base, que se remonta a Adam Smith, tiene que ver con las propiedades de la "mano invisible" que coordina múltiples agentes conduciendo a resultados colectivos relativamente ordenados. Es decir, parafraseando a Smith, ¿bajo cuáles condiciones los "egoísmos" —entendidos como la persecución de los propios intereses económicos— de carniceros, panaderos y agricultores hacen que todos nosotros tengamos carne, pan y leche de manera regular y a precios generalmente razonables?

La respuesta convencional sugiere que esto sucede porque los mercados están en equilibrio y este equilibrio presupone que cada agente —optimizador— tome decisiones que sean compatibles con las de todos los demás, y que para la persecución de sus propios intereses ninguno podría hacer mejor aquello que efectivamente hace.

La posición evolucionista es muy diferente. Como hemos visto antes, se abandona la presunción de que los comportamientos sean deliberadamente optimizadores. Al mismo tiempo, nada sugiere que *en general* los mecanismos de selección competitiva logren hacer sobrevivir sólo las entidades que "objetivamente" maximizan, incluso en caso de que no lo sepan.[2] Como dice H. Simon,

> [también] en biología sobreviven muchos organismos que no son maximizadores, pero trabajan bien por debajo de la máxima eficiencia empírica. Su supervivencia no se encuentra amenazada sino hasta cuando no evolucionan otros organismos que sean capaces de desafiarlos para poseer sus nichos específicos. Del mismo modo, desde el momento en que no existe razón para pensar que cada una de las empresas se encuentra desafiada por un competidor óptimamente eficiente, la supervivencia sólo implica hacer frente a la competencia [existente]. En un sistema en el cual hay innumerables rentas, tanto a corto como a largo plazo, también una decente sub-optimización puede permitir la supervivencia (traducción mía: Simon, 1997, p. 283).

2 Como es sabido, ésta es la posición de Milton Friedman, la cual acoge un argumento "evolucionista" —o, mejor aún, comúnmente "darwiniano"— como base de una interpretación de los fenómenos económicos (véase Friedman, 1953).

Un ejemplo, entre muchos: toda la evidencia empírica que concierne a diferentes países y diferentes sectores demuestra la sistemática coexistencia de empresas caracterizadas por niveles de eficiencia muy distintos en términos de productividad y ganancialidad. Y todo ello ocurre no obstante la presencia de procesos imperfectos de selección de mercado que premian, *un poco* en términos de crecimiento, a los más eficientes, pero no tanto como para hacer desaparecer a los demás. Asimismo, gran parte de las nuevas empresas entrantes son altamente sub-óptimas y, por lo tanto, la ineficiencia continúa regenerándose en el sistema...

Pero entonces, ¿cuáles son los factores que tienden a coordinar el sistema? Una parte importante de la explicación reside en el hecho de que las mismas interacciones de mercado entre *agentes heterogéneos* tienden a "auto-organizarse" y a conducir a resultados colectivos relativamente ordenados. Y, como fue demostrado —entre otros, por Alan Kirman y colaboradores (1998)—, un rol importante en todo esto es jugado por las *formas específicas de organización institucional* de los diversos mercados. De esta forma, las *arquitecturas organizativas* —por ejemplo, una subasta centralizada o, por el contrario, una estructura de intercambios descentralizada y secuencial— agregan a su modo los comportamientos de los agentes. En cambio, estos últimos suelen seguir incorporando diversas "creencias" y normas comportamentales, y en general continúan revelando rendimientos sistemáticamente diversos.

Mecanismos de aprendizaje e innovación

En el mundo biológico, gran parte de la evidencia empírica apoya la noción "darwiniana" correspondiente al carácter imprevisible en las direcciones a lo largo de las cuales se producen las mutaciones. No es así en el ámbito socioeconómico del cual economistas e historiadores de inspiración "evolucionista" han tratado de identificar las posibles regularidades en los procesos de aprendizaje tecnológico y sus determinaciones. Es una línea de investigación aún en plena expansión que, no obstante, ha permitido identificar importantes invariaciones en los procesos de acumulación de conocimiento y en los mecanismos mediante los cuales aquéllos son incorporados en nuevos productos y en nuevos procesos productivos. En todo esto, nociones como las de *paradigmas y trayectorias tecnológicas, diseños dominantes, regímenes tecnológicos* y otros similares, han contribuido a identificar las especificaciones en los recorridos de aprendizaje y también los vínculos que particulares bases de conocimiento imponen a las direcciones de exploración innovadora (al respecto, véase las discusiones en Dosi, 2000, capítulos 1 y 2; Rosenberg, 1982; Freeman y Soete, 1997, y la contribución de Malerba en este libro).

A su vez, las características de específicos paradigmas tecnológicos ejercen importantes influencias sobre múltiples fenómenos económicos: desde las formas de organización de las empresas industriales, a la estructura de las industrias, los modelos de comercio internacional, hasta los procesos de crecimiento macroeconómico (léase el ensayo de Malerba para una exposición más detallada de la perspectiva evolucionista sobre progreso tecnológico y dinámica industrial, y el ensayo de Marengo y Pasquali en cuanto a la teoría de la empresa). A continuación intentaré demostrar, por así llamarlo, la teoría "a la obra", narrando concretamente la interpretación evolucionista de los procesos de crecimiento.

Una ilustración: la interpretación evolucionista del crecimiento económico

La historia evolucionista del crecimiento económico, que tiene sus raíces en el análisis de Schumpeter e incluso antes —con los economistas clásicos—, finalmente presenta una interpretación del desarrollo impulsado por el progreso técnico, en el cual evolucionan conjuntamente tecnologías, formas organizativas e instituciones. Los resultados de este proceso son fenómenos agregados, como el crecimiento secular en la productividad del trabajo y en las rentas per cápita, los modelos relativamente regulares de difusión de las innovaciones, y las persistentes fluctuaciones en las tasas de crecimiento y procesos, ya sean de convergencia o de divergencia —según los periodos históricos y de los países— en los niveles de ingreso per cápita.

En el análisis que liga el cambio tecnológico y organizativo a estos fenómenos, las empresas ocupan un rol central, tanto en lo que respecta a las inversiones necesarias para el desarrollo de nuevas tecnologías como en su aplicación práctica para la producción de bienes y servicios. Diferentes empresas incorporan distintas *capacidades* en la resolución de problemas, sean éstos de búsqueda de un nuevo fármaco o para la producción de automóviles o el transporte de mercancías y pasajeros. Naturalmente, tales capacidades evolucionan con el tiempo y son parcialmente imitadas por otras empresas. A pesar de ello, en un sentido importante se puede continuar afirmando que las empresas son "portadoras" de particulares conjuntos de conocimientos y rutinas; un poco, como los individuos en el mundo biológico —aunque sin llevar la analogía demasiado lejos—, son "portadores" de subyacentes caracteres genéticos.

Como hemos discutido anteriormente, tales empresas compiten entre sí, tanto en el mercado de productos como en el mercado financiero. Como resultado, las dinámicas de ganancias, de las cuotas de mercado y de las probabilidades de supervivencia, a su vez, impulsan la difusión —o la contracción— en el sistema económico de particulares tipos de conocimiento, técnicas de producción y comportamientos. Al mismo tiempo, tales dinámicas competitivas influencian la asignación de recursos entre las empresas mismas y, por ende, su capacidad futura de invertir e investigar.

En este punto de la historia podemos notar dos procesos evolucionistas y su interacción: el primero tiene que ver con la evolución de las tecnologías, y el segundo con la evolución de las poblaciones organizadoras, es decir, las empresas. Asimismo, este aspecto de la interpretación evolucionista de las dinámicas económicas en gran parte es complementaria al análisis de las instituciones en las que las tecnologías se encuentran incorporadas (véase en este libro los capítulos de Marengo y Pasquali, y de Gambardella).

Algunas instituciones influencian específicamente las direcciones y los índices de aprendizaje científico y tecnológico —como el caso de las universidades y laboratorios públicos de investigación. Otras gobiernan la interacción entre los agentes económicos y el funcionamiento de los mercados —piénsese, por ejemplo, en el mercado de trabajo y en aquél financiero—, y también establecen los criterios con base en los cuales los comportamientos, tecnologías y empresas son "seleccionados".

Además, los órdenes institucionales contribuyen a plasmar variables como la distribución de la ganancia, los modelos de consumo y, más en general, los comportamientos de los agentes económicos.

Finalmente, creo que existe una gran complementariedad entre el análisis evolucionista —con su énfasis en el rol del progreso técnico y de la "competición schumpeteriana"— y los análisis institucionales —más directamente concentrados en los mecanismos de gobierno socio-político. En gran parte es una complementariedad aún por explorar, pero a mi entender también es uno de los desafíos más fascinantes para ambas perspectivas interpretativas (para una discusión, véase también el capítulo 12 de Dosi, 2000).

Dicho todo esto, sin embargo, el lector puede legítimamente preguntarse qué diferencia existe —desde el punto de vista interpretativo— en la adopción de una perspectiva evolucionista sobre el crecimiento económico respecto a aquélla "ortodoxa", aparentemente más parsimoniosa.

Una *primera* parte de la respuesta tiene que ver con la prometedora habilidad del enfoque evolucionista de presentar *conjuntamente* múltiples regularidades empíricas entre las mencionadas anteriormente; por ejemplo, crecimiento, fluctuaciones persistentes, convergencia y divergencia internacionales, etcétera (véase las discusiones de la literatura en los capítulos 11 y 12 de Dosi, 2000).

Segundo, seguramente, tal enfoque tiene fundamento en una representación de los agentes económicos en sintonía con la evidencia empírica; por ejemplo, en lo que respecta a la persistente heterogeneidad entre las empresas, las asimetrías en sus capacidades tecnológicas, los continuos procesos de entrada y salida.

Tercero, este enfoque ofrece la ventaja de analizar explícitamente los mecanismos por medio de los cuales la acumulación de conocimientos científicos y tecnológicos se transforma en un motor fundamental del crecimiento tecnológico; mientras que no puede decirse lo mismo de los análisis ortodoxos de crecimiento, concentrados en una especie de hiperracional agente económico "representativo" y en una suerte de "caja negra" que es la "función de producción".

Algunas conclusiones normativas

Una crítica que suele estar dirigida a las teorías evolucionistas del cambio económico tiene que ver con la supuesta falta de implicaciones normativas; es decir, que conciernen a prescripciones "de política" sobre aquello que puede hacerse y que debería hacerse.

Quisiera concluir argumentando brevemente que estas críticas son en gran parte infundadas.

Seguramente es verdad que el análisis evolucionista explícitamente abandone, cual "metro ideal", cualquier noción de "mercado perfecto" con las características típicas de perfección distributiva a él asociadas por la teoría. Sin embargo, personalmente no creo que sea una grave pérdida, en el sentido de que, en todo caso, aquel "metro ideal" tiene poco que ver con una realidad empírica al centro de la cual se produce la continua llegada de innovaciones tecnológicas y organizativas —innovaciones que el "metro ideal" tiene mucha dificultad para contemplar.

Una vez abandonado aquel chaleco de fuerza con base en el cual, en última instancia, las políticas sirven —cuando sirven— tan sólo para hacer el mundo más parecido a la teoría —aquélla de los "mercados perfectos", etcétera—, se revela una multiplicidad de posibles niveles de intervención, tanto "micro" como más explícitamente política.

Nótese fundamentalmente cómo las teorías evolucionistas se relacionan muy bien con las teorías de la empresa concentrada en las *capacidades organizativas*, las que a su vez tienen ricas implicaciones en términos de gestión estratégica (véase Teece, Pisano y Schuen, 2000; y Dosi, Nelson y Winter, 2000).

Como será discutido más ampliamente en la intervención de Marengo y Pasquali en este libro, la contraparte organizativa de las teorías evolucionistas centra la atención en las (diferenciadas) competencias de las organizaciones con respecto a *resolver problemas*. Después de todo, producir automóviles, crear un *software* o descubrir una nueva molécula con una específica capacidad terapéutica requiere la combinación de una vasto sistema de conocimientos —en parte derivados de las ciencias y en parte más "tácitos", asociados a la profesionalidad de los miembros de la organización y a las rutinas organizativas. En perspectiva, las implicaciones operativas concernientes a la gestión estratégica se alejan notablemente de la atención obsesiva que gran parte de la teoría de la empresa muestra hacia la naturaleza de los "incentivos". Evidentemente, la existencia de incentivos no perversos es condición necesaria para el buen funcionamiento de una organización. Dada esta circunstancia, sin embargo, lo que hace a una empresa eficiente y le permite sobrevivir a largo plazo es la naturaleza de las capacidades que incorpora. Como consecuencia, también un aspecto central de la gestión estratégica tiene que ver con los procedimientos de *acumulación de conocimientos*, el *gobierno de los flujos de información* entre los diferentes componentes de la organización, *la formación y la ruptura de rutinas organizativas* (sobre este tema, véase Dosi *et al.*, 2000, y en particular Teece *et al.*, 2000).

Segundo, en grado más macroscópico, las teorías evolucionistas soportan análisis más bien sofisticados del rol de las políticas científicas, tecnológicas y educativas (Freeman y Soete, 1997; y Pavitt, 1999). En efecto, las modernas teorías evolucionistas del cambio socio-económico, como ya hemos mencionado, encuentran una fuente central de inspiración en el análisis de los procesos de generación de nuevos conocimientos científicos y tecnológicos que guían el "Prometeo liberado" del capitalismo moderno, por usar la metáfora de Landes (1969). El equivalente normativo de estos análisis tiene que ver, entre otras cosas, con *a)* la importancia de las organizaciones, *in primis* públicas pero también privadas, que preceden a la generación de nuevos conocimientos científicos, y con *b)* las interrelaciones entre procesos de progreso científico y de acumulación de conocimientos tecnológicos —dentro y fuera de las empresas. En relación con este aspecto, creo que la teoría evolucionista nos ayuda a abandonar tanto la visión (ingenua) de que existe una "velocidad óptima" de innovación como la visión (errónea) de que cualquier forma de mercado, por sí misma, se encuentra en condiciones de obtenerla. Por ende, el deber de la teoría consiste en aclarar la relación entre los diversos mecanismos de generación, difusión y explotación económica de nuevos conocimientos, dejando a un informado diálogo político la tarea de determinar los roles precisos de los actos públicos y privados.

Tercero, los enfoques evolucionistas son capaces de iluminar los *tradeoffs* asociados con diversas "arquitecturas institucionales" de los mercados. Pueden afrontar, por ejemplo, cuestiones como: ¿en qué medida los mecanismos de competencia favorecen la innovación? ¿Cuáles son las medidas de política económica e industrial que favorecen el aprendizaje organizativo? ¿Cuál es el "grado de monopolio" mínimo que garantice a los potenciales innovadores que podrán mantener vivo el incentivo para explorar nuevos productos y nuevos procesos productivos? Y, por el contrario, ¿cuáles son las consecuencias de variaciones en los derechos de propiedad intelectual, como aquellos que hemos recientemente observado en la dirección de su extensión? ¿Qué rol cumplen las políticas que influencian la entrada de nuevas empresas?

Cuarto, creo que es posible fundar el análisis macroeconómico sobre la base de una microeconomía evolucionista y que de ella deriven luego las consecuentes prescripciones de política económica destinadas a influenciar variables agregadas, como el índice de desocupación, las variaciones de precios, etc. No tengo problemas en admitir que esta última es, actualmente, más una promesa a futuro que un resultado concreto. Pero es un desafío que, a mi criterio, es fascinante afrontar. En cierto sentido, es el desafío para que la microeconomía evolucionista afronte la macroeconomía keynesiana y, por otro lado, el desafío para cualquier macroeconomía, sin delirios aparentes, para afrontar el análisis de sus propios fundamentos institucionales y comportamentales.

Bibliografía

Castaldi C. y Dosi G. (2003), "I vincoli e la opportunità di cambiamento: alcuni risultati e alcune domande aperte sulla path dependence in economia", Sistemi Intelligenti, 2/2003, il Mulino, Bolonia.

Dopfer K., dir. (2005), *The Evolutionary Foundations of Economics*, Cambridge, University Press Cambridge.

Dosi G. (2000), *Innovation, Organization and Economic Dynamics. Selected Essays*, Edward Elgar Publishing, Cheltenham, Reino Unido.

Dosi G., Nelson R. y Winter S. G. [dirs.] (2000), *The Nature and Dynamics of Organizational Capabilities*, Oxford University Press, Oxford-Nueva York.

Dosi G. y Winter S. G. (2002), "Interpreting Economic Change: Evolution, Structures and Games", en Augier y March [dirs.] *The Economics of Choice, Change and Organizations: Essays in Memory of Richard M. Cyert*, Reino Unido, Edward Elgar Publishing, Cheltenham.

Dosi G., Marengo L. y Fagiolo G. (2004), "Learning in Evolutionary Environments", en Dopfer (2005). [Disponible también como Working Paper LEM n. 2003/20 en el sitio <http://www.lem.sssup.it/wplem.html>.]

Dosi G., Freeman C., Nelson R. R., Silverberg G. y Soete L. [dirs.] (1988), *Technical Change and Economic Theory*, Francis Pinter, Londres/Columbia University Press, Nueva York.

Freeman C. y Soete L. (1997), *The Economics of Industrial Innovation*, Pinter, Londres, 3a. ed.

Friedman M. (1953), "The Methodology of Positive Economics", en *Essays in Positive Economics*, University of Chicago Press, Chicago.

Gould S. J. (2002), *The Structure of Evolutionary Theory*, The Belknap Press of Harvard University Press Cambridge, Massachusetts, [Ed. en italiano (2003), *La struttura della teoria dell'evoluzione*, Codice, Génova].

Hodgson G. (1993), *Economics and Evolution*, Polity Press, Cambridge y Ann Arbor, Michigan University Press.

Kirman A. y Weisbuch G. (1998), "Market Organization", en Lesourne y Orléan (1998).

Landes D. (1969), *Prometeo liberado*, Einaudi, Turín.

Lesourne J. y Orléan A. [dirs.] (1998), *Advances in Self-Organization and Evolutionary Economics*, Economica, París.

March J. G. (1994), *Primer on Decision Making: How Decisions Happen*, Free Press Nueva York, [Ed. en italiano (2002), *Prendere decisioni*, il Mulino, Bolonia].

Metcalfe J. S. (1998), *Evolutionary Economics and Creative Construction*, Routledge Londres–Nueva York.

Nelson R. y Winter S. G. (1982), *An Evolutionary Theory of Economic Change*, The Belknap Press of Hardvard University Press, Cambridge, Massachusetts.

Pavitt K. (1999), *Technology, Management and Systems of Innovation*, Edward Elgar Publishing, Cheltenham, Reino Unido–Cambridge, Massachusetts, [Ed. en italiano (1999), *Management dell'innivazione*, Guerini & Associati, Milán].

Rosenberg N. (1982), *Dentro la scatola nera. Tecnologia ed economia*, il Mulino. Bolonia, [Ed. en inglés (1982), *Inside the Blackbox*, Cambridge University Press Cambridge].

Simon H. (1997), *Models on Bounded Rationality. Empirically Grounded Economic Reasons*. Vol. III. Mitt Press, Cambridge, Massachusetts.

Teece D., Pisano G. y Schuen A. (2000), "Dynamic Capabilities and Strategic Management", en Dosi *et al.* (2000).

2. La teoría evolucionista: las aportaciones empíricas

Por Franco Malerba

La teoría evolucionista ha desarrollado una serie de aportaciones empíricas muy significativas, que tienen que ver con los diversos aspectos del cambio económico.

Este capítulo comienza con una discusión sobre la innovación y el cambio tecnológico; en consecuencia, llega a examinar la competencia schumpeteriana, el rol del conocimiento y de los regímenes tecnológicos que influencian la innovación, la competencia y los procesos dinámicos específicos en la base del cambio económico y de las dinámicas industriales. Por ende, serán analizadas las características y la función de las instituciones, así como las de los sistemas innovadores, y el rol de la tecnología en el crecimiento y desarrollo económico. Cierran el capítulo algunas conclusiones sobre la metodología, dadas por el enfoque evolucionista.

Innovación y cambio tecnológico

La idea de que el desarrollo tecnológico pase por un proceso evolutivo es uno de los principios del enfoque evolucionista, como destacan Freeman (1974), Nelson y Winter (1982), Rosenberg (1976) y Pavitt (1984) (véase en este libro el ensayo de Dosi).

El enfoque evolucionista considera la innovación como intrínsecamente incierta, en cuanto que resulta imposible prever y cuantificar con precisión los costos y rendimientos de los nuevos productos, así como también las reacciones de los consumidores. Las empresas y los empresarios tienen solamente una percepción y comprensión subjetiva e idiosincrásica del riesgo asociado con los posibles avances tecnológicos, aun cuando la gama de alternativas está en función de la experiencia y las competencias del innovador.

Además, la tecnología debe entenderse como un conjunto de sistemas, o prácticas, y de conocimiento. Sistemas-prácticas y conocimiento evolucionan conjuntamente. Los esfuerzos por mejorar las prácticas son guiados por un cuerpo de conocimientos, en muchos casos relevante, y a menudo de naturaleza científica. No obstante, el proceso de innovación o de creación de nuevo diseño se realiza en cierto modo "a ciegas", dado que los esfuerzos por inventar algo nuevo casi van, inevitablemente, más allá de aquello que se conoce con certeza. Entonces, aun cuando la base de conocimientos necesarios para desarrollar una tecnología sea muy sólida, el proceso de generación de algo nuevo siempre es incierto.

En términos muy generales, la innovación tecnológica implica *resolver* de manera compatible *problemas* vinculados con el costo y el mercado. Típicamente, los problemas afrontados por las empresas en el proceso innovador están "mal estructurados", en el sentido de que las informaciones disponibles no ofrecen por sí mismas una solución al problema (una discusión sobre esta clase de asuntos puede encontrarse en Simon, 1973; y en Nelson y Winter, 1982). En otras palabras, una "solución innovadora" a un cierto problema requiere "descubrimiento" y "creación", ya que no es posible obtener ningún algoritmo general que resuelva el problema "automáticamente" a partir de las informaciones disponibles sobre el problema mismo. Además, para el enfoque evolucionista las actividades innovadoras son altamente *selectivas*, *orientadas* hacia direcciones muy precisas y *acumulativas* en la adquisición de capacidad de solución de problemas (véase en este libro los ensayos de Marengo y Pasquali, y de Egidi). Esto explica el relativo orden de los esquemas de innovaciones que se observan a nivel de tecnologías individuales, definido por *paradigmas tecnológicos*: empresas diversas que emprenden actividades de investigación afines, comparten conocimientos de base ampliamente similares y pertenecen a comunidades de técnicos y científicos muy interrelacionadas y que tienen "maneras comunes de hacer las cosas" (Dosi, 1982 y 1984).

Con la expresión "paradigma tecnológico" se entiende "los modelos de solución de problemas tecnológicos específicos, fundados en principios científicos y en tecnologías bien definidas" (Dosi, 1984). Sólo un número limitado de innovaciones puede generar un paradigma tecnológico capaz de dominar ampliamente el camino del desarrollo económico y tecnológico. A pesar de que el diseño de base de la innovación se encuentre modificado continuamente por innovaciones que se van incrementando a lo largo de una trayectoria, la dirección seguida por el desarrollo está vinculada por el mismo paradigma: éste fija las líneas generales que guían el proceso de desarrollo, si bien podemos agregar que permite un cierto grado de discrecionalidad en las elecciones y soluciones tecnológicas.

En el marco de los "paradigmas" y de sus correspondientes "trayectorias tecnológicas", la innovación radical puede ser entendida como el evento que abre el camino a numerosos cambios técnico-científicos. Sin embargo, la afirmación de un paradigma —y de la posible innovación radical a la que está asociado— depende en gran parte de la capacidad de las innovaciones "incrementales" para adaptarlo a las características del ambiente local y, por lo tanto, al contexto industrial, geográfico, temporal, etcétera; características que comprenden factores como las competencias del capital humano o la cultura de la sociedad en la cual un paradigma trata de afirmarse. Tarde o temprano, todo paradigma tecnológico puede ser reemplazado por otro emergente, con el que inevitablemente entrará en competencia: en tal caso, las dos alternativas se pueden confrontar, tanto por el rendimiento tecnológico como por la capacidad de adaptarse lo mejor posible al ambiente circunstante. En muchos casos, un nuevo paradigma puede obtener mejores resultados en el primer ámbito, pero tener notables desventajas en el segundo, a causa de la mayor experiencia acumulada por parte de las empresas existentes, más eficaces al interpretar y adaptarse a las variables del ambiente y del mercado.

Asimismo, el enfoque evolucionista ha puesto mucha atención en los *cluster innovadores*, es decir, en la agregación de innovaciones a conjuntos temporales y sectoriales. Los estudios en este campo se han desarrollado a partir de la constatación de Schumpeter, para quien "las innovaciones no se distribuyen uniformemente en el tiempo, sino que tienden a agregarse, a manifestarse en grupos, simplemente porque la innovación que lleva al éxito es realizada inicialmente por pocas empresas, y sólo a continuación por las demás" (Schumpeter, 1939, p. 75).

La competencia schumpeteriana

Los evolucionistas examinan la competencia como un proceso dinámico. Casi siempre aquélla tiene que ver con industrias en fuerte cambio, desde el punto de vista tecnológico, en el que la innovación tiene un rol importante.

En este aspecto, el vínculo del enfoque evolucionista con Schumpeter es evidente. De hecho, como afirma el economista austriaco: "en la realidad del capitalismo [...] no es la competencia [entre los precios] lo que importa, sino la competencia entre los nuevos bienes, entre las nuevas tecnologías [...]. Este tipo de competencia es mucho más eficaz que la otra" (Schumpeter, 1942).

La competencia schumpeteriana, a la que el enfoque evolucionista hace referencia, se concentra en el *aprendizaje* que, por diversos aspectos, resulta específico para cada empresa y no sólo se produce mediante un perfeccionamiento de los conocimientos teóricos y abstractos, sino también, y fundamentalmente, a partir de procesos de experimentación caracterizados por prueba y error. En este contexto, la competencia entre productos, sistemas, procesos y servicios puede entenderse como una competencia entre las diversas estrategias de experimentación —destinadas a conquistar la aceptación de los usuarios por una de las alternativas presentes en el mercado— y, en consecuencia, entre las alternativas técnicas y organizativas que constituyen su fundamento. En general, los procesos de innovación implican la exploración y explotación de oportunidades ligadas a nuevos desarrollos técnico-científicos, a cambios de las características de la demanda, o a nuevas combinaciones de conocimientos y técnicas ya en uso (en este último caso, la innovación suele consistir en un proceso de nueva recombinación de aquello que ya existe).

La competencia schumpeteriana ha sido analizada por los evolucionistas a partir de una distinción fundamental de Schumpeter. Él propuso dos modelos de la actividad innovadora. El primero, llamado por Nelson y Winter (1982) "Schumpeter Mark I" (SmI), es detallado en el libro *Teoría del desarrollo económico* (1912). En ese trabajo, Schumpeter examina la estructura industrial europea típica de fines del siglo XIX, caracterizada por muchas pequeñas empresas. Dentro de este contexto, el modelo de la actividad innovadora está determinado por la facilidad de ingreso y, en consecuencia, por la consistente presencia de nuevas empresas. Los recientes emprendedores ingresan a un sector con ideas innovadoras, nuevos productos y nuevos procesos, impulsan jóvenes empresas que desafían a las ya existentes y, en consecuencia, cambian constantemente las modalidades de producción que estén prevaleciendo, la organización y distribución, con lo cual destruyen las "rentas" asociadas a las innovaciones precedentes. El segundo modelo, llamado "Schumpeter Mark II" (SmII), es presentado en *Capitalismo, socialismo y democracia* (1942). En este libro, inspirado en la industria americana de la primera mitad del siglo XX, Schumpeter discute la importancia de la actividad del laboratorio de *Ricerca e Sviluppo* [Investigación y Desarrollo] (I&D) para la innovación tecnológica, y evidencia el rol clave de las grandes empresas. En este caso, el modelo de las actividades innovadoras está caracterizado por la presencia de altas barreras al ingreso y por la permanencia de grandes empresas, que han formalizado y estructurado el proceso de innovación con la creación de laboratorios de I&D. Debido a la cantidad de conocimientos acumulados en áreas tecnológicas específicas, a las avanzadas competencias en proyectos —a gran escala— de I&D y a los relevantes recursos financieros, estas grandes empresas crean serios obstáculos para el ingreso de nuevos empresarios y empresas.

Los modelos schumpeterianos de innovación se modifican en con el tiempo (Klepper, 1996). En el ciclo de vida de la industria, un modelo de actividad innovadora SmI puede transformarse en SmII. Al inicio de la evolución de una industria, cuando el conocimiento está en rápido cambio, la incertidumbre es muy elevada y las barreras de ingreso muy bajas; las nuevas empresas resultan ser las mayores fuentes de innovación y constituyen el elemento base de la dinámica industrial. Cuando la industria se desarrolla —y eventualmente madura— y el cambio tecnológico sigue trayectorias bien definidas, las economías de escala, las curvas de aprendizaje, las barreras al ingreso y los recursos financieros cobran importancia en el proceso competitivo y las grandes empresas juegan un rol importante (Klepper, 1996). En presencia de grandes discontinuidades en el conocimiento, en la tecnología y en el mercado, un modelo de actividad innovadora de tipo SmII puede ser reemplazado por otro de tipo SmI. En este caso, una estructura más bien estable, caracterizada por grandes empresas —ocasionalmente dotadas de poder monopolístico— es reemplazada por una más turbulenta y en la que empresas nacientes introducen nuevas tecnologías o se concentran en nuevos segmentos de la demanda (Henderson y Clark, 1990; Christensen y Rosenbloom, 1995).

El conocimiento y los regímenes tecnológicos

La literatura evolucionista ha planteado la idea de que los sectores y las tecnologías difieren notablemente en términos del conocimiento de base y de los procesos de aprendizaje. El conocimiento presenta diferencias entre sectores, en términos de dominio: áreas científicas y tecnológicas (Nelson y Rosenberg, 1993) o aplicaciones, usuarios y demanda.

Además, el conocimiento puede tener diversos niveles de *accesibilidad* (Malerba y Orsenigo, 2000). El conocimiento al que se puede acceder puede ser interno o externo al sector. En ambos casos, una mayor accesibilidad disminuye la concentración industrial. Una elevada accesibilidad *interna al sector* implica una menor apropiación de la innovación por parte de sus innovadores, ya que los competidores pueden obtener conocimientos relacionados con nuevos productos y procesos y, si son capaces, imitarlos. El acceso al conocimiento *externo* a la industria puede relacionarse con las oportunidades científicas y tecnológicas, en términos de niveles y fuentes, que difieren marcadamente entre los sectores. Como han explicado, entre otros, Freeman (1982) y Rosenberg (1982), en algunos sectores las condiciones de oportunidad están relacionadas con importantes descubrimientos científicos generados en las universidades. Sin embargo, en otros sectores, las oportunidades de innovar, a menudo, derivan de adelantos en la I&D, bienes capitales e instrumentación. E, incluso, en otros, un rol crucial es desarrollado por fuentes de conocimiento como los clientes y proveedores. No todos los conocimientos externos pueden ser fácilmente utilizados y transformados en nuevos productos. Si el conocimiento externo resulta accesible, transformable en nuevos sistemas y expuesto a un elevado número de agentes —como, por ejemplo, usuarios y proveedores—, es posible que se verifique un notable ingreso innovador (Winter, 1984). Contrariamente, si para innovar se necesita capacidades de integración avanzadas (Cohen y Levinthal, 1989), la industria puede resultar concentrada y constituida por grandes empresas consolidadas.

El conocimiento puede ser más o menos *acumulativo*, término que indica cuánto se basa la generación de nuevo conocimiento sobre aquél ya existente. Una primera fuente de acumulación resulta ser los procesos de aprendizaje y los rendimientos crecientes a nivel tecnológico: la dimensión cognitiva del aprendizaje y los conocimientos pasados vinculan la investigación actual, pero al mismo tiempo generan también nuevas demandas y nuevos conocimientos. Una segunda fuente de acumulación está relacionada con las capacidades organizativas. Estas capacidades son específicas para cada empresa: definen, implícitamente, aquello que una empresa puede aprender y aquello que puede alcanzar en el futuro. Una tercera fuente de acumulación resulta ser la retroalimentación del mercado, por medio de procesos del tipo "el éxito genera éxito"; un buen rendimiento innovador produce ganancias que pueden ser reinvertidas en I&D, aumentando la probabilidad de que la empresa innove. Se debe notar que una elevada acumulación a nivel de empresa crea un mecanismo implícito que lleva a un alto grado de apropiación de las innovaciones por parte del innovador. De hecho, la acumulación a nivel tecnológico y de empresa conlleva ventajas de "primer movimiento" y genera alta concentración: las empresas que tienen una ventaja inicial continúan desarrollando nuevos conocimientos, basados en aquellos precedentes, e introducen continuas innovaciones de incremento. Finalmente, la acumulación de los conocimientos puede estar presente a nivel sectorial, y no al de empresa, cuando existen bajas apropiaciones de innovación, elevados *spillover* y amplia difusión de conocimiento entre las empresas.

Accesibilidad, oportunidad y acumulación son las dimensiones clave del conocimiento, unidas a la noción de *regímenes tecnológicos y de aprendizaje*, que varían de sector en sector. La noción de régimen tecnológico se remonta a Nelson y Winter (1982) e identifica las dimensiones clave que influyen en la innovación de la empresa. De manera más general, Malerba y Orsenigo (1996 y 1997) han sugerido que el régimen tecnológico está compuesto por las condiciones de oportunidad y de apropiación, por el grado de acumulación y por las características del conocimiento de base relevante. Más en detalle, podemos decir que las *oportunidades tecnológicas* reflejan la probabilidad de innovar, por cada dato, el monto de recursos invertido en investigación. Elevadas oportunidades proveen potentes incentivos para emprender actividades innovadoras y denotan un ambiente económico que no se encuentra funcionalmente vinculado a la escasez. En este caso, los potenciales innovadores pueden obtener innovaciones tecnológicas frecuentes y relevantes. La *apropiación de las innovaciones* tiene que ver con la posibilidad del innovador para proteger sus innovaciones de la imitación y obtener ganancias de las actividades innovadoras: una baja apropiación denota un ambiente económico caracterizado por la difundida presencia de exterioridades (Levin *et al*., 1987). La acumulación, como hemos observado, tiene que ver con la posibilidad de desarrollar innovaciones basándose en aquéllas introducidas con anterioridad. Finalmente, las características del *conocimiento de base* se refieren a la naturaleza del conocimiento, que tiene que ver con la actividad innovadora de las empresas: además de ser más o menos codificada o implícita, puede haber distintos grados de especificidad, complementariedad y autonomía —todas, características que pueden variar notablemente entre sectores y tecnologías (Winter, 1987).

Desde aquí es posible plantear las siguientes proposiciones generales sobre las relaciones entre los regímenes tecnológicos y los modelos de innovación en los sistemas sectoriales (Winter, 1984; Malerba y Orsenigo, 1997;

Breschi *et al.*, 2000). Regímenes tecnológicos caracterizados por altos niveles de *oportunidad* muestran modelos caracterizados por una notable turbulencia en términos de ingreso y salida tecnológica, así como una alta inestabilidad en la jerarquía de las empresas. Elevadas oportunidades tecnológicas permiten el continuo ingreso de otros innovadores. Si tienen éxito, también las empresas ya posicionadas serán capaces de cumplir adelantos sustanciales en su competitividad relativa, sacando del mercado a las menos innovadoras. Contrariamente, condiciones de baja oportunidad limitan el ingreso innovador y reducen el crecimiento de las empresas posicionadas que innovan. Por consiguiente, entre los mayores innovadores se crea una elevada estabilidad. Un alto grado de apropiación de la innovación por parte de las empresas innovadoras, limitando los *spillover* de conocimiento y permitiendo a los innovadores conservar sus ventajas innovadoras, genera un nivel de concentración industrial relativamente elevado. Al contrario, desalentando las inversiones en actividades innovadoras y favoreciendo una amplia difusión de los conocimientos relevantes entre las empresas, bajas condiciones de apropiación conducen a una estructura sectorial caracterizada por la presencia de una vasta población de innovadores. Finalmente, altos grados de acumulación a nivel empresarial están asociados con la persistencia de actividades innovadoras. A nivel sectorial, la acumulación tecnológica y la persistencia de los mismos innovadores están relacionadas con una alta estabilidad de la jerarquía de las empresas innovadoras y con un bajo índice de ingreso innovador. En estas circunstancias, el proceso de selección favorece a las empresas establecidas con una posición de líder. Los innovadores ya afirmados acumulan conocimientos y habilidades tecnológicas y construyen ventajas innovadoras que forman fuertes barreras para el ingreso de nuevos innovadores.

Por lo tanto, la diversa caracterización de los regímenes tecnológicos conduce a un diferente modelo sectorial de la actividad innovadora: elevadas oportunidades tecnológicas, baja apropiación y baja acumulación —a nivel de empresa— conducen a un modelo de tipo SmI. Al contrario, alta apropiación y alta acumulación —a nivel de empresa— generan un modelo SmII.

Los procesos en la base de la dinámica industrial

En la base de la diversidad entre las empresas, dentro de los sectores se ubican dos procesos evolucionistas clave que varían de sector en sector: el proceso de creación de variedades y el proceso de selección (Nelson, 1995; Metcalfe, 1998). Estos dos procesos influyen en la dinámica sectorial y explican la mayor parte de las diferencias en los modelos sectoriales y en la dinámica competitiva.

El *proceso de creación de variedades* se refiere a los productos, tecnologías e instituciones, así como a las estrategias, la organización y los comportamientos de las empresas. Aquél está relacionado con múltiples mecanismos: ingreso, I&D, innovación, etc. Estos mecanismos interactúan en diferentes niveles. Por ejemplo, el nacimiento y crecimiento de nuevas instituciones y organizaciones sectoriales —como pueden ser los departamentos especializados dentro de las universidades, o los campos de investigación científica, tecnológica o de instrucción— aumentan la variedad y pueden ser asociados con el surgimiento de nuevas tecnologías y nuevos conocimientos. Léase, por ejemplo, la discusión general de Nelson y Rosenberg (1993) sobre el rol de las universidades en muchos campos científicos y tecnológicos, y en Arora, Landau y Rosenberg (1999) los casos en la industria química donde han surgido nuevos departamentos y especializaciones en ingeniería, como consecuencia de nuevos desarrollos tecnológicos. Los sectores y los países se diferencian radicalmente en términos de procesos de creación de variedades y de heterogeneidades entre los agentes, instituciones y tecnologías.

La creación de *nuevos actores* —que incluyen tanto empresas como organizaciones e instituciones— es particularmente importante para la dinámica de las industrias. Por ejemplo, las nuevas empresas conducen una variedad de enfoques, especializaciones y conocimientos en los procesos innovadores y en la producción, y contribuyen fuertemente en el cambio tecnológico y la transformación de los productos de un sector. Los evolucionistas destacan que el rol de las nuevas empresas varía drásticamente de sector en sector —en términos de índice de ingreso, composición y origen—, con efectos diferentes sobre el grado de cambio. Las diferencias sectoriales, en cuanto a nivel y tipo de ingreso, parecen estrechamente vinculadas a las diferencias en los conocimientos de base, en el nivel, difusión y distribución de las competencias, en la presencia de organizaciones como universidades y capitales de riesgo y en la función de instituciones sectoriales, como lo es la reglamentación o el mercado de trabajo (Audretsch, 1996; Malerba y Orsenigo, 1997; Vivarelli y Santarelli, 2002).

El *proceso de selección* desarrolla un papel fundamental en la reducción de la heterogeneidad, y puede concernir a diversas dimensiones: empresas, productos, actividades, tecnologías, etc. Además de la selección desarrollada por el mercado, en muchos sectores se encuentran presentes también procesos de selección no de mercado, como cuando están involucrados el sector militar o el sistema sanitario. La selección puede ser más o menos intensa y frecuente, ser diferente en un sector y en otro, influir sobre el crecimiento o la decadencia de varios grupos de agentes, e implica comportamientos y organizaciones.

La evolución industrial

La hipótesis de un ciclo de vida de la industria ha sido discutida profundamente por Abernathy y Utterback (1975) en el análisis histórico de la industria automovilística americana. Su teoría de fondo es la siguiente. Cuando una tecnología es nueva, se tiene incertidumbre: ya sea con respecto a cómo se podría desarrollar, ya sea con respecto a aquello que los usuarios efectivamente desean. Ambas incertidumbres hacen muy difícil establecer *ex ante* cuál camino de desarrollo puede satisfacer mejor y con éxito las necesidades del mercado. De este modo, inventores y empresas diversas deciden apostar en tecnologías y productos diversos: nuevos innovadores y nuevas empresas siguen entrando en la industria, probando otras soluciones. Las empresas que han intentado innovar pero que no han tenido éxito quiebran y se van. Con el tiempo, un conjunto de tecnologías y productos demuestra ser el vencedor: así, los productos con estas tecnologías comienzan a tener éxito de mercado. Un "diseño dominante" emerge gradualmente: las empresas que ofrecen productos con tal diseño tienen éxito y crecen, mientras que las otras sufren pérdidas y terminan saliendo de la industria. Además, con un diseño de producto consolidado, llega a ser provechoso para las empresas concentrar su I&D en las innovaciones de proceso. Las empresas exitosas crecen en dimensión y la incorporación de nuevas empresas se reduce, así como la cantidad global de empresas en la industria.

Si bien esta descripción del ciclo de vida de la industria nace a partir de estudios de carácter de gestión, ésta ha sido luego desarrollada en el marco evolucionista con una serie de contribuciones, en particular de Klepper —sobre la industria automovilística, de neumáticos, de la televisión y de los láser (Klepper, 1996; y Klepper y Simons, 2000a, 2000b)—, y de Mowery y Nelson (1999) sobre otras industrias en diversos países. Dichos autores demuestran que la variedad tiende a ser máxima en las primeras fases de la historia de una industria, cuando los principales problemas tecnológicos y de diseño deben aún ser resueltos. El proceso de selección económica se produce con la afirmación de un diseño dominante, que elimina la variedad.

Asimismo, la evolución de una industria prevé mecanismos auto-reforzadores que crean una fuerte dependencia respecto al principal camino tomado por la tecnología y el diseño dominantes, y suele dificultar —o imposibilitar— el sistema de retroceso y reconsideración de otras alternativas, a menos que se introduzcan innovaciones radicales desde el punto de vista tecnológico y de mercado. De este modo, una importante parte de la dinámica evolucionista en los comportamientos de las empresas tiene lugar en las primeras etapas de una industria.

Con este propósito, la literatura evolucionista —al igual que la de la gestión estratégica— ha puesto mucha atención a la competencia entre empresas de reciente ingreso y empresas establecidas. Éstas se encuentran en notables dificultades cuando la innovación está vinculada con la "arquitectura" del sistema —y no tanto con los componentes individuales—, porque la misma es percibida y valorada con menor facilidad y claridad (Henderson y Clark, 1990). Asimismo, se propuso que las empresas establecidas no son amenazadas cuando la nueva tecnología "refuerza las competencias existentes" —es decir, se desarrolla su habilidad y competencias existentes—, sino cuando es "destructora de competencias" (Tushman y Anderson, 1986). Pero cuando las empresas establecidas controlan los recursos especializados o estratégicos que resultan complementarios respecto a la nueva tecnología, ésas son capaces de sobrevivir con éxito celebrando acuerdos que permiten acceder a la nueva tecnología "destructora de competencias" o, por lo menos, ganar tiempo para desarrollar nuevas competencias (Teece, 1986; Henderson, Orsenigo y Pisano, 1999). Por otro lado, las empresas establecidas que se concentran estrictamente sólo en las aplicaciones prevalecientes de su tecnología pueden dejar abiertos nichos potenciales, donde los recién ingresados son capaces de entrar y desarrollar la propia tecnología y, por ende, construir una importante amenaza competitiva (Christensen y Rosenbloom, 1995; Christensen, 1997).

En definitiva, los evolucionistas destacan que la evolución de una industria implica una evolución conjunta de tecnología, competencias de empresa y estructura industrial, como fuera demostrado en varias industrias por Dosi (1984), Malerba (1985), Orsenigo (1989) y Mowery y Nelson (1999). De modo general, la evolución conjunta compromete también a la demanda, conocimientos de base, procesos de aprendizaje e instituciones (en este aspecto, véase Nelson, 1994; y Metcalfe, 1998). Por ejemplo —incluso sólo observando tecnología, demanda y empresas—, en sectores caracterizados por un producto con propiedades sistemáticas y por consumidores con una demanda homogénea, la evolución conjunta conduce a la afirmación de un diseño dominante y a la concentración industrial. Por otro lado, una especialización del producto y una estructura de mercado más fragmentada pueden emerger en sectores con una demanda heterogénea, o con tecnologías competidoras y situaciones de *lock-in*, o bien con exterioridades de red y estándar. A menudo, la evolución conjunta está relacionada con procesos de dependencia (*path-dependency*) del camino que es seguido por la tecnología y las empresas (Arthur, 1988; David, 1985). En este caso, aprendizaje local, interacciones entre agentes y red pueden generar rendimientos crecientes e irreversibilidades que lleguen a bloquear los sectores con tecnologías inferiores. Los que tienen tecnologías competidoras son interesantes ejemplos de procesos de dependencia del camino: como el sector de la energía nuclear (Cowan, 1990), de los automóviles, de la metalúrgica (sobre fusión del hierro, véase Foray y Grubler, 1990) y de los aparatos multimedia (sobre videograbadoras, véase Cusumano *et al.*, 1992). Mowery y Nelson (1999) han demostrado cómo estos procesos de evolución conjunta varían entre los distintos sectores. Un ejemplo es dado por la industria de las computadoras, cuyo desarrollo a largo plazo no puede ser explicado solamente en términos de crecimiento de las ventas y de introducción de productos totalmente nuevos —como las mini computadoras, las computadoras personales y las redes de computadoras. En realidad, las complementariedades entre los cambios en los componentes y los cambios en los sistemas en el sector han influenciado las estrategias de las empresas; dando lugar a una evolución conjunta de tecnología, demanda, instituciones, organizaciones y estrategias de empresas (Bresnahan y Malerba, 1999).

Instituciones y sistemas innovadores

Los evolucionistas destacan que la competencia schumpeteriana y el proceso innovador están fuertemente influenciados por las instituciones. Por un lado, usos, costumbres, reglas, normas consolidadas y leyes regulan y plasman la interacción entre personas y entre organizaciones. Por otro lado, universidad, empleado público y sistemas financieros tienen un rol activo en la generación o el retraso de la innovación.

De esto resulta el papel clave del *sistema innovador nacional*, introducido por Freeman, quien lo define como una "red de instituciones en el sector público y privado, cuyas actividades e interacciones introducen, importan, modifican y difunden las nuevas tecnologías" (Freeman, 1987, p. 1). En particular, Freeman se concentra en el sistema japonés y, por lo tanto, en el *Miti*, en la I&D interna de las empresas, en la formación y estructura industrial; específicamente, en grupos y empresas conglomeradas. También Nelson (1993), hablando del sistema innovador nacional, se concentra en las organizaciones que, intencionalmente o no, promueven la actividad de las empresas y discute la relevancia y diferencia entre los principales sistemas innovadores. Lundvall (1992) utiliza, en cambio, una acepción más amplia, incluyendo no sólo las organizaciones involucradas en el proceso innovador, sino también las instituciones y normas que influencian el aprendizaje.

Lundvall considera el sistema innovador nacional como un ámbito en el cual tienen lugar el aprendizaje interactivo y las relaciones entre clientes y proveedores, que pueden favorecer u obstaculizar la innovación y acumulación de competencias. En el ámbito italiano, Malerba (1993) desarrolla estos conceptos y define el sistema innovador italiano como un sistema dual formado por una amplia población de pequeñas y medianas empresas que innovan a nivel local, y por un corazón oligopólico de investigación industrial a gran escala y de grandes organizaciones públicas y científicas que presenta también numerosos problemas sin resolver. Finalmente, se debe notar que los sistemas innovadores han sido examinados —incluso local y regionalmente— por numerosos autores, entre los cuales se halla una gran cantidad de evolucionistas.

Una reciente corriente evolucionista tiene que ver con los *sistemas sectoriales* (Malerba, 2004). Tal enfoque se concentra en factores importantes que influyen en la innovación dentro de un sector: conocimiento y tecnología, actores y redes, e instituciones. Por lo que respecta a *conocimiento y tecnología*, cada sector puede caracterizarse por conocimientos de base específicos, tecnologías e *input*, que suelen variar en el tiempo y que definen los mutables límites sectoriales.

Por lo que respecta a actores y redes, un sector está compuesto por un conjunto heterogéneo de agentes: individuos particulares —entre ellos: consumidores, empresarios, científicos— u organizaciones —tanto empresas, por ejemplo: usuarios, productores y proveedores, como otro tipo de organizaciones: universidades, organizaciones financieras, agencias gubernamentales, asociaciones, etcétera—, al igual que por unidades de organizaciones —como departamentos de I&D o de producción— o grupos —asociaciones industriales. Estos agentes heterogéneos están caracterizados por procesos de aprendizaje, competencias, objetivos, estructuras organizativas y comportamientos específicos, e interactúan mediante procesos de comunicación, intercambio, cooperación, competencia y mando. De este modo, desde una óptica de sistema sectorial, la innovación es considerada un proceso que involucra interacciones sistemáticas entre una gran variedad de actores para la generación y el intercambio de conocimientos relevantes que conduzcan a la innovación misma y su comercialización. Las interacciones incluyen o no relaciones de mercado.

En lo concerniente a las *instituciones*, los conocimientos, acciones e interacciones de los agentes son plasmados por normas, rutinas, hábitos comunes, prácticas afirmadas, reglas, leyes, estándares, etc. Las instituciones pueden ir desde aquéllas que imponen vínculos a los agentes hasta las creadas por las interacciones entre los mismos agentes —como los contratos—; de las más vinculantes a las menos vinculantes; de las formales a las informales —como las leyes sobre patentes, las tradiciones y las convenciones. Muchas instituciones son nacionales —como los sistemas de patentes—, mientras que otras son específicas de determinados sectores —como los mercados sectoriales de trabajo o las específicas instituciones financieras.

Con el tiempo, un sistema sectorial evoluciona y se transforma mediante la evolución conjunta de sus elementos —conocimientos, redes y estructura industrial, demanda e instituciones. Usando la perspectiva de los sistemas innovadores, Malerba (2004) ha estudiado la estructura y evolución de cinco relevantes sistemas sectoriales del ámbito europeo —telecomunicaciones, *software*, química, farmacología y biotecnología, máquinas y herramientas—, destacando los factores que influyen tanto en la innovación como en la diversidad, y las consecuencias para la competitividad e innovación.

Tecnología y desarrollo económico

Los evolucionistas ven el crecimiento económico como un proceso evolutivo, en el cual la tecnología desarrolla un papel fundamental y los actores heterogéneos —activos en diferentes contextos sectoriales, locales y nacionales diversos— innovan y crecen con el tiempo. No es posible discutir a fondo el tema, debido al espacio limitado de esta participación (Verspagen, 2004; Fagerberg y Godhino, 2004; Nelson, 2004). Por ahora baste recordar que diversos elementos del enfoque evolucionista contribuyen a caracterizar y explicar el crecimiento y el desarrollo económico de los países: la contribución fundamental de la innovación —tanto de tipo incremental como radical—, la incertidumbre relacionada con el proceso innovador, la heterogeneidad de los agentes, el rol central del aprendizaje y del conocimiento.

Si el crecimiento y el desarrollo económico son procesos evolutivos, las modalidades que el enfoque evolucionista ha recorrido para analizarlos son fundamentalmente dos: la adopción de una *perspectiva histórica* y el desarrollo de *modelos evolucionistas*. La perspectiva histórica ha consentido la reconstrucción de aquello que efectivamente sucedió durante el desarrollo económico y tecnológico de países y regiones. Sobre esto se han generado interpretaciones e individualizado nexos causales entre las variables y, por ello, se han construido modelos evolucionistas formales. Nótese que la investigación sobre los paradigmas sugiere que el crecimiento pueda variar en el tiempo a causa de la diversa influencia de la tecnología, a causa de su avance dentro de un paradigma y a lo largo de trayectorias específicas. En las primeras etapas, luego del nacimiento de un paradigma, el desarrollo tecnológico resulta elevado, pero rápidamente tiende a reducirse hasta que surge un nuevo paradigma. Conjuntamente, la investigación sobre los cluster de tecnologías destaca cómo es que, con el tiempo, el crecimiento se encuentra relacionado al surgimiento de grupos de innovaciones y tecnologías fuertemente relacionadas.

Según Freeman y Soete (1997) y Freeman y Louça (2001), además, el crecimiento y el desarrollo económico dependen fuertemente de las relaciones entre economía, instituciones y tecnología. En particular, en lo que respecta al orden institucional, Pérez (1983) y Freeman y Soete (1997) demuestran que a largo plazo existe una evolución conjunta entre instituciones y tecnología. El surgimiento de un nuevo paradigma no compatible con el ambiente circunstante puede requerir un periodo de cambios radicales en todos los frentes —económicos e institucionales—, antes de que el crecimiento se pueda reiniciar.

Conclusiones: la interdisciplinariedad del enfoque evolucionista en la innovación y en la dinámica sectorial

En este capítulo se han examinado los aportes empíricos de la teoría evolucionista. Éstos han sido importantes, ricos y variados, y han tocado todos los aspectos clave de la dinámica económica ligada al proceso innovador. La discusión partió del análisis de la innovación y del cambio tecnológico, visto como procesos dinámicos y como fuerza que impulsa el cambio económico. Posteriormente se consideró la competencia schumpeteriana, de carácter dinámico y basada en la innovación. Desde este punto, el análisis se dirigió al rol fundamental del aprendizaje y del conocimiento en el proceso innovador, y al de los regímenes tecnológicos que influencian las modalidades de innovación entre sectores y entre empresas. Seguidamente, fueron analizado los procesos de creación de variedades —por medio de innovaciones e ingresos— y de selección, al igual que la evolución industrial —entendida como evolución conjunta de tecnología, competencias de empresa y estructura industrial, organizaciones e instituciones. El rol de los diversos actores —empleados públicos, universidades, usuarios y proveedores— y de las instituciones en la dinámica industrial enfatiza el que es central en los sistemas evolucionistas, que pueden ser nacionales, sectoriales o locales. Finalmente, toda esta discusión conduce a la teoría evolucionista a unir, en modo significativo, la tecnología con el crecimiento y el desarrollo económico.

En conclusión, se plantea una nota metodológica sobre el enfoque evolucionista, como fuera destacado por Nelson y Winter (1982, 2002) y por Nelson (1995). Son dos las características clave del enfoque evolucionista: una tiene que ver con el continuo diálogo entre análisis empírico, análisis teórico-cualitativo y modelos formales, y la otra se refiere a la apertura frente a otros ámbitos disciplinarios. En lo que respecta al primer aspecto, desde siempre, el enfoque evolucionista destaca que los modelos teóricos deben explicar fenómenos empíricos, ser empíricamente coherentes con el proceso que se pretende modelar, y tener en su base hipótesis microfundadas que coincidan con la evidencia empírica y con las valoraciones de quien ha analizado empíricamente lo que es modelado. En cierto sentido, el análisis empírico precede e interactúa estrechamente con el análisis teórico, en lugar de seguirlo como ejemplo o caso particular. En lo que respecta al segundo aspecto, la teoría evolucionista del cambio económico siempre ha mantenido un vínculo estrecho con otros ambientes disciplinarios: historia, economía empresarial, tecnología, sociología, y ciencias cognitivas. El examen de los fenómenos relacionados con el cambio tecnológico e industrial requiere, de hecho, una estrecha relación con explicaciones que no se refieren al ámbito económico, pero que lo complementan fuertemente. Esto es de gran importancia, en cuanto que la teoría evolucionista tiene el objetivo de ofrecer análisis y explicaciones que estén fundadas empíricamente.

Bibliografía

Abernathy W. J. y Utterback K. B. (1975), "A Dynamic Model of Product and Process Innovation", *Omega*, vol. 3, núm. 6, pp. 639–656.

Arora A., Landau R. y Rosenberg N. (1999), "Dynamics of Comparative Advantages in the Chemical Industry", en Mowery y Nelson (1999).

Arthur B. (1988), "Competing Technologies, Increasing Returns and Lock-Ins by Historical Events", *Economic Journal*, vol. 99, pp. 116–131.

Audretsch D. (1996), *Innovation and Industry Evolution*, Mit Press, Cambridge Massachusetts.

Breschi S., Malerba F. y Orsenigo L. (2000), "Technological Regimes and Schumpeterian Patterns of Innovation", *Economic Journal*, vol. 110, núm. 463, pp. 388-410.

Bresnahan T. y Malerba F. (1999), "Industrial Dynamics and the Evolution of Firms and Nation Competitive Capabilities in the World Computer Industry", en Mowery y Nelson (1999).

Christensen C. (1997), *The Innovator's Dilemma: When New Technologies Cause Great Firms to Fail*, Harvard Business School Press Boston, [Ed. en italiano (2001), *Il dilemma della'innovatore*, Franco Angeli, Milán].

Christensen C. y Rosenbloom R. (1995), "Explaining the Attacker's Advantage: Technological Paradigms, Organizational Dymamics, and the Value Network", *Research Policy*, vol. 24, núm. 2, pp. 233-257.

Cohen W. y Levinthal D. (1989), "Innovation and Learning: The Two Faces of R&D", *Economic Journal*, vol. 99, núm. 397, pp. 569-596.

Cowan R. (1990), "Nuclear Power Reactors: A Study in Technological Lock", *Economic Journal*, vol. 50, núm. 3, pp. 541-567.

Cusumano M., Mylonadis Y. y Rosenbloom R. (1992), "Strategic Maneuvering and Mass Market Dynamics: The Triumph of VHS over Beta", *Business History Review*, vol. 6, pp. 51-94.

David P. (1985), "Clio and the Economic of the QWERTY", *American Economic Review*, vol. 75, núm. 2, pp. 332-337.

Dosi G. (1982), "Technological Paradigms and Technological Trajectories: A Suggested Interpretation of the Determinants and Directions of Technological Change", *Research Policy*, vol. 11, núm. 3, pp. 147-162.

Dosi G. (1984), *Technical Change and Industrial Tranformation: The Theory and a Application to the Semiconductor Industry*, St. Martin's Press Nueva York.

Dosi G. (1988), "Sources, Procedures and Microeconomic Effects of Innovation", *Journal of Economic Literature*, vol. 26, pp. 120-171.

Fagerberg J. y Godhino M. M. (2004), "Innovation and Catching-up", en Fagerberg, Mowery y Nelson [dirs.], *The Oxford Handbook of Innovation*, Oxford University Press, Oxford.

Freeman C. (1974 y 1982), *The Economics of Industrial Innovation*, Frances Pinter, Londres.

Freeman C. (1987), *Technology Policy and Economic Performance: Lessons from Japan*, Frances Pinter, Londres.

Freeman C. y Soete L. (1997), *The Economics of Industrial Innovation*, Mitt Press, Cambridge, Massachusetts.

Freeman C. y Louça F. (2001), *As Time Goes By-From the Industrial Revolution to the Information Evolution*, Oxford University Press, Oxford.

Foray D. y Grubler A. (1990), "Morphological Analisys, Diffusion and Lock-Out of Technologies: Ferrous Casting in France and the FRG", *Research Policy*, vol. 19, pp.535-550.

Henderson R., Orsenigo L. y Pisano G. (1999), "The Pharmaceutical Industry and the Revolution in Molecular Biology: Exploring the Interactions among Scientific, Institutional and Organizational Change", en Mowery y Nelson (1999), pp. 267-311.

Henderson R. y Clark K. (1990), "Architectural Innovation: The Reconfiguration of Existing Product Technologies and the Failure of Established Firms", *Administrative Science Quarterly*, vol. 35, núm. 1, pp. 9-30.

Klepper S. (1996), "Entry, Exit, Growth and Innovation Over The Product Life Cycle", *American Economic Review*, vol. 86, pp. 562-583.

Klepper S. y Simons H. (2000a), "The Making of an Oligopoly: Firm Survival and Technological Change in the Evolution of the U.S. Tire Industry", *Journal of Political Economy*, vol. 108, núm. 4, pp. 728-760.

Klepper S. y Simons H. (2000b), "Dominance by Birthright: Entry of Prior Radio Producers and Competitive Ramifications in the U.S. Television Receiver Industry", *Strategic Management Journal*, vol. 21, núm. 10-11, pp. 997-1016.

Levin R., Klevorick A., Nelson R. y Winter S. (1987), "Appropriating the Result from Industrial R&D", *Brookings Paper of Economic Activity*, vol. 3, pp. 783-831.

Lundvall B. Å. (1992), *National Systems of Innovation: Towards and Theory of Innovation and Interactive Learning*, Pinter Publisher, Londres.

Malerba F. (1985), *The Semiconductor Business*, Wisconsin, University of Wisconsin, Press Madison.

Malerba F. (1993), "Italy", en Nelson (1993).

Malerba F. (2004), *Sectoral Systems of Innovation*, Cambridge University Press, Cambridge.

Malerba F. y Orsenigo L. (1996), "Schumpeterian Patterns of Innovation", *Cambridge Journal of Economics*, vol. 19, núm. 1, pp. 47-65.

Malerba F. y Orsenigo L. (1997), "Technological Regimes and Sectoral Patterns af. Innovative Activities", *Industrial and Corporate Change*, vol. 6, pp. 83-117.

Malerba F. y Orsenigo L. (2000), "Knowledge, Innovative Activities and Industry Evolution", *Industrial and Corporate Change*, vol. 9, pp. 289-314.

Metcalfe S. (1998), *Evolutionary Economics and Creative Destruction*, Routledge & Kegan Paul, Londres.

Mowery D. y Nelson R., dirs. (1999), *Sources of Industrial Leadership: Studies of Seven Industries*, Cambridge University Press, Nueva York.

Nelson R. (1993), *National Innovation Systems*, Oxford University Press, Oxford.

Nelson R. (1994), "The Co-evolution of Technology, Industrial Structure and Supporting Institutions", *Industrial and Corporate Change*, Oxford University Press, Oxford, pp. 319-337.

Nelson R. (1995), "Recent Evolutionary Theorizing about Economic Change", *Journal of Economic Literature*, vol. 33, pp. 48-90.

Nelson R. (2004), *What Where Are We Now on an Evolutionary Theory of Economic Growth, and Where Should We Be Going?* 10th International J.A. Schumpeter Society Conference, 9-12 de junio de 2004.

Nelson R. y Rosenberg N. (1993), "Technical Innovation and National Systems", en Nelson (1993).

Nelson R. y Winter S. (1982), *An Evolutionary Theory of Economic Change*, The Belknapp Press of Harvard University Press, Cambridge, Massachusetts.

Nelson R. y Winter S. (2002), "Evolutionary Theorizing in Economics", *Journal of Economic Perspectives*, vol. 16. núm. 2, pp. 23-46.

Orsenigo L. (1989), *The Emergence of Biotechnology*, Pinter, Londres.

Pavitt K. (1984), "Sectoral Pattern of Technical Change: Towards a Taxonomy and a Theory", *Research Policy*, vol. 13, núm. 6, pp. 343-373.

Pérez C. (1983), "Structural Change and the Assimilation of New Technology in the Economic and Social System", *Futures*, vol. 15, pp. 357-375.

Rosenberg N. (1976), *Perspectives on Technology*, Cambridge University Press, Cambridge, [Ed. en italiano (1987), *Le vie della tecnologia*, Rosenberg & Sellier, Turín].

Rosenberg N. (1982), *Inside the Black Box*, Cambridge University Press, Cambridge, [Ed. en italiano (2001), *Dentro la scatola nera*, il Mulino, Bolonia].

Schumpeter J. A. (1912), *The Theory of Economic Development*, Oxford University Press, Oxford, [Ed. en italiano (2002), *Teoria dello sviluppo economico*, Etas, Milán].

Schumpeter J. A. (1939), *Business Cycles: a Theoretical, Historical and Statistical Analysis of the Capitalist Process*. 2 vol., McGraw-Hill, Nueva York, [Ed. en italiano (1977), *Il processo capitalistico. Cicli economici*, Bollati-Boringhieri, Turín].

Schumpeter J. A. (1942), *Capitalism, Socialism and Democracy*, Harper, Nueva York. [Ed. en italiano (2001), *Capitalismo, socialismo e democrazia*, Etas, Milán].

Simon H. (1973), "The Structure of Ill-Structured Problems", *Artificial Intelligence*, vol. 4, núm. 3, pp. 181-201.

Teece D. (1986), "Profiting from Technological Innovation", *Research Policy*, vol. 15, núm. 6, pp. 285-305.

Tushman M. y Anderson P. (1986), "Technological Discontinuities and Organizational Environments", *Administrative Science Quarterly*, vol. 31, pp. 439-65.

Verspagen B. (2004), "Innovation and Economic Growth", en Fagerberg, Mowery y Nelson [dirs.] (2006), *The Oxford Handbook of Innovation*, Oxford University Press, Oxford.

Vivarelli M. y Santarelli E. (2002), "Is Subsidizing Entry an Optimal Policy?", *Industrial and Corporate Change*, Oxford University Press, Oxford, vol. 11, núm. 1, pp. 39-52.

Winter S. (1984), "Schumpeterian Competition in Alternative Technological Regimes", *Journal of Economic Behavior and Organization*, vol. 5, pp. 287-320.

Winter S. (1987), "Knowledge and Competencies As a Strategic Asset", en Teece [dir.] (1987), *The Competitive Challenge*, Ballinger, Cambridge.

3. El mercado, la empresa y la primacía del conocimiento

Por Luigi Marengo y Corrado Pasquali

Introducción

Herbert Simon[1] recurrió a un bizarro experimento mental para hablar de empresas: imaginó que un marciano podía observar la Tierra desde el espacio con un telescopio capaz de identificar y evidenciar diferentes estructuras sociales. Con este instrumento, el marciano vería las empresas como manchas verdes y los intercambios de mercado como líneas rojas que unían las empresas entre sí. Dentro de las empresas —y quizás incluso entre empresa y empresa, dice Simon— un conjunto de líneas azules habría revelado relaciones basadas en la autoridad y el mando. La conclusión de Simon es "organizations would be the dominant feature of the landscape. A message sent back home, describing the scene, would speak of 'large green areas interconnected by red lines'. It would not likely speak of 'a network of red lines connecting green spots'"[2] (Simon, 1991).

Incluso en Dosi *et al.* (2002) encontramos un experimento mental con marcianos como protagonistas. Sin embargo, el experimento se basa más bien en libros que en telescopios: dos delegaciones de marcianos son invitadas a la Tierra para entender qué cosa son las empresas, estudiando algunos manuales de uso común. A la primera delegación le entregan los textos de los más renombrados economistas de la organización, como por ejemplo Holmstrom, Grossman, Hart, Laffont, Tirole, mientras que la segunda delegación analiza

1 En Simon (1991).

2 "Las organizaciones serían la nota dominante del paisaje. Un mensaje enviado a Marte describiendo todo lo observado hablaría de 'vastas áreas verdes conectadas por líneas rojas'. Verosímilmente, no hablaría de 'una red de líneas rojas que conectan manchas verdes'".

el problema sobre las obras de estudiosos con enfoques comportamental y evolucionista como March, Simon, Cyert, Nelson y Winter.

La primera delegación volverá a Marte contando que las empresas son lugares en los que se practican reiterados juegos muy sofisticados, pues se suscriben contratos (incompletos), se alinean incentivos y, de vez en cuando —pero en modo totalmente periférico y casi casual—, se producen cosas llamadas "acero", "microprocesadores" o "zapatos".

La segunda delegación, en cambio, reportará una descripción muy diferente: en las empresas se desarrolla una gran variedad de diferentes actividades, utilizando otra gran variedad de métodos y procedimientos. Además, los marcianos de la segunda delegación probablemente hablarán de una empresa como un lugar en el cual nadie tiene una idea clara y completa sobre lo que sucede, pero en donde todos cumplen una pequeña cantidad de operaciones estándar coordinadas entre sí en modo más o menos eficiente y capaz de garantizar la producción de sistemas "coherentes" al final de la jornada. Sin embargo, "this second delegation is likely to suggest the analogy of a 'firm' with a messy but most often reliable computer program, with little mention of possible conflict of interests among the individual carriers of various 'sub-routines'"[3] (Dosi *et al.*, 2002).

Estas dos historias recuerdan numerosas interrogantes, propias de la investigación sobre la naturaleza de las empresas y de las organizaciones económicas.

La historia de Simon puede ser relacionada con una familia de preguntas sobre el por qué de las empresas: ¿por qué existen las empresas como instrumento de coordinación de una muy vasta serie de actividades económicas? ¿Dónde reside su especificidad como instrumento de coordinación? ¿Por qué, si bien nosotros solemos llamar a nuestras economías "de mercado", al ser descritas por el marciano hablará fundamentalmente de empresas y, en consecuencia, de relaciones de autoridad y planificación (las grandes "manchas verdes") y no tanto de libres intercambios de mercado (la red de "líneas rojas")? O: ¿por qué las empresas parecen ser la forma y el lugar dominante de la vida y de las actividades económicas? Y finalmente: ¿por qué la vida económica tiene lugar en un nivel agregado, cercano al de las empresas y no cercano al de las interacciones de mercado basadas solamente en el sistema de precios? De hecho, muchos de nosotros al decidir, por ejemplo, qué servicios laborales realizar en el día de hoy,

3 "La segunda delegación probablemente sugeriría una analogía entre una 'empresa' con un software quizá desordenado pero confiable en la mayoría de los casos y no haría referencia a posibles conflictos de interés entre ejecutores individuales de las 'sub-rutinas'".

cuándo y dónde desarrollarlos, no tenemos en cuenta los precios, la demanda y la oferta, sino que obedecemos a órdenes superiores, jerárquicas, o bien seguimos las normas y convenciones que caracterizan el obrar de la organización dentro de la cual actuamos. Por ende, la historia de Simon hace que nos preguntemos sobre el por qué de la escala que se observa de la vida económica.

La segunda historia, en cambio, parece apuntar hacia un horizonte diferente de problemas relativos a la naturaleza operativa de las empresas y a lo que realmente sucede en ellas. ¿Qué es lo que se hace en las empresas? ¿Cómo se hace? ¿Dónde reside la eficacia competitiva de las empresas? ¿Por qué observamos comportamientos y estrategias tan diferentes? Nos parece relevante notar cómo dos casos elegidos en Dosi *et al.* (2002), a manera de extremos de las posibles explicaciones —o bien las dos clases de manuales dados a los marcianos para su estudio—, representan dos escuelas de pensamiento y, por consiguiente, dos clases de respuestas tan diferentes entre sí: por un lado, las teorías que entienden los incentivos, los derechos de propiedad, los contratos, la gobernanza como nociones primitivas; por otro, las teorías fundadas en la idea de que las empresas son esencialmente el lugar de la producción, la implementación y organización colectiva del conocimiento productivo.

A continuación, trataremos de demostrar cómo las dos clases de preguntas están íntimamente relacionadas, y también explicar las razones de la escala observable en la cual tiene lugar la vida económica, por las cuales está estrechamente relacionada con la explicación —y la comprensión— de qué son y qué hacen las empresas. En particular, intentaremos argumentar la tesis por la cual la evolución histórica de los sistemas económicos es un proceso caracterizado, en modo ineludible, por la creación de nuevas entidades cuya constitución es inducida por procesos de integración y desintegración, basados en los modos que tienen las empresas para ser capaces de subdividir y organizar procesos y resolver problemas productivos gracias a su capacidad/posibilidad de desarrollar e implementar soluciones. Este modo de ver las cosas presupone, inevitablemente, una visión más bien diferente de aquella según la cual las empresas son una respuesta a las ineficiencias del mercado que surgen de problemas informativos, imperfecciones contractuales y costos de transacción. Contrariamente, el análisis que proponemos se basa en ver a la empresa como un conjunto organizado de actividades, definido por complementariedad y semejanza, y fundada en la conciencia de su capacidad de elaborar, gestionar, organizar y disponer en módulos los conocimientos necesarios para resolver problemas productivos. En este sentido, pensamos que sea verdadera la afirmación de que las empresas nacen como una respuesta integrada, y no organizada en módulos, a la necesidad de coordinar las interacciones entre interfaces tecnológicas no separables. Interacciones, estas últimas, que no pueden ser mediadas por el sistema de precios, pero que se formulan a partir de razones basadas en cuestiones de compatibilidad y complementariedad tecnológica y cognitiva.

Mercado, empresas, instituciones

Como se mencionó en la introducción, el problema central planteado por el experimento mental de Simon es por qué la vida económica —o al menos una gran parte de ella— se desarrolla sobre la escala de las empresas más que sobre la escala de las interacciones entre agentes individuales. Por lo tanto, Simon plantea una serie de preguntas al respecto: ¿por qué observamos empresas que producen automóviles y no agentes individuales que intercambian en el mercado ruedas, parabrisas y silenciadores, o incluso operaciones minúsculas y particulares dentro del proceso de producción de ruedas, parabrisas y silenciadores para luego ensamblarlos?, y ¿por qué, por el contrario, no observamos una única enorme empresa sino más bien varias empresas de dimensiones muy variables? ¿Por qué en algunos casos, además de los mercados para los bienes finales se crean aquellos para las partes que los componen, y en otros casos esto no sucede? En un cierto sentido, el experimento de Simon reflexiona sobre por qué el nivel de agregación de la vida económica sea el observado y no otro.

Según la teoría del equilibrio económico general (Eeg), el marciano de Simon debería ver desde lo alto una verdadera "economía de mercado", es decir, un mar de líneas rojas: toda la vida económica en los intercambios regulados por el mercado a través del sistema de precios. Esta proposición sería argumentada por un sostenedor de la Eeg, sobre la base de la eficiencia del sistema de precios como instrumento de intercambio y como estructura institucional.

Definida la eficiencia en términos paretianos, la Eeg muestra que el sistema de precios —satisfechas ciertas condiciones— genera soluciones de distribución socialmente eficientes. Tal demostración se basa, de modo crucial, en la capacidad de un precio para representar y difundir la totalidad de la información necesaria para el intercambio, en términos de la medida de la escasez relativa de un bien. Particularmente, en el contexto donde cada agente maximiza el propio bienestar sucede que —bajo ciertas hipótesis— todo el cuerpo social alcanza una situación en la cual las decisiones individuales forman un estado agregado coherente en el que la demanda y la oferta se igualan. Por lo tanto, las presiones e información provenientes del mercado —y representadas por los precios— son lo que transforma comportamientos individuales egoístas en resultados sociales deseables.

Por otro lado, la fe en la posibilidad y capacidad del mercado de alcanzar estados coherentes, donde acciones posiblemente conflictivas se coordinan, se basa en fuertes hipótesis de racionalidad individual y colectiva, y sobre una muy neta distinción entre agentes individuales y contextos institucionales. Este último aspecto es el que más nos interesa y en el cual nos detendremos. Para una discusión más amplia de la idea de "mercado" en la teoría ortodoxa y en las teorías evolucionistas, véase en este libro el trabajo de Giovanni Dosi.

Que las estructuras de interacción y los contextos institucionales sean independientes de la interacción y definidos *ex ante*, equivale a fundar la posibilidad de compensación del mercado sobre factores independientes de la interacción misma (para una ulterior discusión de este argumento, véase el aporte de Dosi a este libro). La neta separación entre los agentes económicos y el contexto en el cual interactúan, y el hecho de que esto se produzca independientemente de las interacciones, implica que los agentes económicos están adaptados de modo perfecto a su ambiente y que, al contrario, las estructuras de la interacción son perfectamente conformes o causalmente irrelevantes.

Los dos puntos en verdad cruciales del argumento son justamente la capacidad de los precios para reflejar toda la información relevante con la finalidad del intercambio y que esto tenga lugar en un contexto institucional totalmente transparente. La misma idea puede ser sostenida con la afirmación de que las interacciones de mercado son aquello que sigue a una actividad productiva, que precede al intercambio y que está organizada mediante una división del trabajo obtenida en modo absolutamente independiente de las interacciones mismas.

Incluso a partir de nuestra esquemática descripción de la interacción económica, así como fuera descrita por la ortodoxia, resulta evidente cómo ésta —en un momento dado—implica y describe una situación muy peculiar. El punto central es la representación de los agentes económicos como individuos autónomos y anónimos que toman decisiones independientemente el uno del otro y que sólo interactúan mediante sistema de precios.

Ahora bien, una de las aceptaciones cruciales cumplidas por la teoría para demostrar que un mecanismo tal genera atribuciones eficientes es que no se presenten divisiones en la producción, como tampoco en el consumo: cada agente es una "isla" autónoma para cada conjunto de precios. En particular, la ganancia de cada agente no está influenciada por las elecciones de otros agentes, sino por aquellas que directamente se reflejan en los precios. Llamamos "exterioridad" a aquellas situaciones en las que las acciones cumplidas por otros tienen efectos sobre nuestra ganancia, sin reflejarse en los precios y, por lo tanto, sin ser coordinadas por el mercado. Un mercado ideal cesa en sus funciones —del modo en que fuera descrito por la teoría— en cuanto se presentan exterioridades: significativamente, llamamos "fallas del mercado" a las situaciones que derivan de la manifestación de exterioridades.

Los resultados clásicos de la economía de bienestar sobre la posibilidad de la descentralización se basan, decididamente, en la aceptación del perfecto análisis de los problemas de distribución. La idea de la perfecta y absoluta organización en módulos de la vida económica es llevada a sus extremos por el teorema de Coase.

El teorema de Coase, contrariamente al nombre, en realidad es una suerte de tautología, según la cual: si cualquier actividad económica que influencia el bienestar ajeno hacia afuera del sistema de precios puede ser intercambiada y atribuida a un mercado perfectamente competitivo, el problema de las exterioridades deja de ser un problema; es decir, si los mercados funcionan perfectamente, entonces ¡los mercados funcionan perfectamente!

La fuerte idea expresada por la proposición coasiana es que cada situación rica de interdependencias puede ser transformada en una situación cuyo nivel de organización en módulos es aquél perfectamente atomístico, prescrito por la teoría. Es decir: una organización en módulos, atomística, es siempre posible y hace que la interacción social pueda medirse muy bien por la interfaz del intercambio voluntario a través del sistema de precios.

De este modo, nuestra demanda logra establecerse de modo aún más fuerte: si el mercado no es sólo una estructura institucional eficiente y, si además, cada situación que comprometa su eficiencia puede reducirse a una organización de modo óptimo, ¿por qué encontramos a las empresas en lugar del mercado único? ¿Por qué la vida económica se desarrolla en grandes conjuntos de módulos integrados y no en módulos individuales independientes? ¿Por qué observamos tantas actividades económicas integradas, y tan pocas atomísticas y especializadas en funciones específicas y coordinadas por la selección? ¿Es sólo porque —como diría el mismo Coase— existe un costo asociado al uso del sistema de precios (los costos de transacción)? ¿Y si los costos de transacción son los costos de una mala organización en módulos, qué cosa podría ser contraria a una organización en módulos total y perfectamente atomística?

Evolución, organización en módulos, tecnología

Adoptando una perspectiva panglosiana —como es común entre los economistas— se podría leer de otro modo la afirmación de Coase. Considerando una economía —o incluso una industria— como una secuencia de procesos que realiza desde materias primas hasta productos terminados, e imaginando subdividir en módulos autónomos las actividades individuales involucradas en el proceso, ¿cuál sería la grandeza óptima de cada módulo; es decir, su grado de interacción? La respuesta de Coase, a nuestro parecer, se articularía en un par de puntos relacionados con los dos casos de excesiva e ineficiente integración: *a)* en ausencia de costos de transacción, el grado de integración de cada módulo sería nulo y cada cual —"cortado" muy ordinariamente, es decir, excesivamente integrado— se desintegraría hasta su nivel óptimo (aquel que permite gestionarlo mediante la interfaz de precios); *b)* cada vez que el sistema de precios importara costos mayores del gobierno burocrático o de la autoridad, ésta prevalecería sobre la base de la mayor eficiencia de atribución.

Esta posición se encuentra bien representada por Oliver Williamson y por su proposición "in the beginnings there were markets" (1975, p. 20). Según este modo de ver las cosas —el de la economía de los costos de transacción—, el mercado es el estado de naturaleza originario donde cada función de coordinación es cumplida por los precios y el intercambio; la producción y el consumo tienen lugar de modo completamente atomístico. La respuesta a la pregunta del marciano de Simon sería entonces: el alejamiento del estado original y la presencia de estructuras integradas se explica en términos comparativos; entre los costos, el sistema de precios y aquellos del gobierno burocrático. Esta respuesta es susceptible de diversas críticas.[4]

Principalmente, la explicación dada por Coase/Williamson contrasta con la evidencia histórica. La mayor parte de las tecnologías —y de las industrias— en su nacimiento están caracterizadas por un alto grado de integración vertical, atraviesan una etapa de desintegración en su fase expansiva y al final vuelven, en la madurez, a un estado relativamente integrado, aunque muy diferente a aquel primigenio.[5] La evidencia histórica, entonces, parece sugerir el recorrido inverso respecto al imaginado por la economía de los costos de transacción: en el princi-

---

4 Granovetter (1985) y Dow (1987) son dos trabajos clásicos en este sentido.

5 Al respecto, véase Langlois y Robertson (1989) y Klepper (1997).

pio existían las jerarquías, y éstas —que atraviesan un proceso (usualmente parcial) de desintegración— dan origen a los mercados. Es el proceso de división del trabajo —que tiene lugar dentro de las estructuras jerárquicas— el que crea la posibilidad del mercado; asimismo, es aún más imaginable que el problema de la eficiencia de distribución y de la gestión de los costos revista mayor importancia en una industria madura —caracterizada por una división estable del trabajo— y no en una industria que recién comienza a funcionar. Sobre este punto, entre otros, es posible recordar a Adam Smith y la idea de que una de las mayores razones del desarrollo de las capacidades productivas es la de buscar siempre más finalidades en la especialización que deriva de la división del trabajo.

En segundo lugar, tanto desde un punto de vista analítico como histórico[6] es posible afirmar que, bien lejos de su naturaleza originaria, los mercados requieren un total insumo de condiciones institucionales y tecnológicas para su misma existencia; algunas de éstas, fruto de explícitas operaciones de *planning* organizativo. En este sentido, un argumento que nos parece tan central como poco desarrollado es el rol que tienen las instituciones para completar la inevitable y endógena falta de definición de los derechos de propiedad en los mercados.[7] En particular, sería interesante entender si la relación de coextensión entre derechos y mercado puede ser aceptada sin un análisis de cómo la gobernanza interviene para mediar una muy real codeterminación entre eficacia de los derechos y funcionamiento del mercado.

Una ulterior debilidad del enfoque Coase/Williamson reside, a nuestro entender, en la explicación de los procesos mediante los cuales emergen las estructuras de gobierno más eficientes. Un comportamiento bastante común consiste en considerar la existencia de una estructura de gobierno como prueba de su eficiencia superior. De este tipo de argumentos —que, de hecho, carecen de una seria consideración de los aspectos dinámicos e históricos del desarrollo institucional y que nos parecen basados en un apresurado enfoque ingenuamente selectivo— deriva una sustancial (y errónea) coincidencia entre demostraciones de la eficiencia relativa de una estructura de gobierno y el proceso de su surgimiento a través de procesos selectivos de mercado.

En realidad, podría ser cierto que las presiones selectivas sean lo suficientemente fuertes como para seleccionar las estructuras más eficientes, pero éstas

---

6 Por ejemplo, Greif (1993).

7 Véase por ejemplo, Dixit (2004).

deben ser generadas y, por ello, existir para poder ser seleccionadas: una entidad —más allá de toda consideración sobre su eficiencia— nunca será seleccionada favorablemente si jamás ha sido generada. Por lo tanto, es necesario distinguir atentamente entre selección y generación de los objetos sobre los cuales ésta actúa. La selección lo hace sobre un material y un inmenso repertorio de diversidades morfológicas, producido por algún mecanismo de variación y de generación de la diversidad; por lo cual, asumir la existencia como prueba de eficiencia significa sustraerse de todo tipo de consideración del problema de la génesis de los objetos sometidos a selección. De hecho, las presiones selectivas pueden explicar la convergencia de una población en ciertas formas —por ejemplo, organizativas— una vez que éstas hayan sido generadas, pero no el surgimiento de las mismas.

Como fue destacado también en la contribución de Giovanni Dosi a este libro, las causas y mecanismos por los cuales son generadas y entran a escena nuevas entidades económicas no parecen estar al centro de la teoría económica. Esto nos parece sorprendente si sólo pensamos que la teoría económica ha nacido con una gran confianza en la posibilidad de aplicar los instrumentos y abstracciones de la teoría de los sistemas dinámicos en el dominio de la interacción social. Este hecho ha llevado a que la disciplina considere cierta la existencia de sus objetos y la naturaleza de sus relaciones e interrelaciones como dadas e inmutables desde un principio y, de este modo, se une a un estilo de análisis puramente cuantitativo y demasiado lejano al enfoque constructivista.

Asimismo, sabemos que cuando las entidades sometidas a selección son entidades cuya estructura interna y componentes presentan un alto grado de interdependencia, el correspondiente *landscape* selectivo estará caracterizado por una multiplicidad de óptimos locales y estará relativamente poco acompañado, provocando que las fuerzas selectivas no estén en condiciones de llegar a óptimos globales.[8] A esto le sigue que las presiones selectivas pueden no ser lo suficientemente fuertes para eliminar estructuras subóptimas (lo que da una explicación, aunque parcial, de la existencia de diferentes formas organizativas y de la persistencia de estructuras subóptimas).[9] Estructuras organizativas y divisiones de trabajo óptimas pueden surgir de interacciones descentralizadas, pero sólo en condiciones muy particulares y, al mismo tiempo, implicando altos costos en términos de sub-optimización (Marengo *et al.*, 2004).

---

8 Kauffman (1993).

9 Para una explicación detallada y algunos resultados en torno a este problema, véase Marengo *et al.* (2004).

Interpretadas como "historia natural de la integración vertical", las teorías basadas únicamente en la consideración de argumentos relativos a los costos de transacción y a su gestión parecen carecer, por lo menos, de una parte de toda la historia. En particular, ese faltante parece ser una explicación de cómo es que la división del trabajo determina el conjunto de las formas organizativas y, por consiguiente, de los límites de la integración vertical, que pueden ser sujetos a selección.

Ahora bien, si a diversas divisiones de trabajo —independientemente de toda consideración de compatibilidad con los incentivos y gobierno de los costos de transacción— corresponden diversas propiedades de eficiencia y diversas posibilidades de aprendizaje, y si la división del trabajo constituye el motor generador de la diversidad que puebla el espacio de investigación sobre el cual opera la selección, es posible que la solución óptima —es decir, la forma organizativa más adecuada— nunca se genere y, en consecuencia, nunca sea seleccionada.

El enfoque basado en los argumentos de Coase y de Williamson se concentra en considerar la eficiencia de estructuras de gobierno en la gestión de transacciones entre interfaces tecnológicas separables: la tecnología y la división del trabajo están dadas y la estructura organizativa es derivada. O bien: las soluciones de un problema productivo son tomadas como dadas y presentes en su forma óptima. Detrás de esta historia encontramos la aceptación implícita de que las organizaciones cumplen meramente tareas de coordinación, y que aquello que es coordinación —o bien, las partes individuales de conocimiento productivo— es independiente de las estructuras organizativas en sí.

El conjunto de insuficiencias que encontramos en una explicación sobre la existencia de las empresas como alejamiento de un estado de naturaleza originario parece radicar, en último análisis, en una visión de las empresas y en la adopción de un cuadro analítico que, aun siendo más rico que la representación de las actividades productivas en términos de meras funciones de producción, está totalmente concentrado en el gobierno de las transacciones y en el alineamiento de los incentivos.

Nos parece que la economía de los costos de transacción termina por eliminar toda referencia y consideración específica del aspecto procesal de la producción y su organización. Un enfoque de este tipo —en cuanto definido en términos de "semejanza de familia"— está fundado en la visión de las empresas, no tanto como lugares de coordinación, sino fundamental e imprescindiblemente como lugares de creación, implementación, conservación y difusión de los conocimientos productivos (Winter, 1982). De ahí la empresa como el lugar donde se implementan soluciones a problemas productivos, y en que la acumulación y el uso productivo del conocimiento evolucionan conjuntamente con las prácticas y las estructuras organizativas.

Empresa, conocimiento, competencias

Hace algunos años, pero no recientemente, una minoría (no tan minoritaria) de economistas difundió y construyó una línea de investigación basada en la idea de que el punto de vista más fructífero para analizar y comprender la naturaleza de las empresas y de las organizaciones económicas es el de asumir como noción primigenia al conjunto de las características relacionadas con las capacidades de solución de problemas de las mismas empresas: las empresas son entidades capaces de producir cosas y "to be capable of somethings is to have a generally reliable capacity to bring that thing about as a result of intended action" (Dosi, Nelson y Winter, 2000).[10] Entonces es necesario entender qué es una "reliable capacity", cómo usarla de modo efectivo para fines productivos, cómo implementarla en una secuencia dada de tecnologías productivas, cómo gestionarla de modo dinámico, cómo adaptarla al cambio del mundo circunstante.

Como fuera destacado por Marengo y Dosi (2004), existe una tradición de investigación que data, por lo menos, de Adam Smith y que trata de identificar las propiedades de eficiencia de diferentes formas organizativas basándose en modelos de división del trabajo y en posibilidades de aprendizaje que aquéllos permiten, más allá de toda consideración de compatibilidad de los incentivos y de gobierno de las transacciones. El conocido ejemplo de la fábrica de alfileres de Adam Smith ilustra la relación entre subdivisión de tareas, mejora las capacidades productivas y las oportunidades de mecanización de la producción. Las intuiciones de Smith fueron seguidas por un cuerpo muy amplio de investigaciones y reflexiones —al que han contribuido, entre otros, Marx, Babbage y Georgescu-Roegen—[11] en relación al tema de los vínculos entre la división del trabajo, los modelos productivos y las formas organizativas.

---

10 Ser capaces de cualquier cosa significa poseer una capacidad generalmente confiable para llegar a esa cualquier cosa como resultado de una acción consciente.

11 En este sentido, véase Langlois (1986), Leijonhufvud (1986) y Morroni (1992).

Sin embargo, un enfoque "de procedimientos" y *knowledge-centered* del análisis de la producción y de la coordinación organizativa ha estado durante años ausente y relegado a los márgenes de un estilo de análisis, propio del enfoque neoclásico, basado en la reducción de la representación de las actividades productivas a alguna función de producción. El regreso de un enfoque de procedimientos en años recientes ha sido favorecido y estimulado por una serie de investigaciones que podemos indicar sumariamente:

a) las investigaciones de Herbert Simon sobre las propiedades de la solución de problemas en relación con una medida de la complejidad de los mismos problemas;
b) las teorías comportamentales de la empresa;
c) las teorías evolucionistas del cambio económico y su énfasis sobre las características de procedimientos del conocimiento organizativo y sobre sus *embeddedness* en las rutinas organizativas;
d) las teorías de la empresa *competence and capabilities based*.

Intentamos exponer en modo absolutamente esquemático las diferencias cruciales entre algunas proposiciones centrales de la economía de los costos de transacción (Tce, por sus siglas en inglés) y, por otro lado, de las teorías basadas en las competencias y en el uso del conocimiento productivo en la solución de problemas (*competence based* o Cb).

Cb, en principio, elabora un discurso sobre la naturaleza de la empresa, sustancialmente diverso de aquel que deriva de los trabajos de Coase y Williamson. En primer lugar, las empresas no son exclusivamente el sitio de coordinación, sino de la creación e implementación del conocimiento productivo. En segundo lugar, su razón de ser no es el alejamiento del mercado como estado originario, sino su aceptación de la función de la división del trabajo, es decir, de la creación y de la gestión de aquellas unidades tecnológicamente separables, coordinadas en modo más o menos eficiente por los mercados.

Sobre estos dos puntos, la Cb elabora una explicación del fenómeno de la heterogeneidad de las empresas y de las razones de la persistencia de la ventaja competitiva.

El conjunto de estas líneas de investigación es seguido, fundamentalmente, por medio de la consideración de las organizaciones económicas como *repositories of problem solving knowledge* y mediante el análisis de los procesos de acumulación y gestión del conocimiento y de cómo éste evoluciona conjuntamente con las prácticas y las estructuras organizativas.

Como, creemos, es evidente, la mayor diferencia entre los dos enfoques radica en asumir como nociones primigenias el gobierno de las transacciones y de los incentivos (la empresa es, sobre todo, el lugar de coordinación) o bien, el conocimiento y la solución de problemas (la empresa es el lugar del uso del conocimiento para resolver problemas productivos). Igualmente obvio nos parece cómo, por un lado, la Cb guarde silencio sobre todo fenómeno relativo a la gobernanza que deriva de intereses contrarios, oportunismo, etc., y por otro, que la Tce calle sobre el hecho de que las empresas realizan gran cantidad de cosas complejas —desde aeroplanos hasta zapatos— por razones y con métodos que por lo general son independientes de cualquier motivo relacionado con la alineación de incentivos. Entonces, hay una visión (la Cb) que parece entender una utopía de cooperadores benévolos y, por otra parte (la Tce y las teorías ortodoxas de los problemas de agencia), una utopía en la cual las organizaciones poseen, de modo natural y en su forma óptima, todos los conocimientos necesarios para la producción independientemente de las estructuras organizativas.

Por supuesto, el *experimentum crucis* es y debe ser el conjunto de las proposiciones empíricamente fuertes que cada teoría está en grado de generar y de probar. Nos parece que la literatura empírica —a nivel de empresa, de industria y de nación— sugiere que resulta muy difícil el poder interpretar los fenómenos sobresalientes del dominio de la innovación tecnológica y del aprendizaje organizativo como respuestas de equilibrio a distribuciones de derechos de propiedad.

Bibliografía

Dixit A. (2004), *Lawlessness and Economics*, Princeton University Press, Princeton, Nueva Jersey.

Dosi G., Levinthal D. y Marengo L. (2002), "Bridging Contested Terrain: Linking Incentive-Based and Learning Perspectives on Organizational Evolution", Lem Working Paper 2001/20, abril, Pisa.

Dosi G., Nelson R. y Winter, S. [dirs.] (2000), *The Nature and Dynamics of Organizational Capabilities*, Oxford University Press, Oxford.

Dow G.K. (1987), "The Function of Authority in Transaction Cost Economics", *Journal of Economic Behavior and Organization*, vol. 8, pp. 13-38.

Granovetter M. (1985), "Economic Action and Social Structure: The Problem of Embeddedness", *American Journal of Sociology*, vol. 91, núm. 3, pp. 481-510.

Greif A. (1993), "Contract Enforceability and Economic Institutions in Early Trade: The Maghribi Traders Coalition", *American Economic Review*, vol. 83, pp. 525-548.

Kauffman S. A. (1993), *The Origins of Order*, Oxford University Press, Oxford.

Klepper S. (1997), "Industry Life Cycles", *Industrial and Corporate Change*, vol. 6, pp. 145-181.

Langlois R. N. (1986), *Economics As a Process: Essays in the New Institutional Economics*, Cambridge University Press, Cambridge.

Langlois R. N. y Robertson P. (1989), "Explaining Vertical Integration: Lessons from the American Automobile Industry", *The Journal* of *Economic History*, vol. 49, pp. 361-375.

Leijonhufvud A. (1986), "Capitalism and the Factory System", en Langlois (1986), pp. 203-223.

Marengo L. y Dosi G. (2004), "Division of Labor, Organizational Coordination and Market Mechanisms in Collective Problem Solving", *Journal of Economic Behavior and Organization*.

Marengo L., Pasquali C. y Valente M. (2004), "Decomposability and Modularity of Economic Interactions", en Callebaut y Rasskin-Gutman [dirs.], *Modularity: Understanding the Development and Evolution of Complex Natural Systems*, Mit Press, Cambridge, Massachusetts.

Morroni M. (1992), *Production Process and Technical Change*, Cambridge University Press, Cambridge.

Simon H. (1991), "Organizations and Markets", *Journal of Economic Perspectives*, vol. 5, pp. 25-44.

Williamsom O. (1975), *Markets and Hierarchies: Analysis and Antitrust Implications*, Free Press, Nueva York.

Winter, S. (1982), "An Essay on the Theory of Production", en Hymans, H. (ed.), *Economics and the World around it*, University of Michigan Press, Ann Arbor, pp. 55-93.

4. Empresas de gestión y "nuevos" sistemas empresariales

*Por Alfonso Gambardella**

Introducción

Entre fines del siglo XIX y comienzos del XX, el capitalismo industrial dio vida a una importante innovación organizativa: la gran empresa de gestión. En la literatura económica y en los estudios de *business*, Alfred Chandler (1977 y 1990) ha sido el promotor de este modelo. Como él mismo destaca, la gran empresa integrada nace como respuesta a algunas nuevas condiciones. La organización jerárquica, la división del trabajo entre unidades internas especializadas, y la función de gestión garante de la coordinación permitían gestionar con eficacia la creciente intensidad de capital de la producción industrial —la mayor complejidad de la tecnología—, las nuevas oportunidades de expansión geográfica y de diversificación de los productos, así como el aumento general del riesgo de la empresa (véase también Langlois, 2003).

A partir de los años ochenta el capitalismo industrial ha desarrollado otra gran innovación organizativa. Especialmente en sectores de alta tecnología y de mayor intensidad de capital humano se han generado nuevos modelos empresariales, a menudo concentrados en áreas geográficas precisas. Además de una amplia especialización, tanto horizontal como vertical, otra característica sobresaliente de estos modelos es la propensión de los manager o de los investigadores a crear sus propias empresas y a poder movilizarse en el plano ocupacional. Esto no significa que la formación de nuevas empresas sea un

* Las consideraciones desarrolladas en este artículo forman parte de una reflexión más amplia que estoy desarrollando junto con Marco Giarratana. Soy, naturalmente, el responsable ante errores y omisiones.

fenómeno reciente. La novedad radica en que esta corriente de empresariado —en sectores tecnológicamente desarrollados y adoptada por individuos evolucionados en el ámbito tecnológico y de gestión— está teniendo una notable difusión. Más allá de los ejemplos clásicos como las tecnologías de la información (Baldwin y Clarck, 1997) o la Silicon Valley (Saxenian, 1994), han surgido nuevos sistemas empresariales en muchos sectores y regiones, incluso en países en vías de desarrollo (Bhidè, 2000; Shane, 2001; Bresnahan y Gambardella, 2004).

El presente artículo compara estos dos modelos y sus consecuencias sobre el desarrollo industrial y sus rendimientos. ¿Estamos ante dos modelos diferentes de organizaciones de las actividades de empresa? ¿Las grandes empresas chandlerianas y los sistemas a lo Silicon Valley operan en los mismos sectores o en sectores diferentes? ¿Uno de los dos sistemas es más eficiente que el otro o tienen ventajas comparadas en actividades diferentes? ¿Cuáles son los vínculos y la eventual división del trabajo entre ambos? Éstas son preguntas importantes para comprender el capitalismo industrial al alba del nuevo siglo. Por muchos motivos, la *new economy* no es otra cosa que la aparición de este nuevo empresariado, rico en tecnología y en capital humano. Sus aciertos, especialmente hasta fines de los años noventa, habían hecho creer a algunos que este modelo podía haber dejado atrás a la gran empresa de gestión. Más recientemente, sus errores han llevado a muchos a pensar que los modelos a lo Silicon Valley, en el fondo, fueron una quimera. La perspectiva de este artículo es diferente. La idea estriba en que ninguno de los dos sistemas es intrínsecamente superior al otro. Son modelos complementarios, cuyo éxito radica en las ventajas comparadas y, por ende, en la especialización y la división del trabajo. Un sistema industrial eficiente se sirve de ambos y también se basa en esas especializaciones y división del trabajo —si no fundamentalmente— sobre el plano internacional.

Tanto la empresa chandleriana como los modelos Silicon Valley se adaptan más a ciertos sectores que a otros. El mismo Chandler (1990) destacaba que la gran empresa integrada se concentraba en los sectores con alta intensidad de capital. Del mismo modo, los modelos a lo Silicon Valley se concentran en sectores como el de las tecnologías de la información, las biotecnologías y, por lo general, en los de alta tecnología o de alta intensidad de capital humano. Pero la dimensión sectorial no es la única dimensión. Por ejemplo, la industria del *software* está organizada de modo empresarial en muchas partes del mundo, como en Israel e Irlanda, a lo Silicon Valley. En cambio, en Alemania, mientras que la industria empresarial del *software* nunca ha despegado (Engelhardt, 2004), hay una empresa de *software* exitosa, Sap, de grandes dimensiones y organizada según el modelo chandleriano clásico. Al mismo tiempo, existe una mezcla entre ambos modelos. Muchas empresas chandlerianas están empleando sistemas de incentivos y modelos organizativos que se inspiran en el empresarial, considerado el más adecuado para motivar a las personas y desarrollar su creatividad (véase Hamel, 1999). Del mismo modo, cuando una nueva empresa emergente tiene éxito y se desarrolla, se dota de una organización más estructurada. Sólo de esta forma se pueden gestionar procesos organizativos y decisiones más complejas, y las empresas mejor estructuradas suelen ser las que tienen mayor éxito. Modelos chandlerianos y empresariales también reflejan diversos estados del ciclo de vida de una industria, con los sistemas empresariales que tienden a cubrir las fases iniciales del nacimiento de un sector. No obstante, existen diversos casos en los que la especialización horizontal y vertical —típica de los orígenes de la industria— no ha desaparecido con el desarrollo, como sucede con las biotecnologías o el láser (Powell, Koput y Smith-Doerr, 1996; Klepper, 1997), o en los casos donde incluso se ha podido observar un proceso de desintegración vertical, como en los semiconductores (Macher, Mowery y Simcoe, 2002).

En síntesis, más allá de las diferencias sectoriales o vinculadas al ciclo de la industria, entre los dos modelos existen diferencias que dependen de las diversas capacidades de organizar las empresas, según uno, ninguno o ambos modelos. El aspecto relevante es que estos dos modelos tienen —como se tratará de demostrar en las próximas páginas— diversas características, funciones y, fundamentalmente, diferentes ventajas comparadas. Por lo tanto, un sistema industrial que pretende servirse de ciertas oportunidades de crecimiento no podrá hacerlo si no tiene la capacidad de organizar empresas chandlerianas o modelos Silincon Valley. Como se dijo anteriormente, un sistema industrial eficiente se sirve de ambos modelos y se basa en la división del trabajo y en las ventajas comparadas entre ambos. La ausencia de capacidades organizativas de uno u otro tipo, o bien la poca capacidad de servirse de las ventajas comparadas de uno u otro sistema —incluso mediante la división internacional del trabajo— puede ser un elemento de gran penalización productiva.

Estas consideraciones dan paso a otra cuestión que vale la pena señalar, aun brevemente, en este artículo. Justo porque se basan en las capacidades organizativas e institucionales y no están determinados sólo por el sector o por su estado de vida, tanto el modelo chandleriano como el modelo Silicon Valley son difíciles de imitar. Es difícil reproducir en otro lugar empresas chandlerianas exitosas, así como también es difícil reproducir modelos empresariales exitosos. De otra manera no se explicaría por qué, en el mundo, las empresas de mayores dimensiones se concentran no sólo, como hemos visto, desde el punto de vista sectorial sino también desde el geográfico. Usando la clasificación *Fortune 500* de las mayores empresas del mundo, Chandler (1990) revelaba que en 1973 el 53% de las empresas mundiales con más de 20 000 empleados eran estadounidenses, y aproximadamente el 85% venían de USA, Reino Unido, Alemania, Japón o Francia. En la *Fortune 500* del año 2003 —amén de un gran número de nuevas empresas surcoreanas, chinas y de algún otro país emergente—, los mismos cinco países continúan cubriendo el 75% de las más grandes empresas del mundo (tabla 4.1).

Esto sugiere que existen diferencias en la capacidad para promover y organizar empresas de este tipo, incluso entre países semejantes. ¿Por qué, como muestra la tabla 4.1, tanto Holanda como Suiza tienen 12 empresas entre las primeras 500 en el mundo, mientras que Bélgica tiene sólo 3? ¿Por qué China y Corea del Sur tienen 15 y 11, respectivamente, mientras que Rusia, Brasil y la India tienen sólo 3, 3 y 4? ¿Por qué Italia y España tienen 8 y 7 (y Grecia ninguna), mientras que Alemania, Francia y Gran Bretaña tienen más de 30, o un orden de tamaño muy superior a la relación de las respectivas rentas per cápita? Del mismo modo, muchos han tratado de reproducir la Silicon Valley o modelos análogos, pero pocos lo han logrado. ¿Por qué —como expresaban, por ejemplo, Arora y Gambardella (2004)— nuevos sistemas empresariales en sectores de alta intensidad de capital humano han tenido un gran éxito en Irlanda, pero no tan pronunciado en Escocia o en Gales? La India tiene una industria creciente de *software* basada en un alto índice de nuevo empresariado. ¿Por qué no ha ocurrido lo mismo en Pakistán o en Indonesia? ¿Por qué también Brasil tiene una gran industria de *software* y Rusia no? La comparación es válida también entre los dos modelos dentro del mismo país. ¿Por qué Alemania tiene excelentes empresas chandlerianas, pero es menos eficaz para crear sistemas al estilo Silicon Valley?

Naturaleza y características de las empresas chandlerianas

Una característica sobresaliente de la empresa chandleriana es la coordinación de sus actividades internas. Esto permite tanto beneficiarse con economías de alcance que explotan las sinergias entre producciones y diferentes actividades,

Tabla 4.1. Ganancias totales y número de empresas por país (*Fortune 500*, año 2003).

País	Ganancias totales (miles de millones de dólares)	Número de empresas
Estados Unidos	5.841	189
Japón	2.181	82
Alemania	1.363	34
Francia	1.246	37
Gran Bretaña	1.079	35
Holanda	388	12
Suiza	382	12
China	358	15
Italia	300	8
Corea del Sur	266	11
Gran Bretaña / Holanda	250	2
Canadá	185	13
España	162	7
Australia	107	7
Suecia	96	6
Finlandia	71	4
Rusia	62	3
Brasil	61	3
Bélgica	60	3
Noruega	60	2
India	60	4
Bélgica / Holanda	57	1
México	49	1
Venezuela	46	1
Dinamarca	35	2
Luxemburgo	29	1
Malasia	26	1
Singapur	15	1
Taiwán	14	1
Irlanda	12	1
Tailandia	12	1
Total	14.873	500

Fuente: *Fortune* 500, 2004.

como reducir las "deseconomías" de alcance entre las mismas producciones y actividades internas —tal como es la sustitución de los productos de la empresa ante los consumidores. Sin embargo, la coordinación de un gran número de actividades diferentes es muy compleja. La empresa chandleriana resuelve el problema creando divisiones focalizadas en productos y actividades específicas. Al mismo tiempo, las economías de alcance de tipo de gestión —como también subrayó Edith Penrose (1959)— se realizan asignando a algunos de los manager de más alto nivel la tarea de supervisar la totalidad del sistema de divisiones y actividades de la empresa. Así los manager pueden identificar las áreas en las que existen oportunidades para llevar a cabo economías de alcance, y aquéllas en las que deberán ser controladas para evitar deseconomías de alcance o el canibalismo cruzado entre los productos de la empresa. Al mismo tiempo, los manager al frente de las divisiones saben que deben considerar el impacto de sus actividades y acciones sobre los resultados de las otras divisiones. Por lo tanto, las empresas chandlerianas organizan reuniones entre los manager de las divisiones y los *top* manager y, en términos generales, alimentan el amplio intercambio de información dentro de la empresa. Asimismo, los manager en posición jerárquicamente superior tienen la autoridad para resolver los conflictos que puedan surgir entre los manager de producto y de las divisiones particulares. Tanto Chandler como Penrose destacan que esta coordinación de gestión intensa constituye el elemento clave que distingue a la empresa integrada de un conjunto de empresas independientes.

La otra característica sobresaliente de la empresa chandleriana es la selección de los proyectos. Esto está relacionado con lo expuesto anteriormente. Cuando se lanzan nuevos productos, o simplemente nuevas actividades o proyectos, los manager de tal iniciativa deben tener información sobre otros mercados, tecnologías y productos de la empresa para saber si estos nuevos productos o actividades pueden reemplazar o devorar otros productos de la empresa, o permiten dar lugar a complementariedades o economías de alcance. Esto ayuda a que la empresa entienda si debe financiar o no estos proyectos. Los *top* manager tienen, entonces, la facultad de abandonar o de no iniciar proyectos que no encajen en forma coherente en la cartera planificada de productos de la empresa. En este sentido, la selección de los proyectos es parte esencial de la coordinación en la organización chandleriana. Cuando los mismos negocios son gestionados de modo independiente, las empresas no tendrán ventajas por el uso de la información relativa a otros productos y procesos, ni por la coordinación de estas actividades. Por lo tanto, los sistemas empresariales están más sujetos a duplicar las inversiones y la competencia entre productos, así como a desarrollar un amplio número de proyectos no coordinados entre sí.

Estas características de la empresa chandleriana tienen algunas consecuencias. En primer lugar, la literatura económica y de gestión ha demostrado que, efectivamente, dichas empresas gozan de amplias economías internas de alcance. El mismo Chandler había ya notado que la empresa integrada explota las sinergias entre —lo que él llama— los tres "dientes" de la inversión a tres puntas (*3-pronged investment*): Ricerca & Sviluppo (R&S) [Investigación y Desarrollo, (I&D)], producción y marketing. Un buen ejemplo de economías de alcance en la investigación proviene de la industria química alemana de fines del siglo XIX. El crecimiento de colosos químicos como Bayer, Basf y Hoechst se produce, en gran parte, por diversificación: en el momento en que se dan cuenta de que con pequeños ajustes en la configuración molecular de ciertos compuestos químicos usados para producir tinturas también pueden elaborar fármacos y, a su vez, cuando esas mismas moléculas logran ser modificadas para obtener celuloide, explosivos, etc. (Aftalion, 1991). Asimismo, la presencia de sinergias internas en la gran empresa ha sido revelada por medio de estudios cuantitativos más sistemáticos. Por ejemplo, Henderson y Cockburn (1996) han demostrado empíricamente la existencia de economías, tanto de escala como de alcance, entre los proyectos de I&D de algunas de las mayores empresas farmacéuticas americanas.

Otra consecuencia del modelo organizativo de la empresa chandleriana es su tendencia a emplear informaciones, conocimientos y recursos internos. En Gambardella y Giarratana (2004a) hemos tratado de resumir las razones principales de este enfoque *inward looking*. En primer lugar, las grandes empresas tienen "costos irrecuperables" *(sunk cost)* que, como es sabido, crean *path-dependence*, o bien tienden a orientar las actividades de una empresa hacia ciertas trayectorias que, a futuro, resulta difícil salirse de ellas, aunque surjan nuevas oportunidades en el mercado. En segundo lugar, justamente, la dimensión de la empresa crea mayores oportunidades de aprendizaje dinámico y de acumulación de experiencia en áreas bien definidas. Por lo tanto, una vez que se entró en dichas áreas y que se descendió por toda la curva de aprendizaje, se hace más difícil abandonar esas líneas porque la experiencia acumulada impulsa a persistir en esas mismas direcciones. A lo anterior cabe agregar que, por este y otros motivos, los *top* manager encargados de seleccionar proyectos de la empresa tienden a seguir sesgos cognitivos a favor de las áreas en las que cuentan con más experiencia (véase también en este libro los ensayos de

Marengo y Pasquali, y el de Egidi. En Gambardella y Giarratana, 2004a, presentamos algunos ejemplos). El punto es que los *top* manager tienden a favorecer los proyectos en campos que conocen mejor, y esto penaliza áreas nuevas con las que están poco familiarizados; por ello, no saben cómo valorar correctamente. Por supuesto que este comportamiento está justificado debido al hecho de no querer realizar proyectos que puedan ocasionar costos elevados y escasas ganancias. Pero evitar este error alimenta otro tipo de error; es decir, no lanzar proyectos que sí podrían revelarse ventajosos. La historia de la industria está repleta de ejemplos de innovaciones tecnológicas importantes que fueron rechazadas por empresas existentes y que otras las realizaron, como veremos más adelante en estos artículos.

Finalmente, en Gambardella y Giarratana (2004a) sostenemos que es la misma selección la que produce economías de escala a nivel de proyecto en las empresas chandlerianas. En breve, dichas empresas tienden a desarrollar proyectos más grandes. Esto sucede porque el presupuesto total de I&D de una empresa se establece con anterioridad a la selección, y no es directamente proporcional al número de proyectos seleccionados. Por lo tanto, en el momento en que una empresa chandleriana selecciona menos proyectos que un sistema de empresas independientes, con el mismo presupuesto de I&D, inevitablemente se asignarán mayores recursos por proyecto respecto a los modelos empresariales de tipo Silicon Valley. Esto da lugar a mayores economías de escala por proyecto y, por lo tanto, a procesos más pronunciados de aprendizaje, de acumulación de experiencia y de *path-dependence* a nivel de proyecto individual. A su vez, esto refuerza la tendencia a persistir en las mismas áreas de actividades y a tener una menor propensión a entrar en nuevas áreas proyectuales y nuevas direcciones. Desde este punto de vista, la tabla 4.2 —tomada de nuestro artículo arriba citado— muestra que las empresas con más patentes en las 15 mayores clases tecnológicas del despacho americano de patentes Uspto, justamente citan como registradas aquéllas que están muy por encima de su cuota de patentes, en la clase y en la cuota de auto citaciones de los otros titulares de patentes en la misma clase. Las citas a patentes propias son una medida típica del uso de conocimientos y recursos internos (Hall *et al.*, 2001).

La insistencia de permanecer en las mismas áreas y proyectos y la poca propensión a moverse rápidamente hacia nuevas direcciones es un punto tanto de fuerza como de debilidad de la empresa chandleriana. Levinthal y March (1993) insisten sobre la dialéctica entre "explotación" (*exploitation*) y "exploración" (*exploration*). La gran empresa tiene ventajas comparativas en la primera. De hecho,

Tabla 4.2. Autocitaciones de patentes de las empresas líder

Clase Uspto	Empresa líder en la clase	% patentes de la empresa líder	% autocitaciones de la empresa líder	% autocitaciones de todos los otros titulares de la clase
73	General Electric	1,9	32,6	7,1
210	Pall Corp.	2,1	21,2	9,0
257	IBM	9,2	24,9	12,6
280	Morton Int.	7,5	16,7	8,5
340	Motorola	5,6	30,8	9,9
345	IBM	14,8	20,9	9,3
361	IBM	6,1	24,9	10,0
424	Procter & Gamble	4,4	29,2	13,2
428	Minnesota Mining	6,3	31,5	15,3
435	Incyte Pharma	2,9	12,0	10,3
438	Micron Tech.	13,0	17,8	11,9
514	Eli Lilly	5,9	43,7	21,1
600	HP	2,5	32,6	7,1
604	Procter & Gamble	4,9	29,2	8,7
606	US Surgical Corp.	4,8	19,0	6,3
	Media	5,5	26,2	10,8
	Stand. Dev.	3,0	8,3	3,7

Nota: La empresa líder es la empresa con el número más elevado de patentes en la clase tecnológica correspondiente. El porcentaje de patentes de la empresa líder es la cuota de patentes de esta empresa en la clase tecnológica sobre las patentes totales de la clase. El porcentaje de autocitaciones de la empresa líder es el porcentaje de citaciones de patentes de la empresa líder en la clase tecnológica, y otras patentes de la misma empresa en la misma clase. El porcentaje de autocitaciones de los restantes es el promedio del porcentaje de autocitaciones de todos los otros titulares de patentes de la clase. Todos los valores son promedios 1995-1999.

Fuente: Gambardella y Giarratana, 2004a.

cuenta con los recursos y las capacidades para realizar un cierto proyecto a gran escala, explotando las economías de escala y de alcance, y es capaz de generar un amplio espectro de innovaciones incrementales y de desarrollos, aprovechando la oleada de un producto o de un sector. Pero, justamente, el hecho de tener ventajas comparativas en la explotación reduce, por las razones antes dichas, su capacidad para explorar nuevas áreas y dar vida a nuevos rumbos de innovación.

Christensen (1997) identifica cuatro razones que explican los límites de la gran empresa en la exploración. En primer lugar, estas empresas dependen demasiado de sus actuales clientes. Siguen sus sugerencias y necesidades y, por ese motivo, no prestan demasiada atención a los potenciales nuevos clientes que, con exigencias diferentes, podrían suscitar innovaciones originales. En segundo lugar, los nuevos mercados son originariamente muy pequeños para la gran empresa. Ésta no ingresa en ellos porque la ventaja comparada de la gran empresa radica justamente en entrar a un mercado con una buena escala de inversiones, mientras que no tendría ventajas, o podría incluso tener desventajas, si entrara en varios mercados de pequeña escala. En tercer lugar, justamente por sus capacidades de realizar economías de escala y de hacer inversiones en costos fijos, la gran empresa crea más tecnologías de las que puede desarrollar comercialmente. Finalmente, la complejidad de coordinación y el elevado número de actividades y gerentes de la gran empresa hacen que las decisiones se tomen sobre la base de informaciones objetivas, como reportes y evaluaciones cuantitativas de las potencialidades de un negocio y de su progreso. Chandler habla de la gestión por números al indicar el hecho de que la evaluación de los proyectos y actividades se basa en indicadores precisos de rendimiento. Pero en los nuevos negocios no existen números sobre los cuales basar las evaluaciones porque, por definición, un nuevo negocio no tiene una experiencia previa de la cual extrapolar tendencias futuras. Su lanzamiento depende mucho más de aspectos subjetivos, como la sensación o la intuición del manager-empresario, su capacidad de ver una oportunidad que otros no ven, o la simple perseverancia o suerte al evaluar la iniciativa. Por lo tanto, una gran empresa que no da importancia a estos aspectos tiene mayores dificultades al iniciar proyectos que no puedan ser valorados objetivamente con números precisos.

Lo que en realidad es importante del análisis de Christensen es que la escasa propensión de la gran empresa a lanzar nuevas direcciones de inversión no es el resultado de una eficiencia interna. La empresa se mueve con mayor cautela en áreas que no conoce, justo porque es eficiente al satisfacer a clientes que ya existen, evitar lanzar proyectos en diversos pequeños mercados y de los cuales no tiene suficiente información objetiva, y al no perseguir indiscriminadamente todas las tecnologías que salen de sus propios laboratorios. Esta tendencia resulta de algunas características intrínsecas de este modelo organizativo, que tiene ventajas comparadas con el explotar al máximo y —en una escala más amplia— una cierta trayectoria, pero que por este motivo renuncia a ser la punta de lanza que abre nuevos mercados y sectores. Por citar algunos ejemplos, Henderson y Clark (1990) muestran cómo el diseño y las configuraciones tecnológicas, radicalmente nuevas, de ventiladores o de equipo para alineamiento fotolitográfico en semiconductores fueron realizados por empresas diferentes a las líderes de la generación precedente. El fenómeno es análogo al de la industria de los dispositivos de disco en las computadoras, como lo ilustra el mismo Christensen (1997). Los discos de 3. 5 pulgadas han sido introducidos por una empresa nueva y diferente de aquélla que lideraba el mercado de los discos de 5. 25 pulgadas. Giarratana (2004) cuenta la historia de la industria del *software* codificado. Todas las principales tecnologías que han dado vida a esta industria fueron patentadas entre los años setenta y ochenta por las empresas informáticas líderes mundiales, pero la apertura y el desarrollo de este mercado —a partir de la década de 1990— se debe a empresas nuevas, más pequeñas y especializadas.

Los nuevos sistemas empresariales

El empresariado es un fenómeno antiguo. Los mismos distritos industriales italianos son el producto de un comportamiento empresarial. Justamente, la asociación entre los distritos industriales italianos y la Silicon Valley sugiere que el empresariado no tiene una fuerte connotación de sector, ni está destinado a distribuirse entre alta tecnología o baja tecnología. Incluso el hecho de que hoy exista un espíritu empresarial en sectores tecnológicamente desarrollados no es una novedad. Klepper (2001) ha demostrado que los orígenes de la industria automovilística se basaron en un elevado índice de formación de nuevas empresas. Sin embargo, como hemos adelantado en la introducción, actualmente la particularidad del fenómeno es su amplia difusión a nivel internacional. Asimismo, y ésta es quizás la mayor novedad, la estructura industrial de muchos de estos nuevos sectores y modelos empresariales permaneció fragmentada sin concentrarse en el tiempo. Como muestra Klepper, la industria del automóvil inició de una estructura difusa y empresarial para transformarse, en pocos años, en una estructura oligopolística. Esto no sucede en las biotecnologías o en el *software* o, por ejemplo, como destaca aún Klepper, en la industria del láser (Arora, Gambardella y Klepper, 2004). A esto se agrega que existe algo de chandleriano en la descentralización productiva de los distritos industriales italianos. Muchos proveedores están al 90% y varios son proveedores de un mismo cliente, lo típico de una empresa que es la más grande del distrito. Por el contrario, el empresariado que se observa en el láser, en las biotecnologías o en las tecnologías de la información, no muestra relaciones tan estrechas y directas con los compradores individuales.

La mejor reconstrucción de las características de estos nuevos sistemas empresariales es, a mi parecer, la formulada originariamente por Annalee Saxenian (1994) sobre la Silicon Valley. Eran dos los aspectos importantes destacados por Saxenian. El primero, que los investigadores, ingenieros y manager que trabajaban en empresas de la Silicon Valley no se sentían ocupados por una empresa, sino por la Silicon Valley en su totalidad. Cada uno de ellos se sentía libre de moverse de una empresa a otra o de formar la suya propia y, eventualmente, volver a la empresa de origen. El segundo aspecto importante era la comparación entre Silicon Valley y Boston. Movilidad empresarial, sensibilidad al riesgo de empresa, ausencia de la penalización social asociada a la quiebra empresarial, no eran tan pronunciadas en un área de alta tecnología como la capital de Massachusetts. Por lo tanto, nuevamente, no era la caracterización sectorial la que hacía la diferencia, sino una distinción real en el modo de concebir la actividad de la empresa y los modelos de organización industrial.

Pero, ¿por qué ha comenzado este fenómeno? Una primera respuesta podría ser la sectorial. Por ejemplo, una de las razones por las cuales no se observa la consolidación de la industria del láser es la elevada diferenciación de los productos y de las tecnologías de esta industria que da vida a una proliferación de nichos sectoriales sin que una o pocas empresas líder puedan ocupar la totalidad del sector con un producto homogéneo (Arora, Gambardella y Klepper, 2004; véase también Sutton, 1998). Aun siendo razonable esta explicación, no aclara por qué dichos sectores mantienen (o promueven) una profunda diferenciación interna en lugar de moverse hacia productos estándar. En el fondo, la diferenciación de la industria automovilística de principios del siglo XX fue rápidamente reemplazada por la homogeneidad y estandarización del producto auto, lanzado por Ford en los años veinte.

Una teoría que podría explicar la persistencia de estructuras industriales más empresariales en el *high-tech* es la del "exceso de oferta" de capital humano respecto a las exigencias del mundo chandleriano. En este último, la demanda de capital humano es relativamente limitada. Para administrar la complejidad y para realizar economías de escala, la jerarquía chandleriana requiere pocas personas capaces de generar ideas y proyectos, y muchas otras que los realicen. Además, dado que existen pocos proyectos —como fue sugerido anteriormente—, hay una mayor rutina, y esto refuerza el hecho de que el modelo chandleriano necesita pocos productores y muchos ejecutores de ideas. Por otro lado, el desarrollo de la gran empresa integrada ha generado enormes aumentos de productividad industrial. En el plano agregado, esto ha contribuido —especialmente en los países avanzados— al desarrollo de la riqueza y a un aumento de la escolarización promedio. Las presiones sobre los salarios que se deducen de este aumento de la oferta de trabajo calificado impulsaron, a quien tenía un cierto nivel de educación, a buscar también oportunidades externas respecto a la gran empresa. A ello se agrega que quien tiene educación y capital humano tiende a ser ambicioso y, en igualdad de condiciones, prefiere realizar un proyecto propio en lugar de hacer el de otro, lo que alimenta la propensión a dar vida a nuevos proyectos en sistemas y empresas *ad hoc*. Finalmente, el modelo chandleriano no ha tenido solamente efectos indirectos —por medio del aumento de la escolarización promedio—, sino también directos. Como sugirió Klepper y Slepper (2000), y como veremos a continuación, las grandes empresas son una fuente de *spin-off* de nuevos empresarios que se sirven de la experiencia y las competencias adquiridas, trabajando en una gran empresa, y que a menudo realizan estas ideas de modo independiente porque justamente la gran empresa no considera útiles esos proyectos dentro de su cartera de actividades.

Estas consideraciones son reforzadas por algunas observaciones empíricas. Acemoglu (2002) notó que en los años setenta la prima por habilidades —es decir, la diferencia salarial (a igualdad de experiencia laboral, antigüedad, y otras características) entre quien tenía un título universitario y quien no lo tenía— había disminuido con respecto a los años anteriores. Se debe tomar en cuenta el aumento de la población con título de estudios, lo que sugiere que en aquellos años la estructura industrial se hallaba ante un crecimiento de la oferta de habilidades al cual no correspondía un crecimiento igualmente sostenido de su demanda, de acuerdo con lo dicho en el modelo chandleriano. Entre los años ochenta y noventa la situación se invirtió. La prima por habilidades aumentó, incluso en presencia de un incremento en la oferta de personal con título de estudios. Las personas con capital humano elevado parece que ya no ofrecieron sus servicios con la misma intensidad a la empresa chandleriana; sin embargo, han comenzado a perseguir una suerte de nuevas oportunidades, justo después de que la gran empresa no ofrecía un premio significativo. Existe también evidencia empírica sobre el hecho de que parte de la inversión en nuevos proyectos por cuenta de los trabajadores calificados pueda nacer de cuestiones motivacionales. Sobre la base de una muestra de innovaciones realizadas por individuos particulares en Canadá, Astebro (2003) estimó que el retorno económico del tiempo utilizado en realizar estas invenciones es menor al índice de retorno a largo plazo de una obligación promedio y que el promedio de los retornos de estas inversiones es negativo. Astebro se pregunta si los inversores no muestran un optimismo irreal o una tendencia positiva al riesgo. Otra posibilidad es que en la búsqueda individual de la innovación existan elementos de gratificación y de consumo que impulsan al individuo a emprender estas actividades, aun cuando los retornos económicos son inferiores a las actividades alternativas.

El hecho de que los nuevos sistemas empresariales produzcan un aumento de la prima por habilidades requiere una ulterior explicación. En Gambardella y Giarratana (2004b) hemos tratado de comprender mejor el problema. Debe pensarse en una situación donde, a causa del exceso de oferta de capital humano respecto a la demanda, el mundo chandleriano produce una presión negativa sobre la prima por habilidades. Si el capital humano tiene oportunidades alternativas, los retornos de esas actividades fijan exógenamente el salario. De hecho, algunos trabajadores calificados se moverán hacia estas oportunidades externas, reduciendo su oferta ante la empresa chandleriana. Esta salida del mundo chandleriano terminará en el momento en que la menor oferta hacia las empresas chandlerianas aumente el salario propuesto por aquéllas, a nivel de la oportunidad externa. Por lo tanto, esta última fijará el nivel de la prima por habilidades. En este sentido, el aumento de la prima por habilidades observado por Acemoglu podría ser el resultado de un incremento del retorno de estas oportunidades externas debidas, por ejemplo, al surgimiento de nuevas tecnologías que —como ya se ha expuesto— la empresa chandleriana detiene sobre sus trayectorias, no persigue, y que, en cambio, son perseguidas por empresas más pequeñas o por sujetos más empresariales.

Sin embargo, las nuevas oportunidades tecnológicas pueden explicar la existencia de "premios" temporales, porque a menudo los *auges* tecnológicos se agotan y no producen retornos elevados por largos periodos. La explicación del constante aumento de la prima por habilidades en el tiempo, en presencia de un incremento de la oferta de habilidades, debería buscarse en algunos mecanismos endógenos de los nuevos sistemas empresariales. Las exterioridades en la producción de conocimientos son uno de estos mecanismos. De hecho, los productos típicos del capital humano son la información y el conocimiento, es decir, *output* inmateriales caracterizados por una elevada transferencia entre individuos y organizaciones. Por lo tanto, en los nuevos sistemas empresariales, especialmente en el momento en que son localizados geográficamente, existe una circulación de conocimientos tecnológicos; por ejemplo, mediante la movilidad de los trabajadores calificados. Entonces, las otras empresas no deberán realizar la inversión necesaria para adquirir aquel conocimiento. Por otro lado, estas exterioridades son producidas no sólo por informaciones "positivas" (cierta tecnología funciona), sino también "negativas" (una cierta tecnología no funciona) porque también en este segundo caso se ahorra la inversión necesaria para descubrir las características de una tecnología o diseño. Asimismo, no pueden dejar de tener lugar, por lo menos en forma pronunciada, dentro de los sistemas que basan su productividad en la producción y uso del conocimiento. En los sistemas empresariales tradicionales, gran parte del valor agregado reside en los *output* materiales. Éstos son más difíciles de transferir y utilizar por otros, ya sea porque los derechos de propiedad sobre los bienes materiales están más definidos, o porque el conocimiento incorporado en las máquinas o en los productos es más difícil de transferir.

Resta, sin embargo, una pregunta. ¿Por qué la empresa chandleriana no puede explotar —incluso a la luz de cuanto se ha dicho en el párrafo anterior— las mismas ventajas y oportunidades para circular la información y los conocimientos en su interior? La primera razón es que la empresa chandleriana actúa según otros esquemas y objetivos. Al ser un modelo de empresa que utiliza y se basa en una amplia escala de "ejecutores" de ideas, tenderá a ser menos sensible y atenta a los conocimientos exteriores, incluso internos, porque se concentra más en la explotación de un número seleccionado de ideas y proyectos, en lugar de su producción. Dicho en otros términos, al existir costos irrecuperables en la ocupación de capital físico, trabajo y otros recursos dedicados a la explotación, es menos propensa a transformarse en un mero "explorador" de ideas, justamente porque eso significaría moverse sobre un terreno diferente al de sus ventajas comparativas. Además, la empresa chandleriana es un sistema cerrado, mientras que los sistemas empresariales son abiertos. Por lo tanto, en este segundo caso, la circulación de ideas, informaciones y conocimientos puede alcanzar una escala similar a la de un mercado o de una industria y, en consecuencia, mucho más amplia que una empresa individual, aun de grandes dimensiones. Esto puede dar lugar a una gran eficiencia en la producción de ideas. Si las ventajas nacen de la producción de información y conocimientos generados por otros, cuanto mayor sea el número de empresas o sujetos que produce información tanto mayor será la posibilidad de encontrar *output* cognitivos reutilizables.

En síntesis, mientras que en el sistema chandleriano un aumento de la oferta de habilidades disminuye los retornos del capital humano —porque el mundo chandleriano tiene una demanda limitada de ideas, proyectos y personas que los producen—, en los nuevos modelos empresariales basados en el capital humano y en el conocimiento, el aumento de la oferta de capital humano o de vínculos con el capital humano —por ejemplo, a nivel internacional— significa mayor generación de ideas y proyectos, y mayores oportunidades de sacar provecho de exterioridades cognitivas. Si se agrega que estos sistemas están especializados en la experimentación y, por ende, son tanto más productivos cuanto mayor es el número de ideas y proyectos que experimentan, tenemos un cuadro aún más claro de las ventajas que pueden surgir del aumento de la oferta de habilidades. Es decir, en el mundo chandleriano la demanda de habilidades es la clásica función decreciente del salario. En cambio, en los nuevos sistemas empresariales crece al aumentar el salario; esto, a causa de un incremento en la productividad, generado por exterioridades cognitivas. Por este motivo es que, a diferencia del mundo chandleriano, en los sistemas empresariales los retornos del capital humano aumentan cuando crece su oferta. Lo cual puede explicar por qué estos sistemas pueden generar una alta prima por habilidades en presencia de un aumento de la oferta de habilidades, especialmente cuando su escala es elevada. No es casualidad que se observen altas primas por habilidades en los sistemas empresariales, fundamentalmente en clusters grandes y altamente internacionalizados, como la Silicon Valley.

Vínculos y complementariedades entre los dos modelos

A partir de la discusión hasta aquí desarrollada, la complementariedad entre los modelos chandleriano y el empresarial es evidente. La dicotomía exploración-explotación es el modo más eficaz para comprender esta interdependencia. Incluso Arrow (1983) ha desarrollado este punto. Él destaca que empresas de diversas dimensiones poseen incentivos diferentes al momento de innovar. Las pequeñas empresas no tienen la escala para realizar innovaciones que requieran altos costos fijos, tanto de I&D como de producción y comercialización. Además, a causa de la imperfección en los mercados de capitales, no logran adquirir a precios ventajosos el capital externo necesario para realizar dichas inversiones. Al contrario, las grandes empresas pueden utilizar los fondos internos, como también comprar los recursos financieros a un costo menor en el mercado financiero, debido a su mayor solvencia y a otros factores.

En las grandes empresas, en cambio, existe un problema de agencia. La distancia organizativa entre quien propone la innovación y los manager que deben financiarla y llevarla a cabo es mayor. Esto genera asimetrías informativas. El valor de la innovación, percibido por el innovador, puede ser superior al que percibe quien debe apoyar y promover la realización. En consecuencia, muchas de estas innovaciones no son realizadas. Existe también lo discutido anteriormente, es decir, que la gran empresa no lanza innovaciones que no encajen en su cartera planificada de productos. Al contrario, en la pequeña empresa la distancia organizativa entre innovador y manager es más corta. Suelen ser los mismos innovadores los que crean su propia empresa para realizar la innovación. A esto se suma que el modelo organizativo de las pequeñas empresas —menos jerárquico y estructurado— tiende a favorecer una mayor creatividad y, por este motivo, alienta innovaciones más originales. Arrow (1983) destaca la importancia de la división del trabajo entre grandes y pequeñas empresas en el proceso innovador, una división del trabajo fundada en respectivas ventajas comparadas; las grandes empresas tienen mayor capacidad para realizar innovaciones que requieran altos costos fijos y altos costos de producción y comercialización de los productos, mientras que las empresas más pequeñas tienen ventajas comparadas en la producción de nuevas ideas y proyectos que, si se aprovechan, pueden ser producidas y comercializadas por otros.

Para realizar esta división del trabajo, Arrow pronostica el nacimiento y desarrollo de mercados de las empresas, con base en los cuales pequeñas empresas productoras de ideas son adquiridas por otras más grandes y que cuentan con los recursos para realizarlas a gran escala. Dichos procesos están tomando vuelo en el capitalismo industrial de estos años. En las biotecnologías, en el *software* y en varios segmentos de las tecnologías de la información, empresas de menores dimensiones son adquiridas por aquéllas más grandes, una vez que sus ideas manifiestan una oportunidad comercial. En lo general, con Arora, Fosfuri y Gambardella (2001) hemos estudiado el desarrollo de los mercados de la tecnología a partir de los años noventa así como el surgimiento de una extensa división del trabajo "innovador" en muchos sectores de alta tecnología. En nuestro trabajo discutimos diversos casos de nuevas ideas y tecnologías producidas por pequeñas-medianas empresas, que luego son realizadas por empresas más grandes presionando sobre sus respectivas ventajas comparativas.

Además de la división del trabajo, existe otro vínculo entre los dos modelos. Los nuevos sistemas empresariales surgen a partir de competencias y capacidades tecnológicas y organizativas preexistentes, a menudo de grandes empresas, y por este motivo nacen en áreas relacionadas con el plano tecnológico o productivo. Como se anticipó anteriormente, Klepper ha notado que la génesis de algunas de las industrias más importantes de Estados Unidos (automóvil, neumáticos, TV, láser) se funda en competencias derivadas de capacidades organizativas y tecnológicas de otras industrias y empresas precedentes. Así, por ejemplo, la industria de los televisores nació por diversificación a partir de la industria productora de radio. La del automóvil surgió tanto por la diversificación de las industrias relacionadas (bicicletas, vagones) como a consecuencia del *spin-off* de las primeras empresas automovilísticas. La evolución de la industria de los neumáticos y del láser ha seguido un camino similar con las empresas e industrias relacionadas o con las propias empresas originarias del sector, que actuaron como fuente de nuevas empresas (Arora, Gambardella y Klepper, 2004). Muchos de los sistemas empresariales de los que estamos hablando en estas páginas han nacido a partir de sistemas, en gran parte chandlerianos, preexistentes. La misma Silicon Valley ha presionado sobre algunas empresas líderes. Como cuenta Saxenian (1994), alrededor de 1970 un enorme porcentaje de ingenieros y tecnólogos que trabajaban en el área habían tenido en el pasado alguna relación con Fairchild (Moore y Davis, 2004).

Para concluir: la "cuestión" italiana

El problema italiano es que han desaparecido muchas grandes empresas y que al mismo tiempo existen señales de desarrollo de sistemas empresariales con alta intensidad de capital humano. Por este motivo, Italia no sólo corre el riesgo de ser incapaz de promover internamente una eficaz división del trabajo entre estas dos tipologías organizativas, sino también —al no contar con capacidades chandlerianas ni empresariales, con alta intensidad de capital humano— se expone a no lograr insertarse en la nueva división internacional del trabajo. Podría, entonces, quedar al margen de alguno de los más importantes procesos de desarrollo del capitalismo industrial moderno.

Luciano Gallino (2003) ha reconstruido la historia de la desaparición de algunas de las mayores empresas de nuestro país. Gallino muestra cómo estas empresas desarrollaron justamente aquel rol típico de las empresas chandlerianas que hemos analizado en estas páginas. Empresas como Olivetti o Montedison han sido la fábrica de desarrollos productivos y tecnológicos y, en muchos casos, han difundido competencias técnicas y empresariales. La cuestión es todavía más singular si se piensa que parte de la pérdida de las capacidades chandlerianas de nuestro país deriva del deterioro del sistema de las empresas con participación estatal. Este tipo de empresas han sido, por muchos aspectos, una causa de las insuficiencias industriales en nuestro país. Pero al final se tiene la sensación de haber descartado todo, incluso su objetivo fundamental. Durante muchos años algunas de estas empresas han sido un punto de referencia de la acumulación de competencias y procesos de aprendizaje; dieron vida a una demanda de productos y servicios que mantuvo un gran sistema de actividades económicas derivadas, y desarrollaron actividades de I&D de buen nivel.

Además, Italia no muestra señal alguna de aquel exceso de oferta de capital humano que se encuentra en la base de las nuevas dinámicas tecnológicas e industriales. Algunos números son emblemáticos. La tabla 4.3 muestra que en Italia el porcentaje de la población que tiene de 25 a 64 años y cuenta con un título académico se encuentra entre los más bajos de todos los países Ocse. Ese porcentaje es inferior al de Grecia, Polonia, Hungría, República Checa y México. Probablemente la calidad de la enseñanza académica italiana sea mejor que en otros países, y por eso el porcentaje de graduados italianos —en igual nivel cualitativo— pudiera ser superior. No obstante, estos datos son preocupantes, como confirma la comparación con otros países cuyas instituciones académicas tienen el mismo nivel o son superiores. Al 10% de los graduados italianos —de entre 25 y 64 años de edad— corresponde 17% en España, 16% en Suiza, 15% en Finlandia, 21% en Holanda y 17% en Suecia. A esto se suma que el porcentaje de graduados italianos es modesto, incluso en las franjas de edades más jóvenes. Para la población en edades de 25 a 34 años, el porcentaje de graduados en Italia es 12%, contra 17% en Grecia, 20% en Irlanda, y 24% en Holanda y España. La comparación con España justamente indica cuán retrasada se encuentra en Italia la inversión en capital humano. Un país similar al nuestro, España, tiene —con un título académico— 7 personas más por cada 100 de 25 a 64 años, y 12 más por cada 100 "jóvenes" entre los 25 y 34 años.

El retraso italiano en la acumulación de capital humano es aún más impresionante si se observan algunos datos de la Comisión Europea. La gráfica 4.1 muestra que Italia tiene el más bajo porcentaje de investigadores sobre la fuerza de trabajo en Europa. La gráfica 4.2 indica que esta baja acumulación de capital humano corre el riesgo de debilitarse en el futuro. De hecho, Italia es el único país europeo con un índice negativo de crecimiento en la cuota de investigadores sobre la fuerza de trabajo. Al mismo tiempo, las gráficas 4.3 y 4.4 explican por qué el porcentaje de investigadores no aumenta. En Europa, Italia tiene el porcentaje más bajo de nuevos doctores en investigación de materias científicas y tecnológicas, y el más bajo porcentaje de gastos en educación académica sobre el PIB.

Tabla 4.3. Porcentaje de la población 25-64 y 25-34 años con un título de estudios académicos (países Ocse, año 2001).*

País Ocse	Edad 25-64	Edad 25-34
Australia	19	24
Austria	7	7
Bélgica	13	18
Canadá	20	25
Corea	17	25
Dinamarca	22	22
Finlandia	15	18
Francia	12	18
Alemania	13	14
Japón	19	24
Gran Bretaña	18	21
Grecia	12	17
Irlanda	14	20
Islandia	19	21
Italia	10	12
Luxemburgo	11	15
México	13	15
Nueva Zelanda	14	17
Noruega	28	35
Holanda	21	24
Polonia	12	15
Portugal	7	11
República Checa	11	11
Eslovaquia	10	11
España	17	24
Estados Unidos	28	30
Suecia	17	20
Suiza	16	16
Turquía	9	10
Hungría	14	15
Promedio Ocse	15	18

* Educación de tipo terciario A (clasificaciones Isced) y programas avanzados de investigación.

Fuente: Oecd, *Education at a Glance*, 2003, tabla A2.3, p. 53.

Gráfica 4.1. Investigadores (tiempo completo equivalente) por 1000 fuerza laboral (último año disponible).

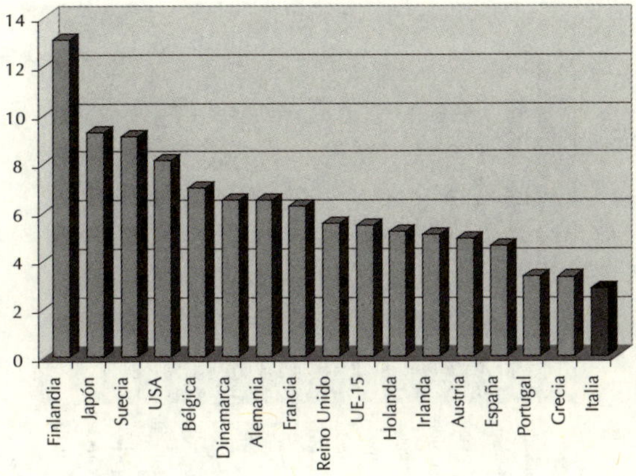

Fuente: EU Key S&T Figures 2002.

Gráfica 4.2. Investigadores (tiempo completo) por 1000 fuerza laboral (crecimiento anual promedio de 1995 al último año disponible).

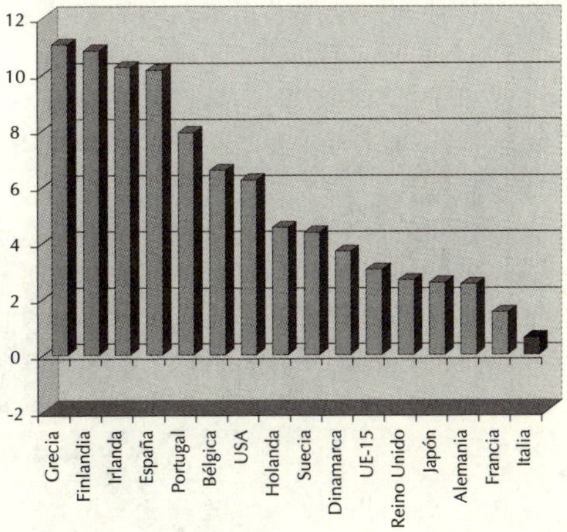

Fuentes: EU Key S&T Figures 2002.

Gráfica 4.3. Nuevos PhD en disciplinas científicas y tecnológicas para 1000 población de edad 25-34, (último año disponible).

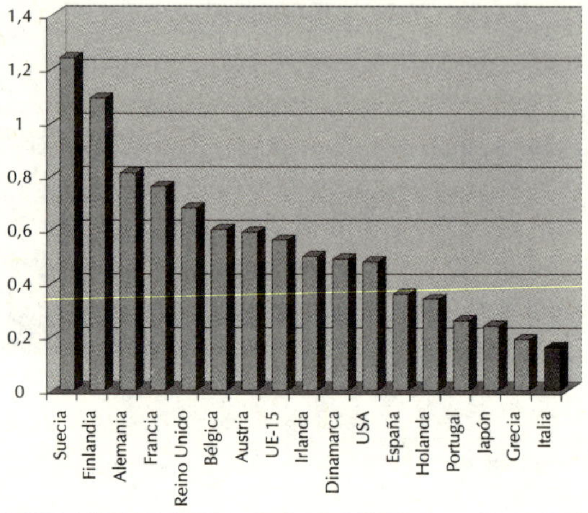

Fuente: EU Key S&T Figures 2002.

Gráfica 4.4. Gastos públicos y privados en educación terciaria (% del PIB en 1998).

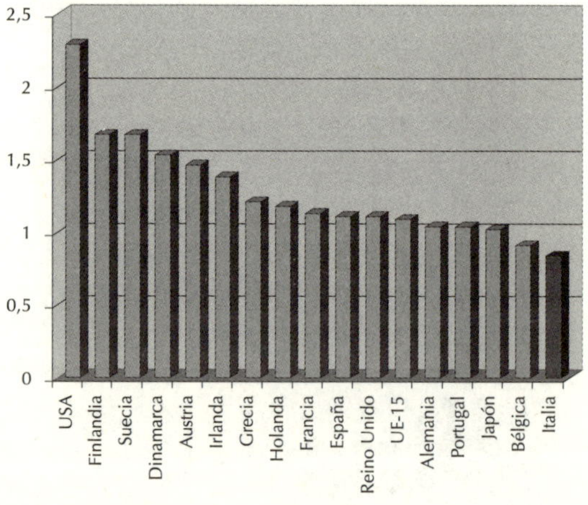

Fuente: EU Key S&T Figures 2002.

Estos números son coherentes con una característica conocida de la especialización italiana, es decir, su focalización en las industrias tradicionales. Nickell y Bell (1996) ya habían destacado la anomalía de la demanda de capital humano de nuestro país. Respecto a los otros países desarrollados, Italia tiene un porcentaje menor de desempleo entre los trabajadores menos calificados y un porcentaje mayor entre los trabajadores calificados. Además, mientras que en los otros países desarrollados el problema es la desocupación de los trabajadores sin habilidades, los trabajadores italianos con título de estudios elevados tienen un porcentaje de desocupación mayor que el de los trabajadores menos calificados, un caso único entre los países estudiados por Nickell y Bell. Al mismo tiempo, Falzoni, Venturini y Villosio (2004) han mostrado que en Italia la diferencia salarial entre trabajadores con y sin habilidades disminuye al aumentar la intensidad del comercio internacional. En particular, un aumento de las exportaciones italianas aumenta el salario de los trabajadores menos calificados, dejando inalterado el salario de los sí calificados. Esto se suma a la idea de que el grueso de las actividades y rendimientos económicos italianos tiene que ver con las producciones tradicionales. Asimismo, Falzoni, Venturini y Villosio muestran que la diferencia salarial aumenta cuando existe más inmigración. Ésta, en Italia, es principalmente de trabajadores sin preparación. Alimenta la oferta de trabajo no calificado y eso disminuye los salarios. Por lo tanto, en Italia la exportación está relacionada con los productos de baja tecnología y coherentemente el país atrae trabajadores preparados en baja tecnología, según un esquema clásico del modelo de ventajas comparadas a nivel internacional.

La pregunta que surge espontáneamente es si éstas son las especialidades y las ventajas comparativas "justas" para un país como el nuestro. El problema no es la productividad de los sectores tradicionales, sino la baja productividad de los sectores desarrollados. Si a esto se suma la ausencia de empresas chandlerianas, existen razones para lanzar un programa industrial determinado que ayude a nuestro país a encontrar especializaciones en sectores con más alta intensidad de capital humano. La cuestión debe ubicarse en un contexto más general. Las transformaciones tecnológicas y productivas de las últimas décadas han modificado las especializaciones y las ventajas comparadas de muchos países, los cuales han adquirido nuevas capacidades competitivas: como la India, en *software*, o Taiwán, en electrónica, sin mencionar la gran potencialidad del desarrollo industrial chino de los próximos años. Italia no parece haber logrado encontrar su ubicación en esta última fase de evolución y ajuste de las especializaciones productivas internacionales, y aún no ha identificado sus nuevas riquezas industriales.

¿Todavía hay espacios abiertos? Probablemente sí. Según Hausmann y Rodrik (2002) hoy existen las condiciones para promover las "experimentaciones" industriales en la investigación de nuevas ventajas comparativas. El empresariado es el instrumento mediante el cual se realizan estas experimentaciones. De hecho, un índice elevado de ingresos y salidas de nuevas empresas es una señal de la investigación de nuevas oportunidades y soluciones productivas. Sin embargo, para hacer esto es necesario un sistema que facilite el empresariado. Uno de los problemas italianos es justamente la dificultad para promover nuevas iniciativas, en un clima abierto y competitivo que dé espacio a las soluciones más eficientes y premiadas por el mercado, con respecto a posiciones de renta, a veces alimentadas por híbridos —entre sistema productivo y estructuras político-burocráticas nacionales— y a menudo cada vez más locales. Quizá si Italia también lograra dar espacio a una clase de nuevos empresarios, movidos principalmente por el deseo y la ambición de cambiar su vida y su estatus social, en lugar de moverse por la exigencia de controlar esta o aquella posición económica, o en algunos casos política o administrativa, se podría dar un primer paso hacia delante. Otro paso sería el pensar de qué manera relanzar las empresas chandlerianas en Italia. Seguramente, ello requiere una reflexión atenta sobre las potencialidades que están en nuestro país. Requiere, también, una reflexión sobre cómo alentar un mayor flujo de empresas e inversiones extranjeras que, en muchos casos, han sido el timón para el relanzamiento de un sistema industrial estable. Una discusión seria de este argumento necesitaría un tratamiento por separado. Aquí sólo podemos destacar que el problema no puede ser descuidado.

Bibliografía

Acemoglu D. (2002), "Technical Change, Inequality, and the Labor Market", *Journal of Economic Literature*, vol. 40, núm. 1, pp. 7-72.

Aftalion F. (1991), *A History of the International Chemical Industry*, University of Pennsylvania Press, Philadelphia.

Arora A. y Gambardella A. [comps.] (en curso de publicación), *From Underdogs to Tigers: The Rise and Growth of the Software Industry in Some Emerging Economies*, Oxford University Press, Oxford.

Arora A., Fosfuri A. y Gambardella A. (2001), *Markets for Technology: The Economics of Innovation and Corporate Strategy*, Mit Press, Cambridge, Massachusetts.

Arora A., Gambardella A. y Klepper S. (2004), "Organizational Capabilities and the Rise of the Software Industry in the Emerging Economies: Lessons from the History of Some US Industries", en Arora y Gambardella (en curso de publicación).

Arrow K. J. (1983), "Innovation in Large and Small Firms", en Ronen J. [dir.], *Entrepreneurship*, Lexington Books, Lexington, Massachusetts.

Astebro T. (2003), "The Return to Independent Invention: Evidence of Unrealistic Optimism, Risk Seeking or Skewness Loving?", *Economic Journal*, vol. 113, pp. 226-239.

Baldwin C. y Clark K. (1997), "Managing in an Age of Modularity", *Harvard Business Review*, vol. 75, pp. 84-93.

Bhidè A. (2000), *The Origin and Evolution of New Businesses*, Oxford University Press, Nueva York.

Bresnahan T. y Gambardella A. [dirs.] (2004), *Building High-Tech Clusters: Silicon Valley and Beyond*, Cambridge University Press, Londres.

Chandler A. D. (1977), *The Visible Hand: the Managerial Revolution in American Business*, Cambridge University Press, Cambridge, Massachusetts. [Ed. en italiano (1993), *La mano visibile*, Franco Angeli, Milán].

Chandler A. D. (1990), *Scale and Scope:* The *Dynamics of Industrial Capitalism*, Harvard University Press, Boston. [Ed. en italiano (1998), *Dimensione e diversificazione*, il Mulino, Bolonia].

Christensen C. (1997), *The Innovator's Dilemma: When New Technologies Cause Great Firms to Fail*, Harvard Business School Press, Boston. [Ed. en italiano (2001), *Il dilemma dell'innovatore*, Franco Angeli, Milán].

Engelhardt L. (2004), "Entrepreneurial Business Models in the German Software Industry", Wzb Discussion Paper, núm. II, 2004-04.

Falzoni A., Venturini A y Villosio C. (2004), "Wage Differentials and International Trade in Italy Using Micro Data 1991-1996", en la colección Iza Discussion Paper, núm. 1204, Institute for the Study of Labor, Bonn.

Gallino L. (2003), *La scomparsa dell'Italia industriale*, Einaudi, Turín.

Gambardella A. y Giarratana M. S. (2004a), "Fingerprints of the Visible Hand: Chandlerian Firms and their Inward Looking Malaise", borrador. Universidad Carlos III, Madrid.

Gambardella A. y Giarratana M. S. (2004b), "Chandlerian Firms vs Entrepreneurship", Lem Working Paper, Pisa, Scuolá Superiore Sant'Anna.

Giarratana M.S. (2004), "The Birth of a New Industry: Entry by Start-ups and the Drivers of Firm Growth: The Case of Encryption Software", *Research Policy*, vol. 33, núm. 3, pp. 787-806.

Hall B. H., Jaffe A. B. y Trajtenberg M. (2001), "The NBER Patent Citation Data File: Lessons, Insights and Methodological Tools", NBER Working Paper, núm. 8498.

Hamel G. (1999), "Bringing Silicon Valley Inside", *Harvard Business* Review, septiembre-octubre, pp. 71-84.

Hausmann R. y Rodrik D. (2002), "Economic Development As Self-Discovery", NBER Working Paper, núm. 8952.

Henderson R. y Clark K. (1990), "Architectural Innovation: the Reconfiguration of Existing Product Technologies and the Failure of Established Firms", *Administrative Science Quarterly*, núm. 35, pp. 9-30.

Henderson R. y Cockburn I. (1996), "Scale, Scope and Spillovers: The Determinants of Research Productivity in Drug Discovery", *Rand Journal of Economics*, núm. 27, pp. 32-59.

Klepper S. (1997), "Industry Life Cycles", *Industrial and Corporate Change*, núm. 6, pp. 145-181.

Klepper S. y Sleeper S. (2000), "Entry by Spinoffs", borrador. Carnegie Mellon University, Pittsburgh.

Klepper S. (2001), "Firm Capabilities and Industry Evolution: The Case of the U.S. Automobile Industry", borrador. Carnegie Mellon University, Pittsburgh.

Langlois R.N. (2003), "The Vanishing Hand: The Changing Dynamics of Industrial Capitalism", *Industrial and Corporate Change*, núm. 12, pp. 351-385.

Levinthal D. y March J. (1993), "The Myopia of Learning", *Strategic Management Journal*, núm. 14, pp. 95-112.

Macher J.T., Mowery D. y Simcoe T.J. (2002), "E-Business and Disintegration of the Semiconductor Industry Value Chain", *Industry and Innovation*, núm. 9, pp. 155-181.

Moore G. y Davis K. (2004), "Learning the Silicon Valley Way", en Bresnahan y Gambardella (2004).

Nickell S. y Bell B. (1996), "Changes in the Distribution of Wages and Unemployment in Oecd Countries", *American Economic Review*, vol. 86, núm. 2, pp. 302-308.

Penrose E.T. (1959), *The Theory of the Growth of the Firm*, Oxford University Press, Oxford.

Powell W., Koput K. y Smith–Doerr L. (1996), "Interorganizational Collaboration and the Locus of Innovation: Networks of Learning in Biotechnology", *Administrative Science Quarterly*, núm. 41, pp. 116-145.

Saxenian A. (1994), *Regional Advantage: Culture and Competition in Silicon Valley and Route 128,* Harvard University Press, Boston.

Shane S. (2001), "Technological Regimes and New Firm Formation", *Management Science,* núm. 47, pp. 1173-1190.

Sutton J. (1998), *Technology and Market Structure,* Mit Press, Cambridge, Massachusetts.

Segunda parte

La economía como ciencia experimental

5. La "economía" de los experimentos

Por Michele Bernasconi

Introducción

Un experimento en economía se configura como una simulación, en la cual los individuos, los sujetos experimentales, son llamados a cumplir acciones o decisiones en un escenario ideado por el experimentador, que debería reproducir el contexto o la institución económica objeto de interés. Son dos los fines naturales de este tipo de ejercicios: el de estudiar el comportamiento de los individuos en una situación determinada, y el de analizar la eficiencia o la eficacia que pueden tener diversos modelos de decisión, institucionales u organizativos en relación a datos objetivos.

Desde un punto de vista metodológico general, la "economía" de los experimentos avala una concepción de ciencia económica basada en dos nociones fundamentales: la primera es que la investigación en economía deba partir de la observación del comportamiento de individuos e instituciones; la segunda, que también dichos comportamientos puedan ser estudiados gracias a evidencias obtenidas mediante experimentos controlados.[1]

Economía del comportamiento (*behavioral economics*) y economía en laboratorio (*economics in the laboratory*) son, en este sentido, dos corrientes de estu-

1 Esta doble concepción es, por ejemplo, declarada en la presentación de la Economic Science Association, la mayor asociación internacional de economistas experimentales que se autodefine como "a professional organization devoted to experimental economics. Our members treat economics as an observational science, using controlled experiments to learn about economics behavior". (http://www.economicscience.org/calendar/default.asp). ["una organización profesional comprometida con la economía experimental. Nuestros miembros conciben a la economía como una ciencia de observación en la que mediante experimentos controlados se aprende acerca del comportamiento económico." N. del editor].

dio, expresiones de un mismo enfoque de la investigación económica. En años recientes ambas han tenido un extraordinario desarrollo con importantes reconocimientos, entre los cuales el más destacado fue, sin duda, el Premio Nóbel de Economía 2002, asignado conjuntamente al psicólogo Daniel Kahneman y al economista Vernon Smith: al primero, por el principal mérito de "haber integrado intuiciones de las investigaciones en psicología a la ciencia económica, especialmente en relación con el comportamiento y el proceso de decisión de los individuos en condiciones de incertidumbre"; al segundo, por el mérito de "haber elevado los experimentos en laboratorio a método de investigación científica en economía, especialmente en el estudio del funcionamiento de los mercados."[2]

A pesar de estos y otros reconocimientos, la concepción de ciencia económica aprobada a partir del enfoque no es pacífica, ni compartida por todos los estudiosos de economía. En particular, respecto a la economía del comportamiento, si por un lado es del todo evidente que el objeto de la ciencia económica no puede ser otro que el estudio del comportamiento económico, en los enfoques más ortodoxos del estudio de la economía (la *mainstream economics*), el rol de los fundamentos psicológicos y de la observación —como punto de partida para la especificación de modelos generales de comportamiento— ha sido progresivamente desvalorizado, a favor de un enfoque en el cual los agentes se comportan según reglas de racionalidad axiomáticamente definidas. La aceptación de transitividad en las preferencias de los agentes (si A es preferido a B, y B es preferido a C, entonces A es también preferido a C) es sólo uno de los ejemplos más evidentes donde tal noción de racionalidad se afirma como la consistencia del comportamiento.

En cuanto a la idea de economía en "laboratorio", la epistemología de la ciencia económica es rica en proposiciones y referencias sobre la imposibilidad de realizar experimentos controlados. De este modo, por ejemplo, en la introducción de uno de los textos de macroeconomía más difundidos en las universidades de todo el mundo, se lee:

> Contrariamente a otras ciencias aplicadas, los economistas no pueden realizar experimentos guiados. Cuando un ingeniero quiere descubrir los efectos de la temperatura sobre la conductividad de los materiales, realiza un experimento en el cual cambia la temperatura y, a igualdad de otras condiciones,

2 Motivaciones reportadas en el sitio de la Nobel Foundation: http://www.nobel.se/economics/laureates

> observa las variaciones en la conductividad. Pero un economista que quiere analizar, por ejemplo, cómo las variaciones de la oferta de moneda influyen sobre la producción agregada, no podrá seguir el mismo método: ¡no podrá detener el mundo y pedirle al banco central que varíe la oferta de moneda! De hecho, los cambios de la oferta de moneda se producen contemporáneamente a una serie infinita de otros eventos, desde variaciones de la legislación tributaria hasta una serie de huelgas o una imprevista variación meteorológica, etcétera. (Blanchard, 1997, p.17).

Por un lado, si tales observaciones parecen difíciles de objetar, por el otro también es evidente que para la interpretación y la explicación de los hechos económicos, el economista procede, como en cualquier otra ciencia, mediante hipótesis, abstracciones, simplificaciones, modelos cuya validez está garantizada, en último análisis, por el método de investigación adoptado. Bajo este aspecto, no es claro por qué la ciencia económica deba gozar de alguna exención especial, respecto a otras ciencias aplicadas, para no someter a un control dirigido y puntual a diversos elementos que componen los modelos propios y sus explicaciones. Al contrario, es necesario destacar que si la *mainstream economics* contemporánea, especialmente aquella desarrollada a partir de la segunda posguerra, en general se ha mostrado reacia a aceptar confrontarse con el modo en que los individuos y las instituciones efectivamente se comportan o funcionan, en la historia del pensamiento económico tal método ha constituido un modo natural de proceder en muchas ocasiones; así como debe recordarse que algunos de los mismos principios e ideas de mayor éxito de la moderna ciencia económica —ideas y principios enseñados incluso en los cursos más ortodoxos de economía— son el resultado de intuiciones estimuladas por verdaderos experimentos, imaginados o realizados, usados como estímulo para la reflexión económica.

En las siguientes páginas trataré de explicar con más detalle en qué consiste el método experimental en economía. Comenzaré con el recuerdo de dos famosas paradojas de la materia económica: la de San Petersburgo y la paradoja de Allais, que sirven tanto para introducir una primera idea de experimento económico, como para ilustrar dos nociones diferentes de ciencia económica que pueden leerse detrás de las reacciones ante las dos evidencias experimentales. Luego indicaré las etapas esenciales de la evolución de la economía experimental en los últimos treinta a cuarenta años, en particular deteniéndome, por un lado, en las reacciones entre economía y psicología desarrolladas por estudiosos como Daniel Kahneman, y, por otro, sobre cómo se introdujo y maduró la noción de laboratorio en economía, producida según experimentos realizados por economistas como Vernon Smith. Dedicaré mis conclusiones a la economía experimental actual y a sus perspectivas.

La idea de experimento (y de ciencia económica) en dos famosas paradojas

Tal vez el testimonio más famoso de cómo el estímulo dado por una intuición experimental puede constituir el punto de partida para el modelo económico es la paradoja de San Petersburgo. Aun habiendo sido realizado fundamentalmente con la imaginación, para muchos es el primer experimento de la historia del pensamiento económico.[3] Particularmente elaborado en relación con el desarrollo de la teoría de la probabilidad (más que de la ciencia económica en sentido estricto), aquél consiste en un problema propuesto en 1713 por el matemático suizo Nicholas Bernoulli, y que se relaciona con el siguiente juego de azar:

> Pedro lanzará una moneda al aire hasta que ésta no caiga mostrando cara, y promete a Paolo los siguiente premios: 1 ducado si al primer lanzamiento muestra cara, 2 ducados si muestra cara al segundo lanzamiento, 4 ducados si muestra cara al tercer lanzamiento, 8 ducados si muestra cara al cuarto lanzamiento, y así sucesivamente con dos ducados elevados a *n-1* si muestra cara al *n*-ésimo lanzamiento. ¿Qué precio estará dispuesto a reconocer Paolo a Pedro para participar en el juego?

Nicholas Bernoulli no respondió el problema propuesto, pero utilizó el experimento para negar validez a la teoría de la esperanza matemática (o valor esperado) vigente en aquel momento para predecir las elecciones de los individuos en condiciones de riesgo. Según tal teoría, el precio que Paolo debería pagar a

---

[3] Una historia detallada de la *Experimental Economics*, de la cual se han tomado citas y referencias reportadas incluso en el texto que figura a continuación, es la ofrecida por Alvin Roth (1995). La historia es publicada en un libro revisado por Kagel y Roth (1995), que recopila varios ensayos de economía experimental y que constituye un manual indispensable para una introducción profunda en la materia. (El artículo de Roth también se encuentra disponible en el sitio personal del autor: http://www.economics.harvard.edu/~aroth/alroth.html).

Pedro habría consistido en una increíble suma infinita de dinero, consecuentemente al hecho de que el valor esperado de la apuesta es una suma de términos infinitos estrictamente positivos: $1/2 \cdot 1 + 1/4 \cdot 2 + 1/8 \cdot 4 + \ldots 1/2^n \cdot 2^{n-1} + \ldots$

La solución de la paradoja y la superación de la teoría de la esperanza matemática se debe al primo de Nicholas, Daniel Bernoulli, que en 1738 propuso aquélla que aún hoy es la hipótesis escuela para modelar las elecciones económicas de las personas en condiciones de riesgo e incertidumbre: la teoría de la utilidad esperada.[4] Según Bernoulli, lo que en particular se revela al final de la evaluación de una proyección incierta, no es su esperanza matemática, sino su "esperanza moral", es decir, el valor esperado de ganancia subjetiva asociado a los diferentes resultados de la proyección. Por ejemplo, para la paradoja de San Petersburgo, la utilidad esperada (o esperanza moral) es dada por $1/2 \cdot u(1) + 1/4 \cdot u(2) + 1/8 \cdot u(4) + \ldots 1/2^n \cdot u(2^{n-1}) + \ldots$, donde $u(\cdot)$ es el índice subjetivo de evaluación de la riqueza. Si además se asume que $u(\cdot)$ aumenta al aumentar la riqueza, pero a una tasa decreciente (ley de la utilidad marginal decreciente), los términos de la sumatoria $1/2^n \cdot u(2^{n-1})$ cambiarán, por n elevada, a 0; de modo tal que la evaluación subjetiva de la apuesta será modesta (como fuera sugerido por la intuición), aun si el valor esperado de la misma tiende al infinito.

Tal como anticipaba, si bien Bernoulli no realizó experimentos verdaderos de la nueva teoría, probó su eficiencia al predecir el comportamiento de los individuos en relación al riesgo, llamando la atención a colegas y estudiosos de aquella época con preguntas y diferentes versiones de la paradoja.[5] En otras palabras, para Bernoulli la prueba empírica era una condición necesaria para aceptar la intuición psicológica de la misma teoría; y, en relación con ella, vale la pena destacar cómo aún hoy la paradoja es utilizada en los cursos básicos de economía para introducir a los estudiantes a la psicología de la aversión al riesgo.

Al contrario, como muchos saben, la forma analítica de la utilidad esperada se justifica en el marco de la *mainstrean economics* actual, sobre la base de argumentos diferentes a la observación e intuición psicológica, fundándose particularmente en la noción normativa de racionalidad, entendida como

---

4 El nombre de la paradoja de San Petersburgo proviene de los Comentadores de la Academia de las Ciencias, donde Bernoulli (1738) propone su teoría.

5 En el estudio histórico de Karl Menger (1934) se recopilan los testimonios relacionados con las experimentaciones de Bernoulli y con la notable literatura desarrollada en el mundo científico de los siglos XVIII y XIX en torno a la paradoja de San Petersburgo.

coherencia y consistencia en el comportamiento, que tiene una piedra miliar en el libro *Theory of Games and Economics Behavior* de John von Neumann y Oskar Morgenstern (1944). Es en esta obra —dedicada en forma más general a la teoría de los comportamientos estratégicos, o teoría de juegos— donde la hipótesis de la utilidad esperada en clave moderna se desarrolla por primera vez.

En particular, siguiendo el enfoque axiomático sobre la racionalidad —que en los años cuarenta ya se estaba afirmando en la ciencia económica—, Von Neumann y Morgenstern parten de un sistema de preferencias absolutamente genérico; por lo tanto, demuestran que si las preferencias de un agente sobre un conjunto de loterías satisfacen ciertas reglas de coherencia, entonces la hipótesis de utilidad esperada desciende simplemente como modo matemático para representar las elecciones del mismo agente. Junto al postulado de la transitividad, el principio fundamental para obtener dicho resultado es el axioma de independencia. Éste afirma que las preferencias entre dos loterías deben ser independientes de los premios obtenidos en las dos loterías con la misma probabilidad.[6]

Seguido a la primera exposición de Von Neumann y Morgenstern, entre finales de los cuarenta y los primeros años de los cincuenta, varios debates se suceden en relación con la verdadera naturaleza del axioma, con su contenido normativo y su capacidad de describir el modo en que los individuos se comportan en la realidad. Sin embargo, bajo el último aspecto, el axioma encontró rápidamente un formidable contra-ejemplo. Esto sucedió en una famosa conferencia realizada en París, en 1952, durante la cual muchos de los que sustentaban la utilidad esperada —entre ellos, algunos de los más brillantes académicos de las universidades americanas, incluso Oskar Morgenstern, Jacob Marschack y Leonard Savage (que por aquel entonces estaba completando la obra para dar fundamentos estadísticos a la utilidad esperada)— en-

6 De manera un poco más formal, dadas dos loterías: $(X, \lambda; Z, 1-\lambda)$ y $(Y, \lambda; Z, 1-\lambda)$, que con probabilidad λ dan diversos premios representados por dos sub-loterías X e Y, y con probabilidad $(1-\lambda)$ dan los mismos premios de la sub-lotería Z; entonces la lotería $(X, \lambda; Z, 1-\lambda)$ podrá ser preferida a la lotería $(Y, \lambda; Z, 1-\lambda)$ solamente si la sub-lotería X es preferida a la sub-lotería Y en una comparación directa. Para ver cómo el axioma de independencia es el punto de cambio para representar las preferencias de un individuo respecto a perspectivas inciertas mediante la utilidad esperada, nótese cómo, dadas las dos loterías $(X, \lambda; Z, 1-\lambda)$ y $(Y, \lambda; Z, 1-\lambda)$, para que la preferencia de la primera con respecto a la segunda dependa del hecho de que la sub-lotería X sea preferida a la sub-lotería Y (para cualquier X, Y, Z e λ) es necesario que las utilidades de las dos loterías de partida se puedan escribir, respectivamente, como $\lambda u(X) + (1-\lambda)u(Z)$ y $\lambda u(Y) + (1-\lambda)u(Z)$.

contraron al economista francés Maurice Allais. Fue cuando Allais expuso a los participantes el siguiente doble problema. En el problema 1 se expresa la diferencia entre:

A: { $500 mil con certeza

respecto a

B: { $2,5 millones con 10% de probabilidad
$500.000 con 89% de probabilidad
$0 con 1% de probabilidad

En el problema 2 se expresa la diferencia entre:

C: { $500.000 con 11% de probabilidad
$0 con 89% de probabilidad

respecto a

D: { $2,5 millones con 10% de probabilidad
$0 con 90% de probabilidad

La elección prevaleciente de los participantes —incluidos Morgenstern y Savage— fue A, en el primer problema, y D, en el segundo. Sin embargo, la elección contradice la utilidad esperada y, en particular, el axioma de independencia.

Para entender la razón y la naturaleza del debate sobre la economía experimental que siguió a este planteamiento, es útil referirse a cómo Savage explicó —en el libro sobre los fundamentos estadísticos de la utilidad esperada (impreso en 1954)— la razón y la solución de la paradoja de Allais. En particular, propuso pensar en los dos problemas como generados por la extracción de billetes de una urna según los siguientes esquemas:

Problema 1

Billetes de lotería	1	2-11	12-100
Probabilidad	1%	10%	89%
A	$500.000	$500.000	$500.000
B	0	$2.500.000	$500.000

Problema 2

Billetes de lotería	1	2-11	12-100
Probabilidad	1%	10%	89%
C	$500.000	$500.000	0
D	0	$2.500.000	0

En el problema 1, la lotería A es una proyección que ofrece 500,000 dólares, sea cualquier billete del 1 al 100 que se extraiga de la urna; mientras que B da 0 si el billete extraído es el 1, da 2,5 millones de dólares si se extrae uno de los numerados del 2 al 11, y da 500,000 dólares si es extraído algún billete del 12 al 100. De igual modo, en el problema 2, C es la proyección que ofrece 500,000 dólares si cualquier billete del 1 al 11 es extraído, y da 0 con uno de los billete numerados del 12 al 100; mientras que D ofrece 0 al sacar un billete 1, 2,5 millones con algún billete del 2 al 11, y 0 con billetes del 12 al 100.

En este punto, según Savage, el sentido de la utilidad esperada debería volverse transparente y la intuición del axioma de independencia inmediata. En particular, advierte Savage,

> si uno de los billetes numerados del 12 al 100 es extraído, no importa, en ambas situaciones, la acción que yo elija. Por este motivo me concentro en la probabilidad de que uno de los billetes numerados del 1 al 11 sea extraído; en tal caso, las dos situaciones son exactamente equivalentes. La decisión final dependerá entonces de mis preferencias sobre la disponibilidad para cambiar un premio de 500,000 dólares por la probabilidad de ganar 10 a 1, 2,5 millones de dólares —una conclusión, supongo, que tiene el valor de la universalidad u objetividad (Savage, 1954, p. 103).

Para Savage, el argumento es en particular tan convincente que le permite corregir la elección expresada en París y sostener aún con más vigor el valor normativo, en el sentido más técnico del término, del axioma de independencia. Es decir, la idea de que los individuos puedan cometer un error de juicio y ser afectados por ilusiones psicológicas es precisamente la razón por la cual los principios de la racionalidad económica —o transitividad y totalidad de las preferencias, junto al axioma de independencia que, para Savage, son también los postulados de la racionalidad estadística comportamental— deben presidir, servir como guía y auxilio a las decisiones económicas. Los errores nacen justamente cuando los individuos no utilizan u olvidan tales principios. Pero la ciencia económica, para Savage y muchos otros, no puede caer en los mismos errores; no puede construir una teoría del comportamiento económico sobre la base de errores y justificándolos. Al contrario, aquélla debe ser prescriptiva y normativa para develar los principios e implicaciones que los mismos individuos desean seguir racionalmente.

No obstante las vigorosas críticas de Allais y su rechazo a aceptar como válida la vía seguida por Savage para salir de la paradoja, la posición de este último resultó ganadora en el debate de aquel entonces. Además, explícita o implícitamente, los argumentos de Savage contribuyeron a difundir y corroborar la idea de que estos problemas y los experimentos de tipo Allais pudieran ser errados para elaborar teorías del comportamiento válidas para la ciencia económica, y que, en lo posible, debieran reservarse al dominio de la psicología.

La psicología en los experimentos de economía

Con el correr de los años, los psicólogos avanzaron produciendo un vasto catálogo de evidencias experimentales contrarias a la utilidad esperada. Algunas de las más famosas, de una primer oleada de estudios, tienen que ver con: las manifestaciones de distorsiones de las probabilidades en la evaluación de las proyecciones, según las cuales los individuos tienden a exagerar el valor atribuido a pequeñas probabilidades y a subponderar mayores probabilidades (como fue puesto en evidencia ya en 1953 por una nota de War Edwards); el fenómeno conocido como *Preference reversal*, descrito por primera vez en 1968 por los psicólogos Slovic y Lichtenstein, en el cual, ante un par de proyecciones en las que una de ellas ofrece una alta probabilidad de victoria modesta y la otra un premio elevado con una pequeña probabilidad, los individuos tienden a preferir la primera proyección en una elección directa, pero a valorar más la segunda cuando se trata de pagar un precio; la paradoja de Ellsberg (esta vez un economista), que en 1964 produjo toda una serie de experimentos —primero imaginarios, pero luego confirmados con sujetos verdaderos— donde son violados dramáticamente los principios de la racionalidad estadística subyacente a la teoría de la utilidad esperada, como en particular el hecho de que no exista diferencia entre riesgo (en una proyección son conocidas las probabilidades de los premios) e incertidumbre (en la cual, en cambio, las probabilidades no son conocidas).[7]

Además, algunas de las evidencias producidas comenzaron a indicar que no todas las violaciones a la utilidad esperada pueden ser consideradas errores. En particular, en un experimento de Slovic y Tversky (1974) se demuestra que, si bien con menos frecuencia, la paradoja de Allais se manifiesta incluso cuando las proyecciones son presentadas a los sujetos en la forma sugerida por Savage con los billetes de lotería; no solamente eso, cuando a los sujetos que han cumplido la paradoja se exponen los argumentos de Savage, algunos cambian sus decisiones, pero no todos; y en dado caso, no más de aquel que, habiendo inicialmente realizado elecciones consistentes con la utilidad esperada, cambia preferencias en la dirección de la paradoja de Allais luego de una ulterior reflexión.

Sin embargo, el cambio en los estudios experimentales sobre la utilidad esperada se produce en 1979, luego de la publicación en *Econometrica* —una de las principales revistas de economía— de un artículo de Daniel Kahneman y Amos Tversky (para un profundo análisis de los resultados de la psicología cognitiva sobre la racionalidad, véase los ensayos, en este libro, de Bonini, Legrenzi Rumiati y Viale). En dicho artículo, muchas de las violaciones a la utilidad esperada, identificadas en el transcurso de los años anteriores, son revisadas y confirmadas bajo varias condiciones experimentales y con numerosos parámetros, comenzando por las diferentes versiones de la paradoja de Allais. Asimismo, se describen otras violaciones.

Una de las más importantes tiene que ver con el efecto de la referencia en las elecciones, con el fenómeno asociado de la aversión a las pérdidas. El problema puede evidenciarse con el siguiente ejemplo:

En la Elección 1, son entregados inicialmente 1000 euros a quien decide, por ello se propone la elección entre:

$$A': \begin{cases} \text{€ 1000 con 50\% de probabilidad} \\ \text{€ 0 con 50\% de probabilidad} \end{cases}$$

respecto a

$$B': \{ \text{€ 500 con certeza}$$

[7] Las referencias para todos los experimentos presentados en el párrafo son dadas en el artículo citado de Alvin Roth (1995).

En la Elección 2 son entregados inicialmente 2000 euros a quien decide; por ende, se propone la elección entre:

$$C': \begin{cases} \text{€} - 1000 \text{ con certeza} \\ \text{€ } 0 \text{ con } 50\% \text{ de probabilidad} \end{cases}$$

respecto a

$$D': \{ \text{€} - 500 \text{ con certeza}$$

Nótese que las dos elecciones son equivalentes en el sentido de que, agregando el plus inicial, ambas representan una decisión entre dos loterías, de las cuales la primera ofrece idénticas probabilidades de ganar 1,000 euros o 2,000 euros, mientras que la segunda garantiza la suma cierta de 1,500 euros.

Sin embargo, la mayoría de las personas a las que se presentaron las dos elecciones tiende a preferir con certeza la Elección 1 y el riesgo en la Elección 2. La intuición de los psicólogos es que, en el primer caso, cuando las dos loterías son presentadas en términos de ganancia respecto a una dotación psicológicamente dada por adquirida —y que por lo tanto representa una referencia neutral—, el fenómeno tradicional de la aversión al riesgo tiende a prevalecer, por lo que las personas prefieren B' a A'; mientras que en el segundo caso, en el cual los premios de las proyecciones se presentan como pérdidas con respecto a la referencia, el sentimiento que tendería a prevalecer es aquel de una aversión a las pérdidas, que induce a los individuos a aceptar el riesgo de una pérdida elevada (como en el caso de la proyección C'), en lugar de sufrir una pérdida cierta (como en D').

Se han obtenido confirmaciones de la aversión a las pérdidas en múltiples experimentos y, en forma interesante, también en contextos en los cuales las loterías no ofrecían necesariamente sumas de dinero. Por ejemplo, en otro famoso artículo de Tversky y Kahneman (1981), se describe un experimento en el que las personas entrevistadas expresan diversas preferencias con respecto a políticas sanitarias para afrontar una hipotética infección capaz de matar a muchas personas, dependiendo de cómo les fuera presentado el efecto de las políticas en términos de la cantidad de vidas que era posible salvar o de vidas que de todos modos no podrían haberse salvado; nuevamente, la evidencia era que los entrevistados mostraban una mayor propensión al riesgo en el segundo caso, más que en el primero.

Para Tversky y Kahneman, el fenómeno de la aversión a las pérdidas se enmarca dentro de una más amplia categoría de efectos llamados *framing*, o manifestaciones de elecciones, que dependen del modo en el cual el problema de decisión es descrito y percibido por los individuos. Con el artículo de 1979, aquéllos proponen una teoría del comportamiento de las personas en relación con el riesgo conocida como *Prospect Theory* y constituida por dos partes: una dedicada a la fase de *editing* de las decisiones —en la cual se realizan hipótesis de las reglas que las personas que deciden utilizan para alcanzar una representación, en muchos casos simplificada, del problema de decisión— y la otra destinada a la fase de *evaluation* verdadera de las proyecciones objeto de elección.

Una característica importante de la fase de *editing* es justamente aquella en la que los individuos se imaginan representando los resultados de sus elecciones en términos de ganancias o de pérdidas respecto a un punto de referencia. En la fase de evaluación, las ganancias son transformadas con una función de valor que incorpora la noción de aversión al riesgo; mientras las pérdidas, con una función que incluye la noción de propensión al riesgo (técnicamente, la función del valor es cóncava en el dominio positivo y es convexa en el dominio negativo). Así, los resultados medidos entran en un promedio ponderado para determinar el valor total de una proyección, donde los pesos son representados por las probabilidades de los resultados mismos, a su vez transformados según una regla por la cual pequeñas probabilidades de resultados extremos son sobreponderadas, mientras que grandes probabilidades de resultados promedios son subponderadas.

Esta última propiedad es otra característica importante del modelo, capaz, entre otras cosas, de justificar de modo intuitivo muchas de las violaciones a la utilidad esperada. Por ejemplo, en referencia a la paradoja de Allais, Tversky y Kahneman sugieren que la preferencia de A respecto a B, en la primera comparación, puede explicarse con el hecho de que la probabilidad del 1% de no ganar nada en la lotería B, si bien es ínfima, recibe una sobrecarga negativa capaz de inducir a algunos individuos a ir sobre lo cierto, prefiriendo los 500,000 dólares seguros de A en lugar del 10% de probabilidad de ganar 2.5 millones de dólares en B; en cambio, en la comparación entre C y D, 0 es un premio muy probable en ambas loterías, y el 1% de riesgo de más que se corre con D no tiene gran importancia o, en todo caso, no como para inducir a los individuos a renunciar a la posibilidad de ganar 2.5 millones de dólares.

Los trabajos de Tversky y Kahneman han causado un impacto muy importante en el desarrollo de la ciencia económica en los últimos veinte años, y es por esto que el nóbel otorgado a Daniel Kahneman, luego de la muerte de Amos Tversky en 1996, seguramente puede considerarse bien atribuido.

En primer lugar, *Prospect Theory* representa actualmente el modelo más influyente como alternativa a la utilidad esperada. Éste también es utilizado en muchos estudios sobre el comportamiento de los individuos en los mercados financieros, en los que contribuye a explicar fenómenos igualmente difíciles de interpretar. Por ejemplo, la evidencia de que muchos inversionistas tienden a anticipar de manera excesiva la realización de ganancias obtenidas en la Bolsa mientras que tienden a retrasar exageradamente la realización de pérdidas ya devengadas es un fenómeno que muchos estudiosos han identificado como consistente con la hipótesis de aversión a las pérdidas.

El éxito de *Prospect Theory* también ha determinado para la ciencia económica una razón de reflexión sobre muchas concepciones, quizá frecuentemente descartadas luego de la defensa del valor prescriptivo de la utilidad esperada por parte de Savage. En primer lugar, se ha producido un redescubrimiento de la importancia de los fundamentos psicológicos en los modelos de decisión, que durante los años ochenta y noventa han determinado también, entre otras cosas, que los economistas elaboren muchas teorías alternativas a la utilidad esperada. En tal ámbito, por ejemplo, uno de los modelos más interesantes es el *Regret Theory*, la teoría del arrepentimiento, elaborada por Graham Loomes y Robert Sugden (1982). El arrepentimiento puede surgir cuando los individuos realizan una elección y, al tener una consecuencia, consideran también las otras que habrían podido obtener haciendo una elección diferente. Si tales consecuencias son mejores que la obtenida, aquéllos pueden experimentar un sentimiento de arrepentimiento. La idea de *Regret Theory* es modelar el comportamiento de individuos que racionalmente anticipan este posible sentimiento en sus decisiones, minimizando la posibilidad de experimentar el *regret*. Varios experimentos realizados por Loomes, Sugden y otros colegas han confirmado esta intuición.

El redescubrimiento del método experimental para el desarrollo y verificación de ideas sobre el comportamiento de los individuos, efectivamente, representó una ulterior contribución de metodología, que la *Prospect Theory* y los psicólogos en general aportaron a la economía. De hecho, junto a la elaboración teórica, en los últimos 15 o 20 años muchísimos economistas han realizado experimentos en el marco de las teorías de la decisión, mismos que han contribuido en modo sustancial a examinar, asistir y mejorar la producción teórica que mientras tanto se desarrollaba. Un detallado informe de este proyecto de investigación, que sin lugar a dudas puede considerarse un camino de avanzada para los conocimientos en economía, lo brinda Colin Camerer (1995).

Sin embargo, la teoría de las decisiones no es el único ámbito en que la economía experimental se ha desarrollado; así como tampoco la economía experimental sirve solamente para examinar intuiciones sobre la psicología de los comportamientos individuales. Por lo tanto, en la próxima sección trataré, partiendo de algunas experiencias famosas, de realizar un breve informe del desarrollo de la economía experimental en otros ámbitos, descubriendo en particular las fases que han marcado la afirmación de una noción general de laboratorio experimental aplicable a varios ámbitos de las ciencias económicas.

El surgimiento de la noción de "laboratorio" en economía: una breve historia

De manera interesante, aunque en absoluto que sorprenda, una de las primeras áreas en las cuales los mismos economistas comenzaron a utilizar el método experimental de modo sistemático fue en el ámbito de la teoría de juegos. Si bien ésta, con el libro de von Neumann y Morgenstern, por un lado quiere presentarse como una teoría del comportamiento racional, por el otro también pretende servir de instrumento matemático para dar mayor realismo a la ciencia económica.

De hecho, hacia finales de los años cuarenta y principios de los cincuenta, entre muchos economistas con fuertes bases cuantitativas y entre algunos estudiosos atraídos por la economía —provenientes directamente de la matemática, de la ingeniería, de la física— avanza la convicción de que la ciencia económica requiere una profunda renovación, que por un lado se base en el rigor de la matemática (visto por algunos también en clave ideológica, como necesaria superación de la retórica keynesiana) pero que, asimismo, por otro lado, tenga una fuerte base empírica porque la ciencia económica ya no podrá apelar a figuras retóricas para establecer los propios teoremas y predicciones (como, por ejemplo, la idea de la "mano invisible" de Adam Smith, que regula el funcionamiento de los mercados y determina su equilibrio).

La reacción tomó diferentes formas, una de las cuales es la teoría de juegos o de los comportamientos estratégicos, en la cual la idea de fondo era la de formular modelos económicos donde la noción de equilibrio fuera creíble en cuanto que no es impuesta desde el exterior, sino endógena al modo de razonar y al comportamiento de los mismos agentes. Sin embargo, para muchos estudiosos (y aquí un contraste con Savage) los principios del razonamiento estratégico no podían basarse únicamente en la derivación analítica a partir de postulados a priori, sino que debían medirse con aquello que efectivamente los agentes hacían para conseguir sus objetivos. La costumbre de realizar simples experimentos pasó a ser entonces un modo natural para los primeros "jugadores" —entre ellos, algunos de los más brillantes, como John Nash, Jacob Marschak, Lloyd Shapley, Lawrence Fouraker— de verificar sus intuiciones y teorías. Provenientes de las más prestigiosas universidades americanas, ellos encontraron un lugar ideal de intercambio con el famoso Proyecto Rand (sigla de *Research and Development*), alojado en la industria Douva Aircraft en Santa Mónica.

Justamente en Santa Mónica,[8] en 1950, fue realizado por Melvin Dresher y Merril Flood uno de los primeros y más reiterados experimentos en la teoría de juegos. Ellos, en particular, hicieron que parejas fijas de jugadores repitieran por cien veces la elección simultánea entre dos alternativas. De acuerdo con las estrategias resultantes, uno y otro jugador recibiría algunos centavos de dólar por cada repetición, según la siguiente matriz y en la cual el primer premio es para el jugador fila, y el segundo para el jugador columna:[9]

Estrategia jugador columna / **Estrategia jugador fila**	Estrategia 1	Estrategia 2
Estrategia 1	-1; 2	0,5; 1
Estrategia 2	0; 0,5	1; -1

Para este juego, el equilibrio teórico predice que el jugador fila elegirá la estrategia 2, y el jugador columna la estrategia 1 (o, para ser breves, el par [2,1]),

8 Un cuadro de agradable lectura sobre los estudios de la teoría de juegos, experimentos e intercambios culturales que se realizaban en la Rand se encuentra en el libro de Sylvia Nasar (1995) que narra la vida de John Nash, *A Beautiful Mind* (del cual surge el exitoso film que lleva el mismo nombre).

9 Una detallada síntesis de los distintos experimentos realizados por Melvin Dresher y Cerril Flood se encuentra publicada en Flood (1958).

en el sentido de que 2 es la mejor estrategia que el jugador fila puede seguir cuando el jugador columna elige 1, así como 1 es la mejor estrategia para el jugador columna cuando el jugador fila elige 2. En cambio, cualquier otro par implica elecciones mutuamente inconsistentes para individuos interesados en maximizar su ganancia. En particular, también el par de estrategias (1, 2) —que otorga a ambos jugadores una ganancia mayor respecto a (2, 1)— es sin embargo insostenible como equilibrio de un juego estratégico, dado que ante una elección de 1 por parte del jugado fila, el jugador columna tendrá la ganancia más alta eligiendo 1 (y no 2); y, simétricamente, si el jugador columna elige 2, el jugador fila, para maximizar su ganancia, debería de elegir 2 (y no 1).

Este tipo de incompatibilidad entre la noción de equilibrio *estratégico* y resultado *eficiente* bajo la apariencia de bienestar social total (en cuanto mejor para cada jugador) es igualmente común en la teoría de juegos y se conoce con el nombre de dilema del prisionero.[10]

A pesar de las predicciones teóricas, muchos de los jugadores del experimento de Dresher y Flood se pusieron de acuerdo sobre el par (1, 2). Entonces el experimento dio curso a importantes disquisiciones teóricas, a las que siguieron ulteriores experimentos que confirmaron las evidencias iniciales. Para muchos economistas, de modo interesante, las evidencias negativas para la teoría de juegos que se fueron acumulando en los primeros años de la década de los cincuentas (también con referencia a otros juegos experimentales) se interpretaron como una indicación de que la teoría misma era demasiado sofisticada para poder utilizarse en la representación del efectivo comportamiento de los agentes; así, el interés de la ciencia económica por la nueva teoría de juegos entró en una fase de ofuscamiento.

En cambio, para otros, las evidencias de los primeros experimentos sólo fueron ulterior carburante que se agregaba al proyecto de profunda renovación de la economía sobre hipótesis comportamentales más realistas. El interés por las formulaciones, la teoría de juegos, las teorías matemáticas de la organización y de los sistemas sociales complejos no disminuyó; pero la idea era que los

10 El conocido nombre "dilema del prisionero" proviene de la historia que un matemático canadiense, Albert Tucker, quien lo utilizó en Stanford, en 1950, para explicar a una audiencia de psicólogos el juego de Dresher y Flood, haciendo referencia a dos prisioneros que, interrogados por separado, podían tener ventajas o reducción de pena si los dos confesaran el delito, ambos lo negaran o uno confesara y el otro negara. (En la versión de Tucker, que luego también pasó a ser la más utilizada para los estudios experimentales, la estructura de premios para los dos jugadores es simétrica y, por ende, ligeramente distinta de aquella originada por Dresher y Flood).

resultados de tales enfoques, basados en la lógica y en la matemática, podían considerarse meras aproximaciones a la realidad, capaces, entre otras cosas, de evidenciar la distancia que los separaba tanto de los comportamientos efectivos de individuos como de las instituciones económicas del mundo real.

Fue en tal ámbito cultural, por ejemplo, que hacia fines de los años cincuenta y principios de los sesenta, Herbert Simon, llegado a la universidad de Carnegie-Mellon desde Rand, maduró dos de sus reflexiones sobre los límites de las capacidades cognitivas de los individuos y sobre la racionalidad acotada. También, en tal ámbito, como fue descrito en la sección anterior, algunos experimentos de los psicólogos comenzaron a interesarle a la economía; y fue entonces, en aquella atmósfera, que desde principios de los años sesenta —y luego en los setenta, aún en mayor medida— la misma economía experimental comenzó a fortalecer sus raíces gracias a un número de excelentes estudiosos que trabajaron en varios niveles, desde la elaboración de protocolos e informes experimentales rigurosos —capaces, entre otras cosas, de definir y evaluar el valor científico de los estudios realizados— hasta la extensión de ámbitos donde realizar experimentos y la formación de alumnos y escuelas que en los siguientes años darían origen a verdaderos centros y laboratorios de economía experimental.

Además de las personas ya mencionadas, en particular se formaron grupos de economistas experimentales alrededor de algunas prometedoras figuras y de sus estudios, tales como Thomas Schelling, radicado entonces en Harvard, autor de libros y ensayos fundamentales para la evolución *"behavioral"* de la teoría de juegos; Reinhard Selten, en Alemania, también activo en el campo de la teoría de juegos (y por sus aportes ganador, junto con Nash y Harsanyi, de un premio nóbel en 1994); Sydney Siegel, autor junto con Lawrence Fouraker, de importantes experimentos en la teoría de los oligopolios y monopolios, y que en sus investigaciones combinó el rigor del análisis estadístico con el dibujo experimental; Becker, De Groot y Marschak, quienes en 1964 propusieron un mecanismo fundamental para alentar a los participantes en experimentos a revelar de forma verdadera su valor de reserva respecto a bienes (en el caso de las loterías) objeto de valoración.[11]

Pero entre los diferentes estudios que fueron realizados en aquella época, un lugar de absoluta preeminencia corresponde a los análisis de Vernon Smith.

---

11 Para una síntesis de los trabajos experimentales de estos y otros estudiosos, puede consultarse nuevamente el artículo histórico de Alvin Roth (1995).

En particular, a diferencia de muchos economistas experimentales de aquel entonces, el interés de Vernon Smith se dirigió más decididamente a las instituciones económicas y, en especial, a los mecanismos de contratación y determinación de los precios en los mercados competitivos.

Como él mismo hace referencia en la autobiografía preparada para el otorgamiento del nóbel en el año 2002,[12] el estímulo para sus estudios proviene de los experimentos a los que, en los años cincuenta, Edward Chamberlin sometía a sus estudiantes en los cursos de microeconomía en Harvard (donde Smith era estudiante de doctorado). En tales experimentos, Chamberlin simulaba un mercado donde a la mitad de los estudiantes se les asignaba el rol del comprador, y a la otra mitad el del vendedor. El objeto de intercambio era una unidad de un bien indivisible en manos de los vendedores, para lo cual se asignaba un valor de reserva diferente para cada comprador y vendedor. Por lo tanto, los estudiantes eran libres de circular en el aula buscando al compañero con quien, eventualmente, podrían realizar la transacción.

El resultado típico de estos experimentos consistía en que los precios que se iban formando en el mercado en secuencia eran muy volátiles y diferentes a los esperados según la teoría del equilibrio competitivo. De hecho, Chamberlin utilizaba los experimentos para introducir a los estudiantes en sus teorías sobre la competencia monopolística y el fracaso de la competencia perfecta.

Smith introdujo varios cambios en el diseño de Chamberlin, de los cuales el más importante fue el procedimiento de determinación del precio, basado en un mecanismo de subasta doble, repetida en diversos periodos. En síntesis, el mercado experimental funcionaba de este modo. Cuando comenzaba un periodo, cada comprador y/o vendedor podían anunciar públicamente un precio al que estaban dispuestos a comprar o vender, respectivamente, una unidad de un determinado bien. Si existían propuestas de precios para la compra o la venta aceptadas respectivamente por algún vendedor o comprador, tales transacciones eran realizadas y los correspondientes compradores y vendedores se detenían en aquel periodo, mientras los otros podían proceder con nuevas propuestas; de otro modo, todos hacían nuevos anuncios, los compradores, en particular, subían el precio para la compra, y los vendedores bajaban el precio para la venta.

---

12 La autobiografía se encuentra disponible en el sitio de la Nobel Foundation: http://www.nobel.se/economics/laureates/

Los resultados de la primera serie de experimentos, realizados sin utilizar verdaderos pagos para los participantes, fueron publicados por Vernon Smith (1962) en un famoso artículo del *Journal of Political Economy*. Éstos indicaron que el mercado convergía en el precio de equilibrio competitivo con extraordinaria rapidez. Experimentos realizados en los siguientes años, por el mismo Vernon Smith y por otros colegas y alumnos, confirmaron la convergencia hacia el equilibrio del mecanismo a subasta doble en una variedad de situaciones experimentales y de parámetros para compradores y vendedores, tanto que el procedimiento introducido en aquellos primeros experimentos de 1962 es aún hoy utilizado como punto de referencia respecto al cual confrontar otros mecanismos de formación de los precios en los mercados competitivos. De hecho, es claro que el mecanismo de subasta doble es totalmente artificial, en el sentido de que difícilmente en la realidad los individuos pueden estar expuestos a las condiciones experimentales del mercado de subasta doble. Efectivamente, estudios de mecanismos más reales de formación de precios han confirmado mayores dificultades para el surgimiento del equilibrio. Por ejemplo, muchos experimentos posteriores se controlaron en mercados donde los vendedores exponen o anuncian los precios para las propias unidades de bienes, y éstos son válidos durante ciertos periodos. Obviamente, tales mecanismos de formación de precios se parecen más a la realidad de lo que puede suceder con el procedimiento de subasta doble. Esos mecanismos han evidenciado una tendencia a que los precios permanezcan más altos del equilibrio y a registrar un número más pequeño de unidades intercambiadas. Por ello floreció una literatura experimental y teórica en torno de los mecanismos más eficientes de formación de precios.[13]

Pero más allá de la relevancia específica de tal literatura, el aspecto que debe destacarse es la intuición metodológica general que motiva los experimentos de Vernon Smith, o bien la idea de poder estudiar experimentalmente no sólo el comportamiento de los individuos, sino también el de las instituciones. Es en la concepción de considerar la economía experimental como microsistema controlado donde se puede estudiar artificialmente las relaciones de causa y efecto entre variables económicas como, por ejemplo, el efecto de un cambio institucional en los mercados, en los diseños de las subastas, en los mecanismos de incentivo dentro las organizaciones y las estructuras comple-

13 Una síntesis de tal literatura y de su impacto más general sobre la economía experimental se encuentra en Vernon Smith (1994).

jas, y en los procedimientos reglamentarios concernientes a los monopolios. Es la noción de "laboratorio" de las ciencias naturales y físicas que se afirma en economía.

La economía experimental hoy y en perspectiva

En los años y en las décadas sucesivas a las primeras investigaciones de Vernon Smith, la idea de economía en "laboratorio" crece y se perfecciona, dando lugar, entre otras cosas, a cambios bajo el perfil organizativo, también importantes para entender mejor qué es hoy la economía experimental. De hecho, hasta los años sesenta y en referencia a las mismas investigaciones descritas en el artículo de Smith de 1962, los experimentos eran en efecto realizados en clases, a menudo con incentivos hipotéticos, y sobre todo mediante diseños que se hacían progresivamente más rigurosos al aislar efectos no deseados, pero que por otro lado estaban relacionados con objetos (como juegos experimentales, decisiones individuales respecto a loterías, formas de mercado más bien estándar) cuya sencillez no requería particulares estructuras o estrategias organizativas.

Con el paso hacia la noción de economía experimental como microsistema autónomo —dentro del cual probar principios y axiomas, confrontar reglas e instituciones—, las exigencias de los experimentos se modificaron también: era absolutamente necesario encontrar un modo para simular escenarios más complejos, y por esta causa, a partir de los años setenta y ochenta, comenzaron a contribuir en modo sistemático las computadoras; por lo que se requirió hallar un lugar diferente a las aulas de clases donde realizar los experimentos, y no sólo para tener las computadoras, sino fundamentalmente para aislar la figura del docente o profesor que, de manera involuntaria, podría influenciar a los estudiantes; de hecho, la relación entre éstos y el investigador/experimentador debe ser lo más neutral y profesional posible; así como es importante asegurar que la relación entre los participantes de experimentos, sobre todo aquellos donde resulta relevante su interacción, sea anónima; el mecanismo de los pagos debe ser, por un lado, conmensurado al rendimiento experimental, pero, por otro, también debe tomar en cuenta el costo del tiempo para la participación en el experimento.

En particular, es en el curso de este proceso que el laboratorio de economía también se convierte en un lugar físico donde es posible realizar los experimentos, gestionado y administrado con reglas propias y procedimientos.[14] Desde los primeros centros —que, aunque sorprenda, no nacieron en las universidades donde Vernon Smith y varios colegas y alumnos trabajaban—, el número de laboratorios dispersos actualmente en las universidades de varios países del mundo ha crecido de modo impresionante. Como para otros sectores científicos, muchos de ellos participan en una comunidad virtual de relaciones e interconexiones, fácil de seguir en Internet. Por ejemplo, una visita que inicie en la ya citada página de Alvin Roth, en Harvard, desde el California Social Science Experimental Laboratory de la UCLA (http://research.cassel.ucla.edu/) o desde el Computable and Experimental Laboratory de la Universidad de Trento (http://www.ceel.gelso.unitn.it/) puede ofrecer una visión panorámica exhaustiva de la dimensión y los campos de aplicación que en la actualidad ha asumido el uso de experimentos en economía.

Naturalmente, como recordaba en la introducción, la afirmación de una noción tal de economía en "laboratorio" no se produjo de modo previsible ni pacífico sino, al contrario, con varias resistencias aún no agotadas por parte de la economía *mainstream*.

En efecto, una de las mayores críticas de la economía ortodoxa a la economía experimental tiene que ver con la idea de una economía en "laboratorio", es decir, con el hecho de que los experimentos son demasiado artificiales y representan excesivas manipulaciones de la realidad. En conclusión, aquella que para los economistas experimentalistas es una de las principales virtudes de su método, para los críticos, por el contrario, es un grave vicio.

Pero en este punto, ciertamente, existe una ambigüedad de fondo en la economía ortodoxa, porque "artificial" no significa falso. Al contrario, es el objetivo del método experimental aplicado en todo ámbito científico: analizar y estudiar el sistema objeto de interés bajo impulsos artificiales, además de controlados, para individualizar causas y efectos. ¿Qué sentido tendría un experimento en química, biología o física, si las observaciones obtenidas gracias al experimento pudieran ser igualmente cumplidas fuera del laboratorio? Las cuestiones importantes nada tienen que ver con el grado de artificialidad de los experimentos, sino —su objetivo— con las lecciones que de ellos puedan derivarse, su relevancia para que el conocimiento avance en los ámbitos disciplinarios en los cuales son realizados.

---

14 Un libro de economía experimental, con muchas referencias sobre la práctica y técnicas para realizar experimentos confiables es el de John Hey (1991).

Justamente en estas preguntas se introduce una segunda crítica a la economía de los experimentos que tiene que ver con la validez externa. Mejor dicho, un problema dado suele relacionarse con el grado de confianza que pueda tenerse en evidencias obtenidas mediante pruebas experimentales que representan ultra simplificaciones de la realidad, realizadas sobre un reducido número de individuos y generalmente representados por categorías particulares, como estudiantes que, de todos modos, están expuestos a influencias y subjetividades de diferentes tipos que alteran su comportamiento; esto, por ejemplo, ya sea porque los participantes en experimentos quieran dar respuestas satisfactorias o no satisfactorias al investigador, o porque piensen que existen respuestas "correctas", o porque quieren asombrar, etc. La respuesta a tales cuestiones es ciertamente compleja y, con el correr de los años, en torno a ellas se ha desarrollado un debate entre teóricos, economistas experimentalistas y otros economistas aplicados, que no puede agotarse en pocos renglones.[15] Sin embargo, algunas contrarréplicas de los economistas experimentalistas pueden reportarse brevemente.

En primer lugar, bajo este aspecto general, el problema de la confianza en las evidencias experimentales —debido a la excesiva simplificación de los estudios en laboratorio— puede ser fácilmente derribado: ¿qué confianza se puede tener en proposiciones teóricas que son incluso violadas en condiciones ultra simplificadas y, por ende, verosímilmente más favorables a la teoría? Es cierto que los individuos pueden estar condicionados por el laboratorio; pero, nuevamente, ésta no es una característica exclusiva de los experimentos en economía. Es famoso el principio que muestra cómo los experimentadores de toda ciencia son conscientes de que cualquier proceso de medición y observación puede comportar un efecto sobre el objeto observado: vale en biología, vale para los experimentos en química, geología, en la misma física, y vale ciertamente también en economía. Pero esto no significa que deba interrumpirse la observación y realización de experimentos. Se trata, en todo caso, de hacer más confiables y verificables los experimentos y las observaciones.

Las praxis y los protocolos desarrollados con la noción de "laboratorio" responden, obviamente en parte, a estas exigencias. Asimismo, un creciente

15 Recientes intervenciones en el debate pueden encontrarse, por ejemplo, en los artículos (derivados de un simposio) publicados en el Economic Journal (1999), tomo 109; o en "Joseph Schumpeter Lecture", de Ariel Rubinstein (2001), trabajo presentado en una reciente reunión científica de la European Economics Association.

número de experimentos son realizados en la actualidad para verificar la solidez de aquellos resultados obtenidos anteriormente, ya sea en relación con las diferentes categorías de participantes, ya sea introduciendo instituciones o mecanismos que puedan contribuir a disciplinar el comportamiento de los individuos cuando éstos toman decisiones que la teoría considera no racionales.

En algunos casos, las nuevas evidencias pueden demostrar que, efectivamente, ciertas anomalías son menos relevantes de lo que se creía al inicio. En otros casos pueden surgir ulteriores singularidades o motivos de reflexión para la ciencia económica. Por ejemplo, varios experimentos en respuesta al dilema del prisionero han indicado que los estudiantes de economía tienden, en general, a comportarse de modo más consistente con la noción de equilibrio estratégico de la teoría de juegos que los estudiantes de otras disciplinas, pero con el resultado de ganar menos con el experimento típico que los grupos de no economistas.

Asimismo, la economía experimental es un campo, en ciertos aspectos, aún en evolución; con nuevas metodologías por explorar y potencialidades por desarrollar. Un ejemplo de suma actualidad lo constituye una corriente de investigación llamada neuroeconomía (*neuroeconomics*), que en los últimos tres o cuatro años ha comenzado a proponerse en estricta contigüidad a la economía experimental. Esta corriente utiliza los actuales descubrimientos de la neurofisiología y los extraordinarios adelantos en las técnicas de visualización de los procesos neurológicos para observar qué es lo que sucede en el cerebro humano cuando los individuos enfrentan y resuelven decisiones económicas. Evidentemente se trata de un terreno de frontera, respecto al cual ya se han obtenido ciertos resultados interesantes,[16] que en algunos casos han confirmado intuiciones elaboradas gracias a estudios más clásicos de economía experimental.[17]

Otro terreno con crecimiento potencial y, al mismo tiempo, de control para la economía experimental es el de las asesorías. Existen en particular muchísimas situaciones en las que se toman importantes decisiones económicas dentro de nuevos ámbitos, y respecto a los cuales se dispone de conocimientos

16 Una introducción a la neuroeconomía se encuentra en Colin Camerer, George Loewenstein y Drazen Prelec (2004).

17 Por ejemplo, un reciente estudio de Nathalie Camille, Giorgio Coricelli y otros (2004) ha confirmado algunas intuiciones en relación con los mecanismos mentales sobre los que actúa la Regret Theory, que son aquellos de anticipar, para evitar, el sentimiento de arrepentimiento.

específicos limitados. Éstos pueden referirse, por ejemplo, a los efectos de políticas micro-económicas, de mecanismos contractuales o de incentivación en estructuras complejas, de reglamentos o procedimientos para concursos, licitaciones, subastas. En tales ámbitos, la realización de experimentos dirigidos —con diseños que simulan anticipadamente las posibles consecuencias de escenarios o decisiones alternativas— puede aumentar la calidad de las mismas elecciones. Especialmente en Estados Unidos ya existe un cierto número de experimentos realizados con esta finalidad.[18] Éstos, en particular, entre otros, se han revelado capaces de anticipar correctamente los efectos reales de las decisiones tomadas.

Finalmente, al considerar la veta de escepticismo que reside en la economía ortodoxa para la economía en "laboratorio" no debe olvidarse que ello también puede estar motivado por la natural resistencia que las profesiones —y la academia— imponen a nuevas ideas y metodologías que determinan profundos replanteamientos y alteraciones en prácticas consolidadas. Sin embargo, difícilmente las oposiciones basadas en tales razones podrán ser decisivas para disminuir la velocidad en un camino bastante recorrido.

Bibliografía

Allais M. (1953), "Le comportement de l'homme rationnel devant le risque: critique des postulats et axiomes de l'école Américaine", *Econometrica*, vol. 21, pp. 503-546.

Bernoulli D. (1738), "Specimen theoriae novae de mensura sortis", *Commentarii Academiae Scientiarum Imperialis Petropolitanae*, vol. 5, pp. 175-192. [Ed. en inglés, trad. por L. Sommer (1954), "Exposition of a New Theory on the Measurement of Risk", *Econometrica*, vol. 22, pp. 23-36.]

Blanchard O. (1997), *Macroeconomia*, il Mulino, Bolonia.

Camerer C.F. (1995), "Individual Decision Making", en Kagel y Roth (1995).

Camerer C.F., Loewenstein G. y Prelec D. (2004), "Neuroeconomics: Why Economics Needs Brains", *Scandinavian Journal of Economics*, vol. 106, núm. 3, pp. 555-579. (Disponible en la página web de Camerer: http://www.hss.caltech.edu/~camerer/).

[18] Una síntesis de varios experimentos realizados con la finalidad de asistir a decisiones económicas puede, nuevamente, encontrarse en el sitio de Internet de Alvin Roth: http://www.economics.harvard.edu/~aroth/alroth.html

Camille N., Coricelli G. *et al.* (2004), "The Involvement of the Orbitofrontal Cortex in the Experience of Regret", *Science*, vol. 304, pp. 1167-1170.

Flood M.M. (1958), "Some Experimental Games", *Management Science*, vol. 5, pp. 5-26.

Hey J. D. (1991), *Experiments in Economics*, Oxford, Basil Blackwell. [Ed. en italiano (1998), *Experimenti di economia*, Giappichelli, Turín].

Kagel J. y Roth A. (1995), *Handbook of Experimental Economics*, Princeton University Press, Princeton, Nueva Jersey.

Kahneman D. y Tversky A. (1979), "Prospect Theory: An Analysis of Decision Under Risk", *Econometrica*, vol. 47, pp. 263-291.

Loomes G. y Sugden R. (1982), "Regret Theory: An Alternative Theory of Rational Choice", *Economic Journal*, vol. 92, pp. 805-824.

Menger K. (1934), "Das Unsicherheitsmoment in der Wertlehre. Betractunghen in Anschluss an das sogenannte Petersburger Spiel", *Zeitschrift für Nationalökonomie*, vol. 5.

Nasar S. (1999), *A Beautiful Mind*, Simon & Schuster, Nueva York. [Ed. en italiano (1999), *Il genio dei numeri. Storia di John Nash, matematico e folle*, Rizzoli, Milán].

Roth A. (1995), "Introduction to Experimental Economics", en Kagel y Roth (1995).

Rubinstein A. (2001), "A Theorist's View of Experiments", *European Economic Review*, vol. 45, pp. 615-628.

Savage L. J. (1954), *Foundations of Statistics*, Wiley, Nueva York.

Slovic P. y Tversky A. (1974), "Who Accepts Savage's Axioms", *Behavioral Science*, vol. 19, pp. 368-373.

Smith V. L. (1962), "An Experimental Study of Competitive Market Behavior", *Journal of Political Economy*, vol. 70, pp. 111-137.

Smith V.L. (1994), "Economics in the Laboratory", *Journal of Economic Perspectives*, vol. 8, pp. 113-131.

Tversky A. y Kahneman D. (1981), "The Framing of Decisions and the Psychology of Choice", *Science*, vol. 211, pp. 453-458.

Von Neumann J. y Morgenstern O. (1944), *Theory of Games and Economic Behavior*, Princeton University Press, Princeton, Nueva Jersey.

6. El laboratorio y la empresa: ¿una economía experimental aplicada?

Por Maria Giovanna Devetag y Massimo Warglien

Introducción

La economía experimental puede ya considerarse como una disciplina científicamente madura (al respecto, véase Bernasconi en este libro). Sin embargo, sus aplicaciones en la vida económica aún deben explorarse vastamente; aunque, por otro lado, se han realizado numerosos intentos para utilizar los resultados e instrumentos del laboratorio como clave prescriptiva o soporte de la elaboración de políticas empresariales específicas.

Por ejemplo, el análisis experimental del comportamiento individual en la elección se ha traducido en frecuentes aplicaciones al campo del *marketing* y de las finanzas. En el primero, una larga tradición de análisis del comportamiento del consumidor, utiliza los experimentos para comprender mejor las reacciones de aquél frente a productos específicos, el modo de presentarlos, y al cómo se les compara con otros productos que son su competencia (Simonson, 1993; Devetag 1999). En el ámbito de las finanzas, ya se ha desarrollado la *behavioral finance* que explora el comportamiento de los inversionistas, identificando así errores sistemáticos, formas de irracionalidad y reacciones anómalas a la información que proviene de los mercados (Shefrin, 2002).

Paralelamente, han surgido múltiples formas de diseño de mecanismos aplicadas a tipos específicos de mercado que utilizan ampliamente los resultados del estudio experimental de los diversos mecanismos de mercado, en particular el de las subastas (Plott, 2001).

Menos sistemática ha sido la aplicación de la economía experimental a los problemas de organización y administración de las empresas —cuestiones que constituyen un nivel de análisis intermedio entre el comportamiento individual y aquel de los agregados de mercado—, a pesar de que, justamente, es aquí donde los instrumentos del laboratorio ofrecen algunas de sus más importantes posibilidades de aplicación. En muchos aspectos, una empresa es un laboratorio a gran escala que define formalmente sus propios límites, los task individuales y colectivos, y experimenta sistemas de incentivos y reglas institucionales destinados a orientar los comportamientos individuales y las interacciones entre personas. Desde este punto de vista, muchos de los temas clásicos del diseño organizativo se prestan de manera natural al estudio de laboratorio. Por ejemplo, los efectos de la estructura de los canales de comunicación sobre el desarrollo de task coordinados constituyen un tema clásico de la proyección organizativa que puede traducirse fácilmente en tema de experimentos. Además, los efectos de muchos mecanismos de carrera (por ejemplo, los basados en el rendimiento pasado en lugar de las competencias adquiridas) pueden estudiarse a través de esquemas experimentales de torneo.

En cuanto a las modalidades más tradicionales del análisis empírico de las organizaciones (verbigracia, los estudios de caso), los experimentos han demostrado aportaciones importantes que, si bien no sustituyen los instrumentos convencionales, representan un útil complemento.

La ventaja evidente de los experimentos es que permiten aislar y controlar factores individuales que "en la naturaleza" aparecen confusos y no siempre separables. Por ejemplo, al analizar los impactos de una política de incentivos, "en la naturaleza" no pueden separarse fácilmente los efectos del valor absoluto de los incentivos de sus componentes distributivos (cómo se distribuyen entre los diversos dependientes). En el laboratorio, en cambio, es relativamente sencillo aislar estos factores y estudiar su efecto separado (así como, si tuviere utilidad, el efecto conjunto).

Otra ventaja de los experimentos es la replicabilidad; un hecho que, a menudo, tiene un contrapeso en la dificultad para transferir los resultados del laboratorio a las situaciones de la "vida real" (el llamado problema de la "validez ecológica" de los experimentos).

Sin embargo, en nuestra opinión el mérito más importante desde el punto de vista aplicativo es que el experimento se presta a formas de razonamiento proyectivo: no se limita al estudio de lo que ya existe sino que permite estudiar *in vitro* nuevas políticas, nuevos mecanismos y nuevas estructuras. Con otras palabras, puede actuar como verdadero "túnel de viento" organizativo.

Este capítulo se concentra en el desarrollo de las aplicaciones de la economía experimental; una propuesta reciente, pero más rica en potencialidades. Particularmente trataremos dos temas organizativos clásicos:

1. Los problemas de coordinación y los mecanismos que los favorecen o los dificultan.
2. La naturaleza de las motivaciones individuales y su reflejo en el funcionamiento de los sistemas de incentivos y en los resultados de los procesos de negociación.

La coordinación

La coordinación es un tema central en toda reflexión de los fenómenos organizativos. Es un problema que cualquier organización afronta al trabajar con muchas personas que realizan tareas interdependientes. La literatura organizativa tradicional solía privilegiar las interdependencias de naturaleza tecnológica. Sin embargo, con mayor frecuencia la atención de investigadores y *practitioners* se ha desplazado a las interdependencias de decisión o de *estrategias* que están vinculadas a las expectativas que cada miembro de la organización comporta respecto a los comportamientos de los demás (Camerer, 2003). Cuando en un equipo la eficacia de cada acción individual depende del comportamiento de los otros, surge un problema de coordinación y las expectativas que cada miembro del equipo se forma de las intenciones de los demás se convierten en decisivas (Schelling [1960] ha definido felizmente la coordinación como *meeting of the minds*).

La teoría de juegos puede ayudarnos a representar de modo simple y general los ingredientes esenciales de un juego de coordinación. La riqueza expresiva de la teoría de juegos es que brinda una tipología detallada y articulada de los problemas de coordinación.

En el ejemplo de la tabla 6.1 se encuentran dos divisiones de una misma empresa que deben decidir cual sistema operativo deben adoptar en sus computadores personales. Supongamos que la elección sea entre dos sistemas hipotéticos: Lindows y Winux.

A partir del análisis de la tabla se observa que ambas divisiones obtienen un pago mayor si adoptan el mismo sistema operativo. En este caso, es fácil imaginar el motivo, de tal elección depende la oportunidad de explotar las externalidades de redes conectadas, por ejemplo, la posibilidad de compartir de manera expedita documentos y programas.

Tabla 6.1. Aplicación de la teoría de juegos.

		División 2	
		Lindows	Winux
División 1	Lindows	2,2	1,1
	Winux	1,1	2,2

Estamos ante un ejemplo de juego de coordinación con dos equilibrios (Lindows-Lindows y Winux-Winux), que son, como se dice en la jerga, pareto-equivalentes (es decir, que aseguran la misma utilidad a los jugadores); el problema de la coordinación consiste en evitar un desequilibrio que se originaría si se realizaran elecciones diferentes. Así se muestra un aspecto típico de la coordinación. Puesto que no siempre es obvia la solución preferible entre las dos posibles, no es seguro que los individuos converjan en la misma solución: el riesgo de una coordinación fallida (*coordination failure*) está siempre al acecho.

Podrá objetarse que éste, en realidad, es un falso problema que podría, en la vida real de una organización, resolverse con la sola comunicación. Sin embargo, como veremos, la comunicación no siempre basta para solucionar los problemas de coordinación; además, ella misma se vuelve más difícil y ambigua cuanto más se encuentre en situaciones de "grandes números".

La tabla 6.2 muestra otro tipo de juego de coordinación, más sutil que el primero.

En este caso se supone que Lindows es mejor que Winux cuando se adopta aisladamente, pero que el segundo ofrece mejores oportunidades de trabajo interactivo y, por ende, tiene una mayor utilidad "de red". En este caso, la adopción de Winux, si no hay seguridad de que la otra división hará lo mismo, es más arriesgada que elegir la adopción de Lindows. Incluso si las dos divisiones se pusieran de acuerdo antes de elegir, esto no elimina que una de ellas se lo replantee y prefiera, en último momento, optar por una elección más segura, y la otra, anticipando esta eventualidad, decida lo mismo.

Tabla 6.2. Juego de coordinación.

	Lindows	Winux
Lindows	2,2	2,1
Winux	1,2	3,3

Con los ejemplos se demuestra que el problema esencial de la coordinación consiste en hacer *coincidir las expectativas de los jugadores acerca de la misma acción de juego*. Sobre todo en presencia de elecciones riesgosas, este asunto no es banal y es probable que arrastre a los participantes a resultados colectivos que, paradójicamente, ninguno, *ex ante*, habría deseado.

El juego del rival más débil

El juego del mínimo o del *weakest link (el eslabón más débil)* es un juego de coordinación en el que elegir acciones eficientes puede ser particularmente arriesgado: de hecho, en un juego de tipo *weakest link* el *output* total depende del nivel mínimo de esfuerzo realizado o, en otras palabras, del eslabón más débil (*the weakest link*) de la cadena productiva completa. Muchos casos de juegos tipo *weakest link* se producen en situaciones de trabajo en equipo; por ejemplo, el tiempo para realizar un proyecto cuya ejecución se ha subdividido entre varias personas termina por depender de la que ejecuta la última parte del trabajo. En otras palabras, el retraso de un turno podría comprometer el plazo de entrega del proyecto completo, sin importar cuánto hayan cumplido en tiempo los demás integrantes del grupo. Aún más, imagínese una reunión que no puede iniciar sino hasta que todos los participantes no estén presentes. No serviría en absoluto ser puntuales si alguien llega tarde. Además, si la espera del último participante se supone tiempo perdido, y por ende inútil, y si todos tienen la expectativa de que al menos una persona llegará tarde, el resultado inevitable será que *todos llegarán tarde*.

Una situación semejante puede representarse en forma abstracta mediante la tabla 6.3. Supóngase que un grupo de jugadores debe decidir qué nivel de esfuerzo se empleará en el desarrollo de una tarea, e imagínese, para simplificar, que existen siete niveles posibles. El pago de cada uno se determina por el nivel mínimo seleccionado en el grupo según los números de la tabla.

Tabla 6.3. Simulación del nivel de esfuerzo en el desarrollo de una tarea.

		Nivel mínimo elegido						
		7	**6**	**5**	**4**	**3**	**2**	**1**
Nivel que elijo	**7**	13	11	9	7	5	3	1
	6		12	10	8	6	4	2
	5			11	9	7	5	3
	4				10	8	6	4
	3					9	7	5
	2						8	6
	1							7

Como puede notarse de inmediato, la elección de un esfuerzo alto no conviene si el mínimo es bajo. Sin embargo, *todos los componentes del grupo ganan más si todos eligen un esfuerzo alto*. De hecho, el juego tiene siete equilibrios de Nash que corresponden a las siete combinaciones de elecciones en las cuales el nivel de esfuerzo elegido es idéntico para todos (los equilibrios corresponden a los pagos a lo largo de la diagonal). Cuanto más alto es el esfuerzo, más alto es el pago en equilibrio. El pago máximo que se alcanza corresponde al caso en el que todos los jugadores eligen el nivel siete.

Los primeros experimentos del juego del eslabón más débil los realizaron van Huyck, Battalio y Beil, en 1990, con grupos de 14 o 16 sujetos experimentales que debían jugar durante diez *rounds* sin comunicarse. La única información que los sujetos recibían al final de cada *round* era el esfuerzo mínimo que había sido seleccionado. Los resultados mostraron con claridad que el resultado más frecuente era la falta de coordinación. En todos los grupos, luego de un tiempo, la elección tendía a ordenarse sobre el equilibrio menos eficiente, *donde todos obtenían la ganancia mínima*.

En un segundo experimento, se comunicaba a los sujetos toda la distribución de las elecciones de los participantes después de cada *round*. De este modo, los jugadores eventualmente podían usar esta información para "inducir" unos a otros la elección del nivel máximo. Sin embargo, las conclusiones del experimento mostraron exactamente lo contrario: los grupos que recibían la información total de las elecciones convergían hacia el equilibrio más ineficiente mucho más rápido que en el experimento base. Por lo tanto, en este caso, compartir la información acerca de las elecciones individuales únicamente aceleraba la carrera de todos hacia el mínimo esfuerzo.

Mientras en los grandes grupos el resultado es invariablemente negativo, van Huyck *et al.* han mostrado que, en cambio, cuando se trata de parejas de jugadores la coordinación se logra en el nivel siete después de varios *rounds* de juego. En el fondo se trata de una propuesta bastante intuitiva: la interdependencia entre las elecciones de los jugadores en un juego del eslabón más débil es extrema, porque una "manzana podrida" basta para arruinar la contribución de todas las "manzanas buenas", y la probabilidad de que esto suceda es más elevada cuanto más numerosos sean los participantes. En un contexto tal se requiere de mucho esfuerzo para desarrollar la confianza recíproca y las expectativas negativas de los jugadores inexorablemente arrastran al grupo hacia abajo. En contraste, cuando se trata de números pequeños, la confianza recíproca que surge consigue que los grupos alcancen y sostengan equilibrios eficientes aunque riesgosos.

Otros experimentos permiten entender qué factores facilitan la coordinación de equilibrios colectivamente más deseables. Y, en este sentido, Goeree y Holt (1999) mostraron que el resultado del juego del eslabón más débil mejora notablemente si se cambian los pagos de la matriz para reducir los costos de la exploración.

En la matriz de los pagos de la tabla 6.3, si un jugador elige 7 y el mínimo es 1, este jugador gana 1 punto en lugar de los 7 que habría ganado si hubiera elegido 1. En este caso, el costo-oportunidad por elegir un nivel más alto del mínimo es igual a 6. Si este costo es reducido, algunas personas audaces tienden a elegir esfuerzos altos y, a veces, estos pocos "valientes" (u optimistas) tienen el poder de provocar dinámicas virtuosas que arrastran la totalidad del grupo hacia la eficiencia. Además, esta última se fortalece si más grupos compiten entre sí, como lo demuestran Bornstein, Gneezy y Nagel (2002). En el experimento de estos autores, dos grupos de jugadores interactúan en un juego del eslabón más débil con una matriz de pago semejante a la mostrada en la tabla, pero el grupo que en el *round* ha realizado el mínimo más alto tiene ganancias efectivas a partir de sus elecciones; en cambio, las ganancias del grupo que ha seleccionado el mínimo más bajo siguen siendo "virtuales".

En este ejemplo, la eficiencia promedio de las elecciones mejora sensiblemente, mientras que dar solamente la información sobre el mínimo elegido en los grupos, sin que esto influya sobre los pagos de los jugadores, carece de efecto alguno. Por lo tanto, para que se activen dinámicas competitivas, es necesario que la competencia tenga un efecto real sobre las ganancias.

Otro experimento interesante del juego del eslabón más débil tiene que ver con el liderazgo. Weber *et al.* (2001) han probado el efecto del liderazgo en un juego del eslabón más débil jugado por grupos grandes o pequeños. El experimento consistió en que, en un determinado momento del juego, un miembro del grupo era seleccionado al azar como "líder"; entonces él debía pronunciar un discurso para alentar al resto del grupo para inducirlo a elegir números altos. Sin embargo, el discurso del líder se mostraba poco influyente: de hecho, los grupos pequeños lograban coordinarse en el equilibrio óptimo, pero los grandes continuaban seleccionando esfuerzos bajos, un resultado que, según Weber *et al.*, debía atribuirse al factor "dimensión" y no al discurso del líder. Lo interesante es que los integrantes de los grupos grandes, al finalizar el juego, tendían a dar opiniones mucho más negativas sobre su líder que los jugadores de los grupos pequeños, cometiendo lo que Weber *et al.* llamaron un "error de atribución"; por lo tanto, el líder era prácticamente condenado o elogiado por un resultado que sin relación alguna con su obrar, dependía de condiciones estructurales. Este fenómeno sugiere, en primer lugar, que la comunicación y el ejercicio del liderazgo pueden ser insuficientes para activar dinámicas eficientes en contextos de interdependencia extrema entre los task; y que, asimismo, las organizaciones, erróneamente, tienden a atribuir al líder méritos o culpas por acontecimientos cuyas causas deberían buscarse en otro lado (¿cuántos jefes son despedidos o ascendidos por motivos que nada tienen que ver con sus capacidades y competencias?).

Los "focal point" dinámicos: el juego con masa crítica

Muchos fenómenos sociales, como ha observado Schelling (1978) presentan efectos de masa crítica, es decir, la realización de un determinado hecho depende de lograr un principio mínimo que la haga posible. Por ejemplo, muchos intentos de cambio organizativo fracasan porque el número de participantes que adopta nuevos comportamientos no alcanza la suficiente masa crítica, y lo viejo termina por devorar lo nuevo (por esto es más fácil introducir innovaciones organizativas en un campo verde que en un campo seco). Cuando el punto crítico llega suele desatar una reacción en cadena que hace irreversible al cambio. Devetag (2003) ha estudiado un juego de coordinación con interdependencias del tipo "masa crítica" con una matriz de pago como la de la tabla 6.4.

Tabla 6.4. Juego de coordinación con masa crítica.

		Número de personas que eligen el nivel						
		1	**2**	**3**	**4**	**5**	**6**	**7**
Nivel que elijo	**1**	1	1	1	1	1	1	1
	2	0	2	2	2	2	2	2
	3	0	0	3	3	3	3	3
	4	0	0	0	4	4	4	4
	5	0	0	0	0	5	5	5
	6	0	0	0	0	0	6	6
	7	0	0	0	0	0	0	7

En este juego, cada participante debe seleccionar un número entre 1 y 7, y su ganancia depende de la cantidad de personas que elijan el mismo número. Si este número alcanza una "masa crítica", la ganancia es positiva, de lo contrario será nula. Además, números potencialmente más remunerativos requieren mayores "masas críticas" de jugadores para asegurar pagos positivos.

En el experimento de Devetag (2003), grupos de siete jugadores participaban en un juego que se repetía durante catorce *rounds*. Cuando, luego de cada *round*, los jugadores recibían la información de todas las elecciones realizadas en el grupo, iniciaban entonces un proceso de "escalada al equilibrio" y elegían para cada *round* sucesivo un número más alto. Esta dinámica permitía que muchos grupos alcanzaran el equilibrio más eficiente en un paso a la vez, como si fuera un acuerdo tácito. Algunos grupos, incluso, lograban pasar de equilibrios ineficientes a otros superiores. Por lo contrario, cuando no se informó en lo absoluto sobre las elecciones de los demás jugadores, los grupos permanecieron "cautivos" en equilibrios de bajo nivel.

El resultado muestra el surgimiento espontáneo de una regla de coordinación dinámica ("alcanzamos el máximo resultado con un paso a la vez") que se impone, en ausencia de comunicación, simplemente por virtud de elementos sugeridos por el mismo juego e *interpretados del mismo modo por los jugadores*. La matriz de pago presentada "en escalones", o el que cada número fuera un poco más arriesgado que el anterior, ha favorecido el surgimiento del gradualismo como regla tácita compartida para alcanzar la eficiencia.

La naturaleza de las motivaciones: reciprocidad, incentivos y negociación

La naturaleza de las motivaciones individuales desde siempre ha sido un tema central, tanto para la teoría económica como para el análisis organizativo. Sin embargo, la visión "económica" y la "organizativa" solían ser poco comunicativas: la primera, construida en torno a la codificación racionalista del *Homo oeconomicus* en la teoría de la utilidad; la segunda, menos rigurosa pero más abierta a elementos motivacionales que no siempre pueden atribuirse al autointerés. Recientemente, la investigación experimental ha impulsado una profunda revisión de las bases motivacionales del comportamiento económico, lo que ha permitido un renovado diálogo entre teoría económica y análisis organizativo. Una de las ideas más importantes se refiere al papel desempeñado por la *fairness* (lo justo, lo imparcialmente evaluado) y la reciprocidad en los comportamientos individuales. Numerosos experimentos han demostrado inequívocamente que, en importantes campos del comportamiento económico, los individuos no sólo responden a motivaciones de estricto interés personal, sino que reaccionan fuertemente a consideraciones de equidad y que se preocupan no sólo por lo que reciben, sino también por cuánto reciben respecto a los demás; y tienden a corresponder generosidad con generosidad y a sancionar comportamientos injustos, incluso cuando esto último no los beneficie. Si bien la observación pareciera banal, ésta viola múltiples temas tradicionales del análisis económico y conduce a revisar muchas de sus clásicas previsiones y prescripciones en una nueva dirección más real y quizá más útil.

Dos ejemplos muy estudiados en laboratorio son de gran trascendencia organizativa: el funcionamiento de los sistemas de incentivos y las actividades de contratación.

La influencia de los incentivos sobre el comportamiento individual y colectivo son un tópico central del análisis económico; la escasa correspondencia con los dictámenes de la teoría económica de los sistemas de incentivos que efectivamente usan las empresas, ha sido siempre una fuente de *puzzlement*. Un problema particularmente interesante es que, en muchos contextos, los individuos trabajan y contribuyen a las actividades de las empresas más allá del nivel "racional" establecido por los dictámenes económicos. Por citar un caso, en innumerables situaciones de equipo con predominio de esquemas de incentivos "planos" e igualitarios, los individuos contribuyen más allá del mínimo esfuerzo citado por la teoría económica. Ya hace veinte años George Akerlof (1982) había supuesto que en estas situaciones entraba en juego un mecanismo de *gift exchange*, un sistema de favores recíprocos en el que "por parte del trabajador, el 'regalo' ofrecido es trabajo en exceso del mínimo esfuerzo estándar; y por parte de la empresa, el 'regalo' ofrecido es salario en exceso respecto al que los trabajadores podrían obtener si abandonaran su empleo en la empresa". Akerlof agregaba que "a causa del sentimiento de cada trabajador por los demás trabajadores, la empresa no puede relacionarse con cada uno en particular, pero debe, de algún modo, tratar a todos con las mismas normas, es decir, colectivamente" (Akerlof, 1982: 544).

Una larga serie de experimentos ha confirmado la intuición de Akerlof, y ha mostrado que la preferencia por corresponder tiene grandes consecuencias en el funcionamiento de un sistema de incentivos. Por ejemplo, Fehr y Gachter (2000) han estudiado situaciones sencillas donde las empresas ofrecen un contrato a trabajadores "temporales" (es decir, que no tienen la posibilidad de desarrollar relaciones a largo plazo con la empresa). Estos autores compararon experimentalmente dos esquemas de contrato; el primero, con salario fijo y acompañado por la solicitud de un nivel de esfuerzo "recomendado", lo llamaremos "contrato 1". Puesto que la empresa no puede imponer el nivel de esfuerzo recomendado y el salario es fijo, la teoría económica prevé, en tal situación, un equilibrio en el que los trabajadores harán el mínimo esfuerzo y las empresas, anticipando esto, ofrecerán el mínimo salario. Los experimentos mostraron que, en estas circunstancias, empresa y trabajadores se comportan totalmente diferentes. En las empresas que ofrecen salarios superiores al mínimo, los trabajadores corresponden con un esfuerzo generalmente muy superior al mínimo. No solamente esto: cuánto más alta es la llamada *job rent*, o la diferencia entre salario y costo (por el trabajador) subjetivo del esfuerzo recomendado por la empresa, en promedio será más alto el esfuerzo de los trabajadores.

En definitiva, la hipótesis del *gift exchange* predice (en el laboratorio) mucho mejor a los contratos de trabajo ofrecidos por las empresas y la respuesta que a ellos darán los trabajadores que la clásica predicción económica.

Aún más interesante es lo que sucede en la segunda tipología de contratos. En este caso, los "contratos 1" con salario fijo son reemplazados por "contratos 2" que prevén una cuota fija de retribución pero también una multa para quien no cumpla con el nivel de esfuerzo recomendado (a sabiendas de que 30 por ciento sería identificado como tal). En este segundo experimento, Fehr y

Gachter fijaron los parámetros del problema de tal suerte que la predicción económica estándar estuviera en equilibrio si los trabajadores se esforzaran más allá de lo mínimo o igual a equis veces la multa. Sin embargo, en este experimento los trabajadores se esforzaron por debajo del nivel óptimo, e incluso por debajo de su rendimiento (para valores suficientemente altos de la *job rent*) en el contrato 1, aquel sin multa (figura 6.1).

En otras palabras, si bien el "contrato 2" es, desde el punto de vista de la teoría económica estándar, superior al "contrato 1", contiene incentivos negativos (las multas) que desactivan el mecanismo de *gift exchange* y generan entonces un nivel de esfuerzo inferior.

Naturalmente, no todos los mecanismos de incentivación producen el efecto bumerán del "contrato 2"; la investigación experimental descubrió los efectos de esquemas alternativos. Por ejemplo, en una investigación posterior, Anderhub, Gachter y Konigstein (2001) mostraron que los contratos que contienen un componente fijo y otro de retribución variable positiva relacionada con el rendimiento de la empresa conducen a efectos positivos en términos de eficiencia del esfuerzo y de la reciprocidad, es decir, que pueden resultar *fairness-compatible*, para retomar la expresión de los autores.

Gráfica 6.1. *Job rent* y esfuerzo promedio en presencia de esquemas contractuales alternativos.

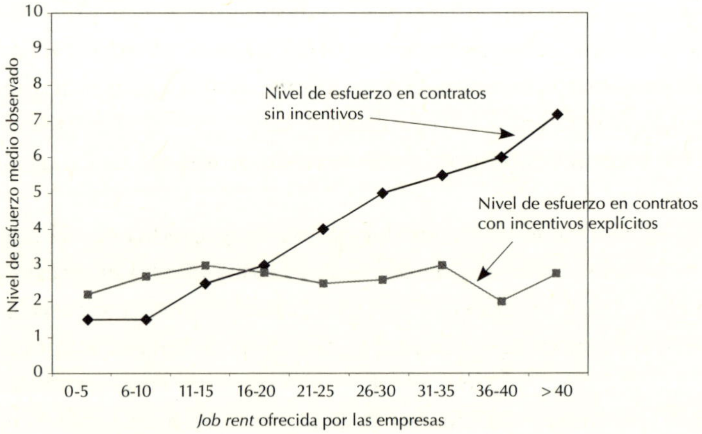

Reelaborado a partir de Fehr y Grachter (2000).

Consideraciones similares se aplican también al dominio de la contratación, otro aspecto fundamental de la vida organizativa.

De las actividades de presupuestación a la negociación sindical y de la negociación con los proveedores a la distribución de los recursos humanos, las organizaciones están continuamente involucradas en procesos de negociación.

La teoría de juegos ha ofrecido tanto un análisis detallado y riguroso de los problemas de negociación como de los factores que determinan el poder de negociación de las partes y de los resultados "de equilibrio" de los procesos de contratación. Sin embargo, tal análisis se contrapone de inmediato a ejemplos donde la naturaleza de las motivaciones individuales sacude los resultados del juego de negociación.

El caso más famoso (y cuestionado) es el del llamado ultimátum (Camerer y Thaler, 1995). El juego del ultimátum es muy simple: hay un pastel de recursos para repartir entre dos jugadores, y uno de ellos propone un modo de repartición. El otro jugador tiene sólo dos alternativas: aceptar la oferta —y entonces los recursos se dividen de acuerdo a los intereses del jugador que propone—; o rechazarla, decisión que provoca que nadie se lleve nada. De allí el nombre de "juego del ultimátum". Una breve reflexión muestra que el proponente tiene la sartén por el mango. De hecho, cualquier oferta que éste haga (por decir, "99 para mí, 1 para ti") se traduce en una ganancia mayor al resultado nulo para el que responde y, por lo tanto, *si el que responde es estrictamente self-interested* (autointeresado), la solución del juego es que el proponente acapara sustancialmente todos los recursos disponibles. Sin embargo, esto no es así. Innumerables réplicas experimentales del ultimátum han demostrado que quienes responden rechazan sistemáticamente ofertas demasiado *desventajosas* (por ejemplo 90 para el proponente y 10 para el que recibe), incluso si derivara en la pérdida de sumas importantes. Por ejemplo, una réplica del juego del ultimátum realizada en Indonesia que ponía en juego un mes de salario (Cameron, 1999), tuvo resultados muy cercanos a los ya comentados. Anticipando un rechazo, los proponentes evitan tirar demasiado de la cuerda y procuran que sus ofertas, si bien les conceden alguna ventaja, no ofendan demasiado el sentido de *fairness* de los que responden; muchos de los proponentes son todavía más auténticamente *justos* (*fair*) y ofrecen una repartición del todo equitativa. Las mismas conclusiones se aplican también a casos menos extremos del ultimátum. Actualmente el estudio experimental de los problemas de negociación es muy amplio (Camerer, 2003) y converge con frecuencia y de modo importante con los estudios "de campo" de los procesos de negociación. Una constante en estas investigaciones es que las soluciones negociadoras que surgen tanto en laboratorio como en la experiencia real, aun pagando un tributo al poder negociador del más fuerte, toman el rumbo de la solución ecuánime. Cuando no se respetan los principios elementales de *justicia* (*fairness*), lo más probable será el conflicto.

La explicación más sencilla de estos resultados es, nuevamente, que las motivaciones individuales no se reducen al estricto autointerés, y que muchos individuos son sensibles tanto al valor absoluto de las ganancias como a los aspectos distributivos de la contratación, e incluso a las diferencias entre lo que perciben los demás agentes. Aquí vale el principio ya visto en funcionamiento en los sistemas de incentivos: una solución negociadora, para ser aceptable, debe ser *justa* (*fairness*) y no debe comprometer el sentido de reciprocidad que parece ser parte integral de nuestro sentir social.

Conclusiones

La economía experimental ha permitido un importante reacercamiento entre praxis organizativa y análisis económico. Nos parece que el mismo posee un fértil desarrollo en dos direcciones complementarias: enriqueciendo la "validez ecológica" de los experimentos y acrecentando el uso proyectivo del laboratorio.

Los experimentos "ecológicamente válidos" nacen de la razonable duda acerca de que los comportamientos observados "indoor" del laboratorio no sean transferibles al "outdoor" de la vida organizativa real. Un paso trascendente hacia mayores garantías de que los resultados experimentales se transfieran a la vida organizativa, lo representan los experimentos en campo, es decir, pruebas que se realizan directamente en contextos cotidianos de actividad organizativa (Harrison y List, 2003). Si bien, por ahora, una gran parte de estos experimentos tiene por objeto de estudio el comportamiento en contextos de mercado, nada impide imaginarlos en situaciones organizativas.

Al respecto, ya muchas organizaciones explotan prácticas cuasi-experimentales con las llamadas "experiencias piloto". Por ejemplo, proyectos piloto de *reingeniería* (*reengineering*) suelen realizarse como verdaderos experimentos controlados destinados a probar la eficacia de nuevas prácticas de trabajo en condiciones fácilmente reproducibles.

A su vez, en la segunda dirección, los instrumentos de laboratorio utilizan sistemáticamente la experimentación como instrumento para proyectar las políticas organizativas. Cada nueva política implementada en el cuerpo vivo de una organización es un experimento a gran escala que representa altos costos y grandes riesgos. La experimentación de tales políticas, incluso si no anticipa todos los efectos reales de los cambios, seguramente permitirá individualizar anticipadamente a bajo costo las consecuencias contra-intuitivas o indeseables. Por ejemplo, la introducción de un sistema de incentivos mal proyectado puede costar mucho y no producir mejora alguna en el rendimiento organizativo, o peor aún, terminar en resultados negativos. El "túnel de viento" experimental permite diagnosticar oportunamente los errores de un proyecto con lo que se ahorra tiempo, dinero y reputación.

Bibliografía

Akerlof G. (1982), "Labour Contracts As Partial Gift Exchange", *Quarter Journal of Economics*, 97, pp. 543-569.

Anderhub V., Gachter S. y Konigstein M. (2001), "Efficient Contracting and Fairness in a Simple Principal-Agent Experiment", Iere, Zurich, WP n. 18.

Bornstein G., Gneezy U. y Nagel R. (2002), "The Effect of Intergroup Competition on Group Coordination: An Experimental Study", *Games and Economic Behavior*, 41, pp. 1-25.

Camerer C. (2003), *Behavioral Game Theory: Experiments in Strategic Interaction*, Princeton University Press, Princeton (N.J.).

Camerer C. y Thaler R. (1995), "Ultimatums, Dictators, and Manners", *Journal of Economic Perspectives* 9, pp. 209-219.

Cameron L. (1999), "Raising the Stakes in the Ultimatum Game: Experimental Evidence from Indonesia", *Economic Inquiry*, 27, pp. 47-59.

Devetag M.G. (1999), "From Utilities to Mental Models: A Critical Survey on Decision Rules and Cognition in Consumer Choice", *Industrial and Corporate Change*, 8, n. 2, pp. 289-351.

Devetag G. (2003), "Coordination and Information in Critical Mass Games: An Experimental Study", *Experimental Economics*, 6, pp. 53-73.

Fehr E. y Gachter S. (2000), "Fairness and Retaliation: The Economics of Reciprocity", *Journal of Economic Perspectives*, 14, pp. 159-81.

Goeree J.K. y Holt C.H. (1999), "An Experimental Study of Costly Coordination", Working Paper, Department of Economics, University of Virginia.

Harrison G. y List J. (2003), "What Constitutes a Field Experiment in Economics", Mimeo.

Plott C. (2001), "Equilibrium, Equilibration, Information and Multiple Markets: From Basic Science to Institutional Design", Paper presented at the 2001 Nobel Symposium on Behavioral and Experimental Economics, Stockholm.

Shefrin H. (2002), *Beyond Greed and Fear: Understanding Behavioral Finance and the Psychology of Investing*, Oxford University Press, Oxford.

Schelling T. (1960), *The Strategy of Conflict*, Harvard University Press, Cambridge (Ma.).

Schelling T. (1978), *Micromotives and Macrobehavior*, E.W. Norton, Nueva York.

Simonson I. (1993), "Get Closer to your Customers by Understanding How They Make Choices", *California Management Review*, estate, pp. 68-84.

Van Huyek J., Battalio R. y Beil R. (1990), "Tacit Cooperation Games, Strategic Uncertainty, and Coordination Failure", *American Economic Review*, 80, pp. 234-248.

Weber R.A., Rottenstreich Y., Camerer C., y Knez M. (2001), "The Illusion of Leadership: Misattribution of Cause in Coordination Games", *Organization Science*, 12(5), pp. 582-598.

7. Teoría de juegos del comportamiento y preferencias sociales

Por Pier Luigi Sacco y Luca Zarri

Introducción

El enorme éxito cosechado por las aplicaciones de la teoría matemática conocida como "teoría de juegos" en el ámbito de la economía y, más en general, en el de las ciencias sociales contemporáneas (desde la sociología a la teoría de las relaciones internacionales, pasando por la ciencia política), se debe a las notables potencialidades de tal lenguaje analítico en el estudio de los comportamientos de tipo estratégico (al respecto, véanse en este libro Bernasconi y Devetag y Warglien).

¿Pero qué significa exactamente definir como *estratégicos* determinados comportamientos económicos y sociales? Como trataremos de explicar en este ensayo, cada vez se difunde más la convicción de que uno de los principales méritos de la reciente literatura teórica y experimental que se ocupa del análisis de las llamadas "preferencias sociales" (*social preferences*), dentro de la "teoría de juegos del comportamiento" (*behavioral game theory*), consiste justamente en su capacidad para explicar con rigor la creciente relevancia de una dimensión de la racionalidad estratégica que, por mucho tiempo, por complejas razones de tipo histórico-cultural, ha quedado al margen del análisis económico: la dimensión *motivacional* (para una reflexión sobre el rol de la esfera motivacional en la teoría de la acción económica, véase el ensayo de Viale en este libro).

De la teoría tradicional de juegos a la teoría de juegos del comportamiento

¿Qué es un "juego"? ¿Qué significado dar a este término, aparentemente simple y de uso común? En un análisis atento, no podemos omitir que, en realidad, estamos ante un concepto multidimensional de contornos ambiguos y escurridizos que encierra en sí mismo una considerable pluralidad de significados no siempre coherentes entre sí. En su acepción clásica, el juego se configura como un "microcosmos" autónomo, dotado de una lógica operativa propia que lo hace sustancialmente impermeable a influjos de naturaleza externa. Una caracterización diversa y más específica de juego la elaboró Berne (1964) en el ámbito de la psicología social. Dicho autor concibió al juego como "una interacción entre sujetos gobernada por determinadas reglas aparentemente compartidas y aceptadas por todos, pero que esconden en realidad una interpretación 'latente' que confiere a varios momentos de la interacción un significado distinto del evidente".

Como es de suponer, las definiciones varían sensiblemente según la esfera disciplinaria a la que pretendamos referirnos: la biología evolucionista, como lo evidencia Maynard Smith (1982), destaca la dimensión agonística del juego, identificando en él una *competencia* orientada a la obtención del control de determinada cantidad de recursos útiles para fines productivos. Estos tres conceptos son, como puede observarse, muy diferentes entre sí y resultan solo parcialmente superpuestos.

Desde que se observa una correlación significativa entre el concepto de juego y el ámbito disciplinario de referencia, es natural preguntarse cual es el modo más sensato de conceptualización desde que se decide adoptar como principal ángulo de observación el punto de vista de las ciencias sociales en general y de la teoría económica en particular. En este sentido, como se ha anticipado, es necesario referirse a la teoría matemática del siglo XIX conocida precisamente como "teoría de juegos". En primer lugar, es importante señalar cómo históricamente tal programa de investigación nace y se desarrolla en el seno de la ciencia económica contemporánea, como bien testimonia el mismo título (*Theory of Games and Economics Behavior*) del importante trabajo de von Neumann, matemático, y Morgenstern, economista, con el cual, en 1944, se inauguraba esta corriente analítica.

La teoría de juegos aspira a analizar ambientes sociales donde las acciones de diferentes sujetos involucrados son interdependientes. De hecho, se habla de *interdependencia estratégica* cada vez que, para cada jugador, la posibilidad de obtener un determinado objetivo no depende sólo de las acciones propias, sino también de las de otros sujetos involucrados en el mismo "juego".[1] Por ejem-

1 Se puede sostener que, *ceteris paribus*, los jugadores particulares enfrentan problemas decisionales más complejos respecto a aquellos en los que se encuentra el agente interpretativo estudiado por la moderna teoría microeconómica: de hecho, este último, actúa sobre la base de una racionalidad paramétrica, que lo induce a asumir los comportamientos ajenos como dados (véase Battigalli, 1988).

plo, en un mercado con presencia de un número limitado de empresas pro-ganancias que compiten por el precio, las ganancias que determinada empresa podría alcanzar dependerán tanto de sus decisiones de precio como de las de sus competidores. Del mismo modo, el explotador de un parque público de dimensiones medianas obtendrá un beneficio efectivo de los usuarios, sin generar problemas en términos acústicos o de contaminación, en función suya, pero también en la de los demás. Las dos situaciones ejemplificadas constituyen por igual escenarios de interacción estratégica y por esto se prestan a ser estudiadas con eficacia a través de instrumentos analíticos de la teoría de juegos.[2]

Sin embargo, viéndolo bien, la racionalidad estratégica no es el único atributo común a empresas y ciudadanos de los ejemplos anteriores: de hecho también se ha asumido implícitamente que se trataba de sujetos guiados por una racionalidad *auto-interesada*. Las empresas compiten entre sí, pero todas coinciden en la persecución del mismo objetivo: la búsqueda del máximo provecho; todos los ciudadanos, por su parte, están interesados en conseguir el máximo goce personal a partir de su visita al parque. La teoría de juegos desarrollada en las últimas décadas, habiéndose a menudo apropiado de la hipótesis del autointerés de derivación neoclásica, indudablemente ha sido capaz de proveer contribuciones preciosas a la comprensión de situaciones de interacción estratégica de variada naturaleza que, en ocasiones, puede atribuirse a problemas de coordinación, de conflicto o de cooperación. Sin embargo, lo relevante es que hoy se está difundiendo la conciencia de que la hipótesis del "egoísmo universal" pierde cada vez más solidez y fundamento. Es difícil negar que, en numerosos contextos significativos, los individuos adoptan en realidad comportamientos *pro-sociales*, en los cuales asignan un valor positivo no solamente al propio, sino también al nivel de bienestar ajeno. Desde luego que no faltan situaciones donde las elecciones individuales son calificables como *antisociales* o como acciones dictadas por sentimientos negativos en relación a otros sujetos, como la envidia y la maldad.

En el terreno de la ciencia económica contemporánea, la significación de comportamientos de este tipo que no pueden enmarcarse adecuadamente a tra-

2 Al célebre film *A Beautiful Mind* sobre la vida del matemático John Nash, Premio Nóbel de Economía de 1994, se debe atribuir el mérito de haber dado a conocer al gran público la existencia de la teoría de juegos. No obstante, consideramos que, respecto al loable objetivo (claramente perseguido por el director) de regalar al espectador desconocedor de la teoría de juegos algunas intuiciones sobre la noción "de comportamiento estratégico" (entendida según su primero y más clásico significado) el film representa una oportunidad perdida.

vés del sólo recurso de la hipótesis del autointerés, se confirma crecientemente con estudios experimentales de laboratorio. La llamada "economía experimental"[3] aspira a probar las predicciones de la teoría económica mediante experimentos de laboratorio en los que sujetos oportunamente seleccionados[4] son sometidos a situaciones problemáticas de diversa naturaleza. La "teoría de juegos del comportamiento" (*behavioral game theory*) constituye una perspectiva analítica que trata de incorporar los principales resultados que se obtienen gracias a la evidencia empírica y experimental disponible en la estructura formal de la teoría de juegos. Por lo tanto, se trata de un programa de investigación activo tanto en el plano exquisitamente teórico como en el empírico y experimental, con la convicción que sólo a través de una siempre estricta y sistemática integración de estos dos niveles de análisis es posible incrementar sensiblemente el grado de realismo de las aceptaciones sobre las que se basa y, por ende, permitirle cumplir importantes progresos en clave explicativa y provisional.

Como se ha anticipado en la introducción, un campo donde la teoría de juegos del comportamiento ha registrado un particular éxito puede identificarse, a nuestro parecer, en la literatura teórica y experimental enfocada al estudio de las llamadas "preferencias sociales" (*social preferences*), expresión que se refiere a las disposiciones que un sujeto tiene hacia los demás, tanto en lo positivo (desde el altruismo al sentido de equidad) como en el negativo (desde la envidia a la maldad); cuestiones que no pueden remitirse al clásico autointerés, el cual postula una total indiferencia por el bienestar de otros jugadores. Por lo tanto, y con razón, cuando se habla de preferencias sociales no estamos ante preferencias en sentido estricto —si por "preferencias" se entiende ordenamientos individuales (*ranking*) de determinados conjuntos de objetos de elección—, sino ante verdaderas *estructuras motivacionales* que operan desde un nivel metapreferencial (a causa de esto Tondini y Zarri (2004) hablan al respecto de "metapreferencias motivacionales". Véase también Hirschleifer (1977); y Fehr y Schmidt (2000) para distinciones análogas).[5]

---

3 Véanse, para una puntual presentación de la economía experimental y del uso de su rol en el panorama de la ciencia económica contemporánea, los ensayos de Warglien y Bernasconi y Devetag en este libro.

4 Generalmente se trata de estudiantes universitarios, si bien últimamente están aumentando los estudios experimentales realizados conjuntamente por economistas y antropólogos dentro de comunidades de pequeñas dimensiones de distintos países (desde Machiguenga en Perú hasta Aché en Paraguay, desde Lamalera en Indonesia hasta Shona en Zimbabwe). Véase, por ejemplo, Henrich *et al.* (2001).

5 Fehr y Schmidt (2000) observan que "las personas no se diferencian solamente por sus gustos respecto a bienes como el chocolate o las bananas, sino también con respecto a una dimensión más

Una primera y crucial implicación que surge al incorporar la *complejidad motivacional* (en el sentido antes ilustrado) al cuadro analítico, se relaciona con la urgencia de captar un ulterior significado de la noción de interdependencia estratégica. Es evidente que, en la medida que se asume que los agentes económicos son indistintamente auto-interesados, la única dimensión estratégicamente relevante es el comportamiento: en un ambiente social en el cual tiene sentido suponer que existe homogeneidad motivacional, para el agente particular ser "racional" significará esforzarse por prever lo mejor posible el comportamiento ajeno y, seguidamente, realizar la elección óptima. Se comprende de inmediato que, en un escenario caracterizado por la heterogeneidad motivacional, no habría razón para seguir pensando en términos estratégicos atendiendo solamente la dimensión del comportamiento: en este segundo caso, sería necesario que los agentes involucrados en la interacción se informaran acerca de las estructuras motivacionales de otros jugadores presentes, con la convicción de que ello es ineludible si se quiere prever correctamente los comportamientos. La dimensión motivacional, que no era un problema en lo absoluto, representa, en el nuevo contexto, la dimensión crucial bajo el perfil del razonamiento estratégico.

De las consideraciones expuestas se concluye también que, a medida que la complejidad motivacional se introduce al marco analítico, ya no es tan claro qué significa actuar de modo "óptimo". Es más, en un grupo motivacionalmente heterogéneo, agentes dotados de diferentes estructuras motivacionales declinarán en forma sistemáticamente distinta la noción de "comportamiento optimizador". En este sentido, en nuestro reciente escrito (Sacco y Zarri, 2003), hemos evidenciado cómo en el lenguaje de la teoría tradicional de juegos situaciones como la cooperación, la coordinación o el conflicto (para limitarnos a los "tipos ideales" más difundidos y tal vez más importantes empíricamente) encuentran una formulación simple e inmediata.

Menos inmediato es que la caracterización de una determinada situación en términos de cooperación, coordinación o conflicto depende esencialmente de la estructura motivacional de los jugadores involucrados. Si se adopta el clásico enfoque según el cual todos los jugadores son auto-interesados en cuanto que las únicas consecuencias que valen para las propias decisiones son los pagos individuales a éstas asociados, una determinada situación puede ser objetivamente caracterizada de un modo o de otro. Pero conforme los individuos manifiestan

fundamental: una diferencia con respecto a su grado de egoísmo o preocupación por la equidad, lo que produce importantes consecuencias económicas".

una sensibilidad incluso por las consecuencias que sus elecciones producen para los otros jugadores, las cosas cambian, y una situación que en apariencia podría ser un conflicto, adquiere un implícito carácter cooperativo una vez "filtrada" en las estructuras motivacionales de los jugadores involucrados, y viceversa.

Bajo la tutela del análisis experimental, la literatura sobre las preferencias sociales ha intentado comprobar en qué medida los sujetos de un experimento muestran interés en maximizar su ganancia monetaria. Para ello, el experimentador advierte al grupo que puede ganar las sumas de dinero utilizadas durante el experimento. Por esta vía, el grupo sometido al experimento tiene un claro incentivo monetario para comportarse conforme a los cánones de la racionalidad individual. El punto sería comprobar si el comportamiento individual, en diversos escenarios de interacción, se guía sistemáticamente por la búsqueda de la máxima ganancia monetaria o si revela, al menos en parte, motivaciones que no se remiten al clásico autointerés y, por lo tanto, a una racionalidad no auto-interesada, al menos parcialmente. De hecho es claro que si un agente, incluso habiendo entendido perfectamente las características del juego experimental en el que está involucrado,[6] hiciera elecciones que no maximizan su ganancia monetaria, se confirmaría la existencia de estructuras motivacionales más complejas que las previstas por el modelo del *Homo oeconomicus* de matriz neoclásica.

Naturalmente, el cumplimiento de tales comportamientos "desviadores" será tanto más significativo e interesante cuanto mayor sea el porcentaje de jugadores que los adopten y cuanto mayor sea el número de ámbitos experimentales diferentes en los cuáles prevalezcan elecciones no auto-interesadas.

Heterogeneidad motivacional e interacción estratégica[7]

El *Ultimatum Game* (o Juego del Ultimátum, [UG]) representa uno de los más célebres y estudiados juegos experimentales.[8] Se trata de un juego secuencial, a dos estadios, que involucra a dos sujetos que no se conocen y deben acordar la repartición de una suma de dinero, dada externamente. Supongamos, por razones de simpleza expositiva, que el monto es igual a 100 euros. Para esto, el

6 Para comprobar que esto realmente suceda, en general el experimentador utiliza rigurosos procedimientos de control.

7 En este apartado retomamos algunas reflexiones desarrolladas por Sacco y Zarri (2003).

8 Véase Güth *et al.* (1982).

primer jugador es llamado "Proponente" porque debe proponer al otro jugador una repartición del "pastel". Si x es la fracción del pastel inicial, es decir, la suma monetaria, que el Proponente ofrece al adversario (con $0 \leq x \leq 100$) son dos los resultados de juego: si el segundo jugador, quien asume el papel del que decide, *acepta* la suma que le han ofrecido, el juego termina con una atribución de tipo $(100 - x, x)$, donde el primer elemento indica la suma efectivamente percibida por el Proponente y el segundo la suma otorgada al sujeto que decide. Pero si el sujeto que decide *rechaza* la oferta del Proponente, el juego termina y ninguno recibe nada. Tal circunstancia de interacción está representada en la figura 7.1.

Figura 7.1. Juego del Ultimátum.

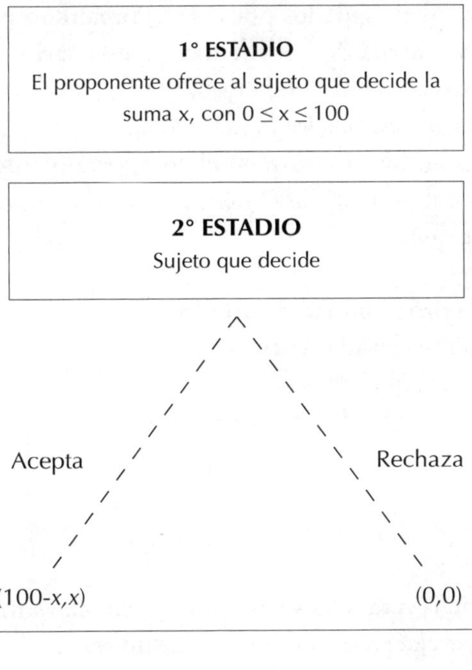

En una interacción de este tipo, la teoría tradicional de juegos, asumiendo que los dos agentes sean auto-interesados (y, en consecuencia, orientados a maximizar su ganancia monetaria) y que la información sea conocida por ambos (*common knowledge*), prevé que el Proponente ofrecerá al sujeto que decide una ínfima fracción de la suma total, de preferencia la más pequeña fracción positiva admisible (supongamos $\varepsilon > 0$), y que este último aceptará tal propuesta. En otras palabras, con base en tales aceptaciones en equilibrio, se tendría la atribución $(100 - \varepsilon, \varepsilon)$ desde el momento en que el Proponente, inclinado a conseguir la máxima ganancia monetaria, ofrece la suma más pequeña posible y el sujeto que decide, por otro lado, aceptará la propuesta, dado que $\varepsilon > 0$ y, por ende, desde el punto de vista del autointerés material, la aceptación constituiría la mejor elección individual dada la oferta del Proponente. Sin embargo, la amplísima evidencia experimental actualmente disponible se aleja significativamente de esta simple y lineal predicción teórica. Tal evidencia ha permitido encontrar sólidas confirmaciones sobre la validez de una doble proposición: "Numerosos contextos de interacción socio-económicamente relevantes se caracterizan por la *heterogeneidad motivacional*, en el sentido de que los diversos agentes involucrados, lejos de ser indistintamente auto-interesados, son frecuentemente guiados por (meta) preferencias motivacionales diferentes" (Tondini y Zarri, 2004);[9] además, en escenarios de esta clase donde los sujetos son motivacionalmente heterogéneos, con frecuencia *la motivacional suele ser la dimensión estratégica fundamental*.

De hecho, en el ámbito del UG, en el comportamiento de los sujetos experimentales que ocupan respectivamente el rol del sujeto que decide y del Proponente, sucede que:

a) cuando $x < 20$, la probabilidad de un rechazo por parte del sujeto que decide es relativamente elevada (entre un rango de 0.4 y 0.6) y
b) es bastante frecuente que el Proponente ofrezca una fracción x relativamente elevada, $40 < x < 60$, al sujeto que decide.

Del *Homo oeconomicus* al *Homo reciprocans*

¿Cómo debemos interpretar tales resultados? ¿En clave motivacional? Desde esta perspectiva se revela, en primer lugar, que un resultado como (*a*) contradice la afirmación según la cual los seres humanos son siempre auto-interesados

9 Esta afirmación es convalidada no sólo por los resultados experimentales del UG, sino también por los obtenidos en el ámbito de otros planteamientos experimentales importantes como el del Dilema del Prisionero (tanto en su versión simultánea como en la versión secuencial), del Chicken Game y del Trust Game.

en sentido material y que tienden, en toda circunstancia, a maximizar su ganancia monetaria. Es decir, la evidencia de laboratorio no confirma la hipótesis del egoísmo universal que fundamenta al paradigma del *Homo oeconomicus* de matriz neoclásica. El resultado (*a*) indica que quien no acepta ofertas inferiores a una quinta parte de la suma monetaria total a disposición no se guía exclusivamente por el llamado autointerés en el sentido material (*material self-interest*). Como ya se ha observado, un sujeto que rechaza una propuesta de monto positivo (por modesto que sea) está destinado a recibir, en equilibrio, una suma monetaria inferior a la que habría obtenido con un comportamiento diferente (o gracias a una elección de aceptación). Si tal sujeto, aun comprendiendo perfectamente las reglas del juego (y, como se ha precisado, el experimento está construido de modo tal que compruebe que efectivamente esto suceda), realiza una elección de este tipo, revela sin duda alguna que posee una estructura motivacional no egoísta.

Pero si los sujetos que deciden no son sujetos auto-interesados en sentido estricto, ¿cuáles son sus motivaciones? ¿En qué sentido y en qué medida su perfil motivacional se diferencia de aquel del *Homo oeconomicus*? Al respecto, la respuesta de estudiosos como Fehr y Gächter invoca una figura diferente y desconocida por la teoría económica tradicional: la del *Homo reciprocans* (Fehr y Gächter, 1998). Según esta interpretación, un sujeto que rechaza una oferta positiva pero de bajo monto, pretende sancionar al Proponente por lo inequitativo de su propuesta y, por lo tanto, prefiere aceptar un costo material (renunciar a la oferta del Proponente) con tal de no sufrir un trato percibido como injusto. La elección aparentemente irracional del sujeto que decide sería entonces, en realidad, totalmente comprensible y señalada como *reciprocidad negativa*. Los mismos autores (e incluso Rabin, 1993) califican como *reciprocidad positiva* la preferencia social que guía las elecciones de los sujetos que pretenden premiar a aquellos que, a su juicio, se han comportado "bien" con ellos.[10]

En el caso del UG, parecería que la reciprocidad negativa produce una influencia motivacional dominante: el sujeto que rechaza ofertas de monto positivo porque son bajas y las percibe como injustas está dispuesto a renunciar a una ganancia monetaria segura con tal de "sancionar" al Proponente. También es importante dejar constancia de que este tipo de elecciones suceden tanto con sumas monetaria bajas como con otras relativamente altas:

---

10 Véase también Falk y Fischbacher (1999), Charness y Rabin (2002) y Fehr y Schmidt (2000).

esto significa que la reciprocidad mantiene un rol significativo incluso en presencia de ganancias significativas. En todo caso, es necesario precisar que si el monto es particularmente elevado, prevalecen de nuevo los comportamientos auto-interesados, un testimonio de que se presenta un verdadero *trade-off* a nivel interpersonal entre clásicas preferencias egoístas —cuya probabilidad de prevalecer será más grande cuanto mayor sea la suma monetaria en juego (que en este contexto correspondería al "costo" de la reciprocidad negativa)— y preferencias recíprocas.[11] Si la categoría de reciprocidad (según la concepción de Rabin y Fehr, y Gächter) presupone una noción de equidad en sentido *procedimental,* en cuya base encontramos una evaluación de las intenciones que el comportamiento ajeno parece revelar, una explicación alternativa de resultados como (*a*) sería la que se refiere a una preferencia social por la equidad en sentido *distributivo: la aversión a las desigualdades* (*inequity aversion*).[12] Un sujeto se opone a las desigualdades si su función objetivo comprende no sólo su pago material, sino también la diferencia entre su pago y el ajeno: específicamente, se asume que el nivel de utilidad total de este agente está negativamente vinculado a la diferencia entre los dos niveles de pago monetario.

Actualmente, en el plano experimental, numerosos esfuerzos convergen para discriminar rigurosamente entre estructuras motivacionales distintas que, en principio, buscan explicar las mismas dinámicas de comportamiento. En particular, en lo que concierne a las dos nociones de equidad retomadas (la procedimental y la distributiva), aún no se ha aclarado convincentemente si resultados como (*a*) deben interpretarse en términos de aversión a las desigualdades o de reciprocidad negativa.[13] Sin embargo, es necesario subrayar que si tal cuestión aún está abierta eso no debe llevar a un segundo plano lo que, a nuestro juicio, representa el significado principal de la regularidad del comportamiento que surge del ámbito experimental en examen: de hecho, un resultado fuerte como (*a*), muestra de modo inequívoco que las elecciones de un número significativo de sujetos que deben decidir en el UG no pueden remitirse de modo exclusivo a motivaciones auto-interesadas de tipo tradicional.

---

11 Véase Fehr y Fischbacher (2002).

12 En los trabajos de Fehr y Fischbacher (1999) y de Bolton u Ockenfels (2000) encontramos dos interesantes propuestas que formalizan este tipo de preferencia social.

13 Véase Staffiero (2004).

¿Altruismo o Egoísmo Iluminado? Una comparación entre el Juego del Ultimátum y el Juego del Dictador

Comentemos ahora el resultado (*b*) ilustrado arriba y en virtud del cual en el UG no son raras las ofertas relativamente altas (con $40 < x < 60$) que el Proponente realiza al sujeto que decide.[14] ¿Cómo debemos interpretar dicho comportamiento de los Proponentes? ¿Sería correcto afirmar que a tales agentes los guían las preferencias *altruistas* y/o *equitativas* y que por esto asignan un peso más o menos elevado al nivel de bienestar material tanto propio como ajeno; ¿deciden repartir de modo justo el "pastel" a disposición?[15] ¿Y si el aparente desinterés del Proponente escondiera motivaciones menos prosociales de lo que se ve a simple vista? En efecto, no puede excluirse de antemano que esta segunda posibilidad tenga un rol significativo en los comportamientos que un Proponente tiene en el UG. Esto es: que el Proponente ofrece una suma importante de dinero al otro jugador no por altruismo y/o aversión a las desigualdades, sino por temor de que su propuesta sea rechazada por considerarse injusta. En una situación como la descrita, estaríamos ante un Proponente que *anticipa* la presencia de componentes no auto-interesados en la estructura motivacional del sujeto que decide y por esto estratégicamente elige la prudencia —en sentido defensivo— para evitar peores consecuencias para su bienestar material. Como es fácil comprobar para el Proponente la duda interpretativa relativa a sus intenciones reales es mucho más seria de lo que sucede con el sujeto que decide y que se ha examinado en el párrafo anterior: la asimetría entre los dos casos concierne al hecho de que, ante un sujeto que rechaza ofertas positivas no hay dudas acerca de la naturaleza no auto-interesada de su comportamiento. No puede decirse lo mismo del Proponente que ofrece al adversario sumas relativamente altas.

La economía experimental ha afrontado este problema mediante el llamado *Dictator Game* (o Juego del Dictador [DG]). En realidad, el juego del dictador no es un verdadero "juego", sino un problema de decisión que involucra sólo a uno (el dictador), por lo que no existen conflictos interpersonales sino, más

---

14 También es importante evidenciar que son raras las ofertas de montos superiores al 20% de la suma total. Véase Fehr y Fischbacher (2002).

15 De manera análoga, se podría suponer que las preferencias de naturaleza equitativa (como la llamada *inequity aversión*, o aversión a las desigualdades), como lo examinado en el párrafo precedente con referencia al sujeto que decide, son las que guían el comportamiento del Proponente.

bien, conflictos intrapersonales. En este caso, el dictador debe decidir cómo repartir entre sí mismo y otro "jugador" una determinada suma de dinero, a sabiendas de que —a diferencia de lo que sucede en el UG— el segundo jugador no tiene voz ni voto y está obligado a aceptar cualquier oferta, que se trata de un pasivo. En un escenario así, es evidente que si todos fuéramos guiados por el autointerés, la decisión invariable sería el no asignar nada a otro agente y quedarnos con toda la suma. En otras palabras, si la cantidad a repartir fuera 100 euros, nos encargaríamos de aplicar sistemáticamente, en equilibrio, la asignación (100,0). Sin embargo, la experimentación ha demostrado que, en promedio, el dictador renuncia al 20 por ciento de la suma,[16] confirmándose de nuevo que el *Homo oeconomicus*, cuando está presente, no es del todo auto-interesado, y que a menudo lo animan, al menos en parte, motivaciones no egoístas.

Como se anticipó previamente, la evidencia experimental del DG es útil no sólo porque proporciona ulteriores datos acerca de las estructuras motivacionales que presuponen el actuar de numerosas categorías de sujetos en contextos de laboratorio, sino también porque todo lo examina desde una perspectiva comparativa en relación con lo obtenido en el UG. Esta correlación es potencialmente decisiva si se busca responder la interrogante que se refiere al resultado (*b*): en el UG, ¿el proponente que ofrece sumas relativamente elevadas al sujeto que decide, lo hace desinteresadamente (por razones altruistas y/o equitativas) o por efecto de egoísmo sofisticado? Si la interpretación correcta fuera la primera, cabría esperar comportamientos muy similares del proponente tanto en el juego del ultimátum como en el del dictador; pero si en el proponente del juego del ultimátum prevaleciera una forma estratégica de racionalidad auto-interesada, esperaríamos comprobar comportamientos sistemáticamente diferentes en los dos contextos de interacción. Al respecto, el juicio que emite el "tribunal de la evidencia experimental" es contundente: en igualdad de condiciones, los proponentes del UG tienden a ofrecer sumas *netamente superiores* a las de los dictadores del DG (véanse, por ejemplo, los trabajos de Forsythe *et al.*, 1994; Frey y Bohnet, 1995; y Suleiman, 1996); evidenciándose así la presencia de una forma de egoísmo iluminado en tales contextos de interacción.

Que la evidencia experimental descubra cómo muchos sujetos razonan estratégicamente anticipando que en el otro haya estructuras motivacionales distintas a la suya constituye, en nuestro criterio, uno de los resultados más in-

---

16 Es importante precisar que los resultados de tal experimento dependen, de manera crucial, de las características específicas del diseño experimental, véase Camerer y Fehr (2002).

teresantes de la literatura experimental sobre las preferencias sociales. Esto evidencia la heterogeneidad de las metapreferencias motivacionales de los agentes y también cómo con frecuencia los individuos son *conscientes* de la situación y la consideran al decidir. Mientras que en un escenario de homogeneidad motivacional dominado por la difusión universal del autointerés sería insensato hacerse preguntas de este estilo y el único nivel estratégico significativo sería el de los comportamientos, en los ambientes sociales de heterogeneidad motivacional anticipar correctamente las motivaciones ajenas juega un rol decisivo en la persecución de los objetivos individuales (sean estos egoístas, altruistas o de otra naturaleza).[17] Tondini y Zarri (2004) destacan cómo la racionalidad estratégica que actúa a nivel motivacional también se encuentra en numerosos comportamientos filantrópicos (en apariencia del todo desinteresados) propios de las economías desarrolladas contemporáneas:

> Como se observa, un donador egoísta iluminado de este tipo basa sus cálculos "racionales" no sobre un supuesto "egoísmo universal" de los consumidores, sino en la esperanza de que ellos sean genuinamente altruistas o capaces de concebir y apreciar la presencia de estructuras motivacionales no auto-interesadas en los otros, por lo menos en determinados contextos. Si aquél no razonara de este modo y considerara que, como el mundo está poblado exclusivamente de individuos egoístas y cínicos, un filántropo sólo puede considerársele como un tonto, entonces la estrategia publicita-

---

17 En nuestro reciente ensayo basado en la relación entre complejidad motivacional y conflicto interpersonal, hemos reflexionado sobre las consecuencias en términos de gestión del conflicto, que derivan de la presencia de formas de egoísmo iluminado en la interacción de sujetos como la que caracteriza la estructura motivacional de numerosos proponentes en el UG, ello ha revelado cómo "un perfil motivacional fuertemente consecuencialista y pragmático semejante al descrito también resulta interesante desde el punto de vista de la gestión del conflicto interpersonal: de hecho, en este caso, el conflicto no es eliminado [...]; sin embargo, la peculiar naturaleza estratégica de tal estructura motivacional —la que induce al proponente a reducir pragmáticamente sus pretensiones y contentarse con una distribución al mismo tiempo ventajosa individualmente pero no evidentemente injusta— se configura como un significativo *instrumento de regulación endógena del conflicto*, que no resulta destructivo aun en ausencia de autoridades exógenas preestablecidas para la administración del mismo. En general, se puede decir que si cada agente individual conoce, en la fase decisional, el grado y la naturaleza de la *heterogeneidad motivacional* de una determinada población, esto puede configurarse como mediación fundamental de los intereses en juego (en la hipótesis de que éstos sean diferentes, como en un Proponente Egoísta Iluminado y un Sujeto que decide Adverso a la Injusticia o Recíproco y, por ende, de la regulación del conflicto interpersonal" (Sacco y Zarri, 2003).

ria auto-interesada no sería para nada "iluminada" y "racional", sino contraproducente (pues es inútilmente costosa bajo el perfil económico, así como también perjudicial en el plano de la imagen). [...] Con mayor frecuencia se ven comportamientos que, de individuo a individuo, remiten a motivaciones diferentes debido a que en el proceso de decisión individual un sujeto trata de entender las motivaciones ante las que reacciona en determinado contexto, para así dar cauce a elecciones coherentes con ellas, y al mismo tiempo razonar estratégicamente formulando expectativas sobre las estructuras motivacionales de los individuos que ocupan una posición relativamente "importante" para sus objetivos.

En este, como en otros trabajos recientes, (Fehr y Schmidt, 2000) destacan cómo un mérito de los estudios experimentales sobre las preferencias sociales consiste en haber mostrado con rigor cómo la interacción estratégica entre sujetos impulsados por motivaciones diferentes se ha erigido en una de las reflexiones más prometedoras de la ciencia económica contemporánea.

Por otra parte, como ulterior confirmación que de los experimentos surge un cuadro articulado y motivacionalmente complejo, es oportuno observar que el recurso del DG no se limita a esclarecer una forma estratégica de racionalidad individualista como la descrita, sino que también demuestra la presencia de componentes motivacionales inequívocamente no auto-interesados en los mismos dictadores.[18] Si es cierto que las ofertas que los dictadores hacen a sus contrapartes en el juego son inferiores a las que los proponentes ofrecen a los sujetos que deciden en el UG, no es necesario subestimar que los dictadores no elijan la asignación "óptima" (en el sentido de "egoístamente racional") (100, 0), sino que prefieran ofrecer al otro jugador sumas sistemáticamente *positivas*, si bien de bajo monto. Dado que la naturaleza del juego no permite la repetición y entonces es imposible que los beneficiarios de tales "donaciones" "reaccionen", un comportamiento como el descrito remite a motivaciones equitativas y/o altruistas, que aparentemente *coexisten* con (meta) preferencias auto-interesadas tradicionales dentro del sistema motivacional de los dictadores.[19] Naturalmente, en este punto no es posible comprender si eventuales

18 Véase Staffiero (2004).

19 Por otro lado, es importante precisar que la importancia relativa de comportamientos motivacionales no auto-interesados en este escenario de interacción parece, en efecto, particularmente bajo (Hoffman *et al.*, 1994).

ofertas de monto positivo del dictador pudieran atribuirse al altruismo o a la aversión a las desigualdades; lo que a fin de cuentas queda claro es que los comportamientos señalados no son compatibles con la hipótesis del autointerés en sentido material, un resultado digno de la máxima atención si se examina a la luz del camino evolucionista que ha llevado al surgimiento de un paradigma antropológicamente individualista dentro de la historia del pensamiento económico moderno y contemporáneo.

Conclusiones

Como se ha intentado demostrar, la literatura teórico-experimental acerca de las preferencias sociales ha dado pasos significativos y ha procedido con suma rapidez en el análisis de las motivaciones individuales que están en la base de comportamientos económicamente relevantes. Sin embargo, da la impresión que todavía, tanto los trabajos experimentales como las aportaciones teóricas que aclaran los comportamientos no auto-interesados, con frecuencia son afectados por el "sesgo individualista" característico de la parábola evolucionista de la ciencia económica en los últimos dos siglos. En otras palabras, las más de las veces se reconducen los comportamientos a formas de actuar claramente óptimas (más allá del contenido de las preferencias), cuando otras ciencias sociales (desde la sociología a la antropología cultural) han demostrado convincentemente que, en numerosos contextos de interacción, el comportamiento de los agentes no es "preferencial" (Zarri, 2005) sino, por ejemplo, *norm-driven*, o inestablemente influenciado por el sistema de normas sociales vigentes, más allá de posibles cálculos costo-beneficio a nivel individual. Es necesario decir que cuando se pone el acento en el rol determinante de motivaciones no instrumentales (como, por ejemplo, en el caso de la reciprocidad positiva y negativa, de cuya presencia existen confirmaciones experimentales también en juegos *one-shot*, en los cuales la ausencia de repetición permite excluir que sean realizados por mecanismos de reputación), se advierte que falta la referencia de un paradigma interpretativo *unitario* desde el cual sea posible descifrar con conocimiento de causa los resultados que gradualmente surgen de los trabajos experimentales. Dicho de otro modo, sobre el fondo de diversos aportes de reflexión disponibles, se recorta aún la sombra del *Homo oeconomicus*, aunque en una versión menos rígida y monolítica. A cambio, se espera que en poco tiempo se llegue a una caracterización del agente económico lo suficientemente rica y realista para poner de relieve, por un lado, su capacidad para acceder a motivaciones y opciones comportamentales auto-interesadas y, por el otro, el papel, al interior de su sistema motivacional, de las relaciones interpersonales no instrumentales, de las metapreferencias motivacionales extraindividualistas y de principios de acción no óptimos (Sacco y Zamagni, 2002). La literatura teórico-experimental sobre las preferencias sociales puede aportar —y de hecho ya sucede— de forma valiosa en esta delicada fase de transición, poniendo a disposición de todos una evidencia empírica y experimental creciente que nos invita a "complicar la economía" en la dirección de la complejidad motivacional y relacional.

Bibliografía

Battigalli P. (1988), "Il concetto di equilibrio nei modelli strategici e parametrici", *Giornale degli Economisti e Annali di Economia*, 47, pp. 99-118.

Berne E. (1964[1986]), *A che gioco giochiamo*, Bompiani, Milán.

Bolton G. Ockenfels A. (2000), "A Theory of Equity, Reciprocity and Competition", *American Economic Review*, 100, pp. 166-193.

Camerer C. y Fehr E. (2002), "Measuring Social Norms and Preferences Using Experimental Games: A Guide for Social Scientists", Working Paper núm. 97, Institute for Empirical Research in Economics, Universidad de Zurich.

Charness G. y Rabin M. (2002), "Understanding Social Preferences with Simple Tests", *Quarterly Journal of Economics*, 117, 3, pp. 817-869.

Falk E. y Fischbacher U. (1999), "A Theory of Reciprocity", Working Paper núm. 6, Institute for Empirical Research in Economics, Universidad de Zurich.

Fehr E. y Fischbacher U. (2002), "Why Social Preferences Matter - The Impact of Non-Selfish Motives on Competition, Cooperation and Incentives", *Economic Journal*, 112, pp. C1-C33.

Fehr E. y Gächter S. (1998), "Reciprocity and Economics: The Economic Implications of Homo Reciprocans", *European Economic Review*, 42, pp. 845-859.

Fehr E. y Schmidt K.M. (1999), "A Theory of Fairness, Competition and Cooperation", *Quarterly Journal of Economics*, 114, pp. 817-868.

Fehr E. y Schmidt K.M. (2000), "Theories of Fairness and Reciprocity. Evidence and Economic Applications", Investigación presentada en la sesión sobre "Behavioral Economics" en el marco del VIII Congreso Internacional de la Econometric Society, Seattle.

Forsythe R., Horowitz J., Savin N. y Sefton M. (1994), "Fairness in Simple Bargaining Games", *Games and Economic Behavior,* 6, pp. 347-369.

Frey B. y Bohnet L. (1995), "Institutions Affect Fairness: Experimental Investigations", *Journal* of *Institutional and Theoretical Economics,* 151, 2, pp. 286-303.

Güth W., Schmittberger R. y Schwarze B. (1982), "An Experimental Analysis of Ultimatum Bargaining: An Experimental Study", *Journal of Mathematical Psychology,* 42, pp. 227-247.

Henrich J., Boyd R., Bowles S., Camerer C., Fehr E., Gintis H. y McElreath R. (2001), "In Search of Homo Oeconomicus: Experiments in 15 Small-Scale Societies", *American Economic Review,* 91, 2, pp. 73- 79.

Hirshleifer J. (1977), "Economics from a Biological Viewpoint", *Journal of Law and Economics,* 20, pp. 1-52.

Hoffman E., McCabe K., Shachat K. y Smith V. (1994), "Preferences, Property Rights and Anonymity in Bargaining Games", *Games and Economic Behavior,* 7, 3, pp. 346-380.

Maynard Smith J. (1982), *Evolution and the Theory of Games,* Cambridge University Press, Cambridge.

Rabin M. (1993), "Incorporating Fairness into Game Theory and Economics", *American Economic Review,* 83, 5, pp. 1281-1302.

Sacco P.L. y Zamagni S. (bajo la dirección de) (2002), *Complessità relazionale e comportamento economico. Materiali per un nuovo paradigma di razionalità,* il Mulino, Bolonia.

Sacco P.L. y Zarri L. (2003), "Complessità motivazionale, interazione strategica e gestione del conflitto", *Etica ed economia,* 1-2, pp. 73-89.

Staffiero G. (2004), "Social Preferences: from the Experimental Lab to Economic Theory", *Paper* presentado en el *Workshop* sobre "Capital social, motivaciones intrínsecas y organizaciones *non profit*: problemas y perspectivas", Universidad de Boloni, sede Forlì.

Suleiman R. (1996), "Expectations and Fairness in a modified Ultimatum Game", *Journal of Economic Psycology,* 17, pp. 531-554.

Tondini G. y Zarri L. (2004), Razionalità strategica e norme sociali", en AA.VV. (bajo la dirección de), Analisi Economica e Società Civile, Cedam, Padova, pp. 621-641.

Von Neumann J. y Morgenstern O. (1944), *Theory of Games and Economic Behavior,* Princeton University Press, Princeton (N.J.).

Zarri L. (2005), "Happiness, Morality, and Game Theory", en Bruni L. y Porta P.L. (bajo la dirección de), *Handbook of Happiness in Economics,* Edward Elgar, Londres.

8. La economía civil y los bienes relacionales

Por Stefano Zamagni

Del welfare al "well-being"

Hace tiempo que los economistas se han interesado crecientemente en el problema que atañe a los presupuestos antropológicos del discurso económico, un tema aún dominado tanto por una concepción bastante limitada del bienestar personal como por la incapacidad de admitir que en el hombre existen "sentimientos morales" (en la acepción de Adam Smith) que trascienden el estrecho cálculo del interés personal. Esta suerte de despertar se origina en un doble conjunto de factores. Primero, en la toma de conciencia acerca de que una comprensión adecuada del proceso económico actual presupone superar el carácter reduccionista de gran parte de la teoría económica contemporánea la que, confiando en una visión inadecuada de la acción humana, parece incapaz de hacer mella en los nuevos y grandes problemas que afectan a nuestras sociedades (del deterioro ambiental a las desigualdades sociales en aumento; de la sensación de inseguridad que golpea a los ciudadanos no obstante que aumenta la riqueza a la pérdida de sentido de las relaciones interpersonales; del surgimiento de inéditas formas de pobreza social a la explosión de los conflictos de identidad). Y, segundo, la constatación de que el reduccionismo que parece sufrir la ciencia económica representa tanto el principal obstáculo para el ingreso de nuevas ideas en la disciplina como una peligrosa forma de proteccionismo en relación no sólo a la crítica que surge de los hechos, sino también a toda innovación proveniente de las otras ciencias sociales. La tendencia actual es, en efecto, semejante a una migración intelectual. Y como todas las migraciones, ésta parece tener raíces en factores tanto de "impulso" como de "arrastre", es decir, en la progresiva insatisfacción por la distribución existente y en la esperanza de que un horizonte más vasto pueda enriquecer la investigación (Zamagni, 2002).

Aplicar la lógica del *Homo oeconomicus* al comportamiento humano suscita una profunda sensación de incongruencia. En primer lugar, por la misma realidad que tal lógica pretende explicar. Esto es, los procesos económicos son básicamente procesos de interacción entre los hombres. En consecuencia, no es cierto que las mercancías se produzcan solamente por medio de mercancías —para retomar el título de la célebre obra de Piero Sraffa—, también son producto de relaciones intersubjetivas que involucran personas dotadas de una identidad específica y no sólo a intereses que deban protegerse. Ahora bien, el contrato, aunque instrumento válido para solucionar conflictos de intereses, es inadecuado para afrontar las cuestiones —hoy cada vez más numerosas— relativas a los conflictos de identidad. Sería contraproducente buscar, por vía contractual, el consenso de aquel individuo que porte una identidad (religiosa, étnica, cultural) diferente a la nuestra. Sin embargo, este enfoque lo usan todavía no pocos economistas (véanse las recientes aportaciones de la economía de la religión de R. Barro *et al.*, 2003 y de la economía del odio de Glaeser, 2004).

Pero existe un segundo nivel de incongruencia aún más profundo. Pasando por alto que los contratos suelen estar incompletos (debido a la información siempre imperfecta y a las asimetrías informativas), el paradigma del *Homo oeconomicus* se limita a considerar sólo aquello que se observa objetivamente. Por lo tanto, las emociones, las creencias, los valores y las representaciones simbólicas tienen importancia indirecta sólo cuando se trata de los comportamientos. Únicamente los resultados que derivan de estas acciones conciernen a la ciencia económica tradicional. Dicha elección de campo suele justificarse con una consideración: dado que en una economía de mercado el agente económico es soberano y por eso libre de expresar todo tipo de preferencias, no hay para qué preocuparse por las motivaciones o disposiciones que subyacen en sus elecciones. En esto consiste la justificación del consecuencialismo como doctrina ética en economía. Mas las cosas no se encuentran en estos términos.

La razón, básicamente, es que el bienestar personal, el estar bien del individuo, depende de dos componentes que se complementan entre sí y son insustituibles: uno es adquisitivo y el otro expresivo (Sacco y Zarri, 2005). El primero vincula el sujeto a la posesión (o a la disponibilidad) de bienes y servicios capaces de acrecentar su utilidad. Así es como se afirma que será racional el sujeto que, siendo capaz de juzgar lo que le es útil, investiga los métodos para maximizar tal función de utilidad —se llame como se llame: función de preferencia, función objetivo, etc.— bajo la consigna de renta, de tiempo o de otro. En cambio, el segundo componente, se refiere a que las personas tienen también necesidades expresivas; necesidades que expresan la identidad del sujeto o, mejor aún, la estructura que constituye las relaciones del hombre quien, al vivir en sociedad, deduce que su relación con los demás le acarrea ventajas y desventajas, premios y castigos. El bienestar de Robinson Crusoe —antes de su encuentro con Viernes— sólo depende del componente adquisitivo, (por ello no es casual que en los actuales manuales de economía se privilegie la metáfora de Robinson). Lo mismo vale, hasta cierto punto, para la sociedad industrial, una época caracterizada por la gran escasez de orden material, tal como lo documenta la historia económica de la primera y la segunda revoluciones industriales.

En contextos como los descritos, es evidente que la prioridad de la investigación económica es el estudio de las relaciones entre el sujeto (el consumidor) y el objeto (el bien o servicio). Y asimismo es evidente que las categorías de bienes que se deben tomar en cuenta son, en primera instancia, la de los *privados* y, sólo después, las que corresponden a los *públicos*, los *semipúblicos* (o bienes de club), los de *mérito* y los de propiedad común (*commons*). Existen diferencias considerables entre estas categorías de bienes, pero todas comparten, desde el punto de vista del bienestar del sujeto, que para ellas son relevantes las propiedades objetivas, las materiales y las no relacionales del bien. Recordemos: privado es aquel bien que posee los dos rasgos de la rivalidad en el consumo ("si yo lo consumo, tú no puedes hacerlo") y de la exclusión ("si tengo un título válido sobre la disponibilidad o propiedad del bien puedo excluir a otros del consumo o del goce del mismo"). Contrariamente, público es el bien que no contiene rivalidad en su consumo ni es excluyente (un faro, un parque, la defensa nacional, el ambiente natural, el ordenamiento institucional del país, etc.).

Consideremos ahora las condiciones de vida típicas de la sociedad postindustrial. No hay necesidad de recurrir a las más cuidadosas investigaciones sociológicas y psicológicas para reparar en que, hoy en día, las pobrezas que más crecen son las de naturaleza simbólica y no material. Recordemos el famoso concepto de escasez social elaborado por Fred Hirsch en 1976 que se anticipó a su tiempo y a las paradojas de la felicidad que se discuten más adelante. Estas formas de escasez se refieren al surgimiento, a nivel de masa, de otras necesidades que adquieren vida en la dimensión expresiva de nuestro bienestar, necesidades que no se satisfacen con las tipologías tradicionales de bienes citados arriba. Por este motivo, la nueva ciencia económica comenzó a ocuparse, desde hace tiempo, de dos categorías de bienes —los relacionales y los posicionales— cuyo consumo se destina esencialmente a expresar una identidad dentro del contexto social al que se pertenece (Akerlof y Kranton, 2000). Son bienes que expresan dos diferentes orientaciones motivacionales respecto a los demás: relacional una, posicional la otra (Sacco y Zarri, 2005). La primera se refiere al deseo de acercarse al otro con el fin de establecer una relación a la que se asocia un valor positivo en cuanto tal —*el valor del vínculo*. Por su parte, la orientación posicional corresponde al deseo de ganar una mejor posición con respecto a otro en una escala determinada. El estatus social, el prestigio y el poder son muestras de bienes posicionales: el poder existe mientras haya alguien que lo padezca.

Por lo explicado, reducir la experiencia humana a la racionalidad instrumental —es decir, al modelo de la *rational choice*— es una mera arrogancia intelectual. Es una gran falacia metodológica porque no es creíble que la elección del *Homo oeconomicus* esté dictada por consideraciones de naturaleza empírica. La rica evidencia, en este punto puesta a disposición por la economía experimental en el último cuarto de siglo, lo contradice (véanse también Fehr y Fischbacher, 2002; además de los capítulos de Bernasconi, de Devetag y Warglien, y de Sacco y Zarri en este libro).

Para concluir esta parte. El programa de investigación de la "nueva ciencia económica" se propone traspasar los límites demasiado estrechos fijados por la aceptación de la llamada "ficción de Walras", la cual establece como deber exclusivo del discurso económico el estudio de la relación entre hombre y naturaleza, entre hombre y cosas. Esto significa, en definitiva, constatar que en la esencia de la vida económica no se encuentran sólo individuos que producen bienes y servicios y otros que los compran para consumirlos, sino también, y fundamentalmente, que existen las relaciones entre individuos. Como lo afirma Pareyson: "El hombre es una relación; no es que esté relacionado, no es que tenga una relación, sino que es una relación; con mayor precisión: es una relación con el ser (ontológico), una relación con el otro" (1995, p. 15).

La tradición del pensamiento de la economía civil

Antes de examinar los bienes relacionales conviene hacer una breve referencia a una tradición del pensamiento económico propiamente italiana cuya particularidad inconfundible es el reconocimiento explícito de que lo económico y lo civil tienen en común la estructura relacional de la existencia humana. Se trata de la perspectiva de la economía civil que hunde sus raíces en el humanismo civil del siglo xv y que perdura, con éxitos alternados, hasta el período de oro del Iluminismo italiano de escuela milanesa (Verri, Beccaria) y napolitana (Genovesi, Galiani).[1] Para captar su alcance y significado se debe partir de las características de las dos visiones que hoy prevalecen sobre cómo se concibe la relación entre la esfera económica (que, sintéticamente y en la acepción amplia del término, podemos llamar *mercado*) y la social (la *solidaridad*). Por un lado se encuentran los que ven en la extensión del mercado y en la lógica de la eficiencia la solución a todos los males sociales; por otro, se hallan quienes ven el avance del mercado como la "desertización" de la sociedad, la que, por ende, trata de protegerse. La primera visión considera al mercado como ente "*a-social*": según esta concepción, que se remonta a algunas tradiciones de la ideología liberal, lo "social" se distingue por la mecánica del mercado entendida como institución éticamente y socialmente *neutral* —tal como lo señala David Gauthier. Al mercado se le pide la eficiencia y, en consecuencia, la creación de riqueza. En cambio, la solidaridad comienza donde termina el mercado, y es quien proporciona criterios para subdividir la riqueza producida.

Opuesto a esta visión, se encuentra el enfoque que entiende al mercado como esencialmente *anti-social*. Esta idea, que se remonta a Karl Marx y a Karl Polanyi, y cuya expresión más notoria son algunos de los componentes del "pueblo de Seattle", se caracteriza por concebir al mercado como el lugar de la explotación y prepotencia del fuerte sobre el débil, y como una amenaza para la sociedad: "El mercado avanza sobre la desertización de la sociedad" (Polanyi). Éste es el origen del llamado a "proteger a la sociedad" del mercado, pues se argumenta que las relaciones realmente humanas (la amistad, la confianza, la virtud, la reciprocidad no instrumental, el amor, etc.) se destruyen con el avance de la cultura del mercado. En este escenario, lo económico y el mercado, de por sí deshumanizadores, aparecen, además, como mecanismos destructores del "capital social" indispensable para toda convivencia auténticamente humana e imprescindible para todo crecimiento económico.

---

1 Para una amplia explicación del argumento aquí desarrollado, remito a Bruni y Zamagni (2004), de donde se han retomado, con variaciones y agregados, diversos fragmentos.

La concepción de la relación mercado-sociedad característica de la economía civil, se coloca en una perspectiva radicalmente distinta respecto a las dos que actualmente dominan. La idea central (y, en consecuencia, la propuesta) de la economía civil es vivir la experiencia de la *sociabilidad humana, dentro* de una normal vida económica, no al lado, ni antes ni después. Tal noción sostiene que los principios "extraños" a la ganancia y al intercambio de equivalentes encuentran un lugar dentro de la actividad económica. Por este camino se supera, ciertamente, la primera visión donde lo económico corresponde a un lugar éticamente neutral basado únicamente en el principio del intercambio de equivalentes, ya que es el mismo momento económico el que, a partir de la presencia o ausencia de estos principios ajenos, se convierte en civil o no civil. Pero también, por el mismo camino, se supera la otra concepción que considera a la virtud y a la reciprocidad como prerrogativas de otros momentos o esferas de la vida social; esta visión —que aún perdura en no pocas expresiones del tercer sector— es imposible que siga sosteniéndose por dos razones. La primera porque, en mercados globalizados, la lógica de los "dos tiempos" (las empresas producen y luego el "Estado" se ocupa de lo social) que fundamenta la relación entre economía y sociedad (por ejemplo, el *welfare State*) ya no funciona, porque ha desaparecido el elemento base de ese paradigma; es decir, la estrecha relación entre riqueza y territorio, desde la cual se ha pensado todo el sistema social en Occidente, particularmente en Europa. Hoy este mecanismo se ha roto por la globalización de los mercados. Se exige a la empresa ser *social en la normalidad* de su actividad económica. Es éste el último significado de los conceptos que giran alrededor de la responsabilidad social de la empresa. En segundo lugar: el efecto "desplazamiento". Si el mercado, y más en general la economía, se transforman *solamente* en intercambio instrumental, se arriba a una de las paradojas más preocupantes de la actualidad: "la moneda mala expulsa a la moneda buena". Es una de las leyes más antiguas de la economía (aplicada a las monedas). Pero conviene agregar que este proceso tiene un alcance más amplio y actúa, por ejemplo, cada vez que las motivaciones intrínsecas (como la gratuidad) se enfrentan con motivaciones extrínsecas (como la ganancia monetaria): las malas expulsan a las buenas. El intercambio que se basa sólo en los precios y el contraste instrumental descarta otras formas de relaciones humanas. Así es como el mercado —si es sólo éste— con su desarrollo "erosiona" la condición de su existencia misma (es decir, la confianza y la tendencia a cooperar).

Nuestras sociedades necesitan tres principios autónomos para poder desarrollarse de manera armónica y, por lo tanto, *tener futuro*: el intercambio de equivalentes (o contrato), la redistribución de la riqueza y la reciprocidad. Todas las sociedades conocen esta estructura "triádica"; aunque es verdad que sólo dos de estos principios han sido gradualmente incorporados a los modelos de orden social que históricamente se sucedieron en el curso de los últimos dos siglos. Con resultados siempre insatisfactorios.

¿Qué sucede cuando uno de los tres principios desaparece? Si se elimina la reciprocidad tenemos el sistema económico del *welfare State* de la posguerra de tipo inglés (Beveridge y Keynes). El *Estado benefactor* como centro del sistema. Existe el mercado que produce eficientemente y el Estado que distribuye con equidad el producto del mercado. Si se elimina la redistribución tenemos el modelo del *capitalismo caritativo*. El mercado es lo que impulsa al sistema, y debe ser libre para actuar sin dificultades, tal como lo enseña el neoliberalismo. Así es como el mercado produce riqueza y los "ricos" hacen "caridad" con los pobres a través de la sociedad civil y sus organizaciones (las *charities* y las *foundations*). Finalmente, la eliminación del intercambio de equivalentes produce los *colectivismos* y *comunitarismos* de ayer y hoy, donde se vive queriendo desaparecer la lógica del contrato (aun a costa de ineficiencias y derroches). La historia nos ha enseñado que solo pequeñas comunidades logran desarrollarse sin este principio. Consecuentemente, la idea central de la economía civil es sugerir un modelo de orden social donde los tres principios puedan coexistir simultáneamente.

En tanto remito a Bruni y Zamagni (2004) para una reconstrucción, según la historia de las ideas, del complejo acontecimiento de la economía civil, es útil recordar que, a partir de la primera mitad del siglo XIX, la visión civil del mercado y, más en general, de la economía, desaparece de la investigación científica y del debate político-cultural. Las razones son muchas y diversas. Me limito a las dos más importantes. Por una parte, la rápida y considerable difusión en la alta cultura europea de la filosofía utilitarista de Jeremy Bentham, cuya principal obra de 1789 necesitará algunas décadas para adquirir hegemonía en el discurso económico. Será con la moraleja utilitarista que tome consistencia la antropología hiperminimalista del *Homo oeconomicus* dentro de la ciencia económica oficial y, junto con ella, la metodología del atomismo social. Por otro lado, se consolida definitivamente la sociedad industrial como respuesta a la revolución industrial. La sociedad industrial es aquella que produce mercancías, y en la que la máquina predomina por doquier y los ritmos de vida están mecánicamente marcados. La energía reemplaza en gran parte la fuerza muscular y es responsable del enorme aumento de productividad que a su vez acompaña la producción en masa. Energía y máquina transforman la naturaleza del trabajo: las habilidades personales se descomponen en componentes elementales. Todo esto exige coordinación y organización. Avanza un mundo donde los hombres adquieren la naturaleza de "cosas" porque es más fácil coordinar "cosas" que hombres y porque, en este mundo, la persona es separada del rol que desempeña. Las organizaciones, *in primis* las empresas, se ocupan de los roles y no de las personas. No sólo sucede en la fábrica, sino en toda la sociedad. Más adelante, el ford-taylorismo constituirá la más elevada teorización de este orden social. La consagración de la "cadena de montaje" encuentra su paralelo en la difusión del consumismo, fenómeno donde la esquizofrenia típica de los "tiempos modernos" exaspera la pérdida del sentido del trabajo (la alienación causada por la pérdida de la personalidad de la figura del trabajador) y, como compensación, el consumo se robustece. Del complejo entrecruzamiento y enfrentamiento de estos conjuntos de razones deriva una consecuencia importante para los fines de nuestro discurso: el establecimiento, aún dominante y más fuerte que nunca, de dos concepciones opuestas del mercado. Una lo entiende como "mal necesario", como una institución imprescindible porque garantiza el progreso económico, pero de la que las personas siempre deben cuidarse y tener bajo control. La otra concepción considera al mercado como el lugar ideal y típico donde es posible resolver el problema político, y aquí se inscribe la posición liberal-individualista, la cual sostiene que la "lógica" del mercado debe tener la posibilidad de extenderse, adaptándose y perfeccionándose en cada caso particular a todos los ámbitos de la vida asociada —desde la familia a la escuela y la política.

No es difícil comprender los elementos de debilidad objetiva de estas dos concepciones especulares. La primera —estupendamente representada por el aforismo "El Estado no debe remar, sino estar al timón"— se basa en el argumento de la lucha entre las desigualdades: sólo la intervención del Estado, según un punto de vista redistribucionista, reduce la diferencia entre los individuos y los grupos sociales. Sin embargo, las cosas no se encuentran en dichos términos. En nuestros países desarrollados, las desigualdades que disminuyeron desde 1945, se incrementaron escandalosamente en los últimos veinte años no obstante las fuertes intervenciones del Estado en la economía, (en Italia, el Estado interviene prácticamente en el 50 por ciento de la riqueza que produce el país). Ciertamente, conocemos las razones del fenómeno: del ingreso de las nuevas tecnologías en los procesos productivos a la globalización; pero lo importante consiste en comprender por qué la redistribución equitativa no es tarea *exclusiva* del Estado. La realidad es que la estabilidad política es un objetivo que, en las condiciones actuales, no se logra con medidas que reduzcan las desigualdades más que con el crecimiento económico. La duración y la reputación de nuestros gobiernos democráticos se determinan más por su capacidad para aumentar la riqueza que por su habilidad para redistribuirla equitativamente entre los ciudadanos. Ello se debe a la simple pero trágica razón de que los "pobres" no van a votar, o lo hacen en menor proporción, y por ello no constituyen una clase de propietarios de activos capaz de preocupar a la razón política. Es por esto que, en la actualidad, se debe intervenir tanto en la producción de la riqueza como en su redistribución si se quiere contrarrestar el aumento endémico de las desigualdades.

¿Qué elemento no tolera la concepción de mercado que hoy moviliza eficazmente el pensamiento único del *one best way* (el único mejor camino)? El hecho de que la máxima extensión de la lógica del mercado no aumenta el bienestar para todos. Es decir, la metáfora según la cual "al subir la marea se elevan todos los barcos" está equivocada —quizás no es nada más peligroso en las ciencias sociales que las metáforas, ¡sobre todo aquellas erradas! Quien cree en esa metáfora razona de la forma siguiente: puesto que el bienestar de los ciudadanos depende de la prosperidad económica y dado que ésta, a su vez, depende de la extensión de las relaciones del mercado, la verdadera prioridad de la acción política debería ser asegurar las condiciones para el crecimiento máximo de los mercados. De donde se concluye que cuanto más generoso es el *welfare State* más actúa como vínculo en el crecimiento económico y por tanto en la difusión del bienestar. Así surge la recomendación de un *welfare* selectivo que solo atienda a quienes quedan al margen de la competencia del mercado. Los demás, aquellos que logran permanecer dentro del círculo virtuoso del crecimiento, se proveerán por sí mismos su propio desarrollo. Sin recurrir a argumentos finos, la simple observación de los hechos nos revela la aporía que está en la base del tal corriente de pensamiento: crecimiento económico (es decir, aumento sostenido de la riqueza) y progreso civil (es decir, engrandecimiento de los espacios de libertad de las personas) ya no marchan juntos. Es tanto como afirmar que el aumento del bienestar *(welfare)* ya no se acompaña del aumento del estar bien *(well-being)*: se restringe la capacidad de participar en la actividad económica de quien, por una u otra razón, queda excluido del mercado, mientras no se ofrece nada más a quién está dentro; así aparece un racionamiento de la libertad, lo cual, a fin de cuentas, es perjudicial para la felicidad de todos, para la "felicidad pública".

Las dos concepciones de mercado descritas, muy diferentes entre sí en cuanto a presupuestos filosóficos y consecuencias políticas han generado, a nivel de cultura popular, un resultado paradójico: la consolidación de una idea de mercado antitética a la tradición del pensamiento de la economía civil. Esto es, el mercado visto como un mecanismo fundado en una doble norma: la *impersonalidad* de las relaciones de intercambio (entre menos conozco a mi contraparte, más grande será mi ventaja, ¡porque los negocios resultan mejores con desconocidos!); y el comportamiento *exclusivamente auto-interesado* (por el que "sentimientos morales" como la simpatía, la reciprocidad, la sociabilidad, etc., aunque fueran reconocidos, no se les atribuye espacio en el área del mercado). Así es como la progresiva y grandiosa expansión de las relaciones de mercado en el último siglo y medio ha servido para reforzar la interpretación pesimista del carácter de los seres humanos teorizada por Hobbes y por Mandeville: únicamente las severas leyes del mercado lograrían dominar sus perversos impulsos y pulsiones de tipo anárquico. Esta visión caricaturesca de la naturaleza humana ha impuesto y contribuido a que un doble error gane crédito. En primer lugar, que la esfera del mercado coincide con la del egoísmo, si bien cada uno persigue desde su propio sitio, cuando mucho, sus propios intereses individuales; y, en segundo, que la esfera del Estado coincide con la de la solidaridad, es decir, con la persecución de los intereses colectivos. Sobre tal fundamento se ha elevado el conocido, pero muy frágil, modelo dicotómico Estado-mercado: el *Estado identificado con lo público* y *el mercado con lo privado*.

Surge una pregunta: ¿por qué, desde hace algunos años, ha retornado el interés por la perspectiva del discurso de la economía civil? Las razones son muchas y diversas, pero concurren, en gran parte, en atender de nuevo las temáticas de la felicidad. Un conjunto de estudios e investigaciones empíricas convergen en confirmar una tendencia macroscópica de las sociedades contemporáneas: la insuficiente producción de bienes relacionales se debe a la hipertrófica expansión de bienes posicionales. Bienes, estos últimos, que adquieren utilidad por el estatus que otorgan y por la posición social que su consumo permite ocupar, pero no por sus características intrínsecas —como sí sucede con los bienes privados y los públicos.

¿Cuáles efectos del competir por una posición son más palpables? En primer lugar, el consumismo; y como en este caso lo que cuenta es el nivel *relativo* de consumo, la competencia estimula a consumir más que los demás, sin que importe la naturaleza de las necesidades que los consumos deberían satisfacer (a partir de esta consideración R. Frank, 2000 propuso un impuesto al consumo fuertemente progresivo). En segundo lugar, la sistemática disminución del goce de bienes relacionales conforme se emplea más tiempo en actividades destinadas a buscar la ganancia que permita la compra de bienes posicionales. De los dos efectos combinados se deriva que, más allá de cierto umbral, una mayor renta per cápita no sólo evita que la felicidad aumente, sino que determina su reducción. Justamente, porque la felicidad depende también de los bienes relacionales, es útil comprender una paradoja: conforme atesoramos riquezas que acrecientan nuestras ganancias somos al mismo tiempo menos felices; somos el rey Midas que muere a causa del hambre que el oro no sacia.

La enseñanza que deja la abundante evidencia empírica de la relación entre renta y felicidad (Easterlin, 2001 y 2004; Kahneman, 2004; Frank, 2000) confirma que utilidad y felicidad no se superponen del todo. No es difícil comprenderlo, porque mientras la utilidad es la propiedad de la relación entre hombre y cosa —y en muchos textos de economía se define como los bienes, servicios o personas tratadas en forma instrumental por los servicios que logran hacer útiles— la felicidad es la propiedad de la relación entre persona y persona. Entendiendo con esto que la felicidad postula el reconocimiento (en el sentido de Hegel) y sólo la persona puede reconocer. D. Hume, en su *Tratado sobre la naturaleza humana*, escribe: "Una soledad completa es tal vez el castigo más grande que podemos sufrir; todo placer gozado en soledad consume, toda pena se vuelve más cruel e insoportable. [...] Que la potencia y los elementos de la naturaleza obedezcan al hombre, que el sol surja o se ponga a su antojo, que la tierra le provea lo que le es útil o de su agrado, él seguirá siendo un infeliz hasta cuando no tenga cerca alguien con quien pueda compartir su felicidad" (II, 2, 5). Es decir, que la felicidad debe compartirse si se aspira a ella —exactamente lo contrario de lo que sucede con la utilidad. Se puede ser perfecto maximizador de ganancia incluso en soledad; en el lado opuesto, para ser felices, es necesario ser al menos dos —como lo enseña magistralmente la historia de Robinson Crusoe. La reducción de la categoría de la felicidad a la de la utilidad es el origen de gran parte de la insuficiencia explicativa de la "vieja" ciencia económica. El "Chicago man" —como el Premio Nóbel Daniel McFadden (1999) recientemente llamó a la versión más actualizada del *Homo oeconomicus*— es un solitario y por ende un infeliz, tanto más infeliz cuanto más se preocupa por los demás, ya que esta soledad no es otra cosa que una idiosincrasia de sus preferencias.

Los bienes relacionales y la paradoja de la felicidad

¿Pero qué son exactamente los bienes relacionales? En realidad se trata de un concepto poco usado en economía y aún envuelto por varias zonas de sombra. La noción tiene una historia reciente y la introdujeron, cada uno por su lado, Benedetto Gui (1987) y Carole Uhlander, la cual definió los bienes relacionales como aquellos "que pueden ser poseídos sólo mediante acuerdos recíprocos que luego resultan ser apropiadas acciones conjuntas emprendidas por una persona y por otras no arbitrarias" (1989, p. 254). Para Uhlaner los bienes relacionales no se producen ni se consumen, por lo tanto nunca los adquiere un sólo individuo porque dependen de la interacción con los demás y sólo se disfrutan si son compartidos. Su característica esencial es que requieren *reciprocidad* y no existen fuera de la situación subjetiva y de las preferencias de las personas involucradas: "Los bienes presentes en intercambios de oferentes anónimos no son relacionales" (*ibid.*, p. 225).

La diferencia entre los *bienes relacionales* y los bienes donde la calidad de la relación que se instaura entre los contrayentes es una *característica* importante —pensemos en un típico servicio a la persona— consiste en que cuando se trata de bienes relacionales es la *relación en sí misma* la que constituye el bien económico: son "bienes relacionales" (como se expresa Martha Nussbaum, 1996, quien introdujo la expresión en 1986).

Por ejemplo, en el bien "corte de cabello" la relación que se instaura entre cliente y peluquero es un elemento importante: un peluquero simpático aumenta el valor del bien (servicio) y uno antipático lo disminuye, y suele suceder que este "algo" llega a ser determinante en la elección del peluquero. Pero el servicio (corte de cabello) tiene una existencia independientemente de la relación misma, tanto que si en el futuro inventaran un peluquero robot, habría quien los prefiriera en lugar del peluquero persona. Por este motivo, el servicio "corte de cabello" no es propiamente un bien relacional, pero del encuentro entre peluquero y cliente se coproduce y consume otro "bien" junto al servicio "corte de cabello". Ese "algo intangible" que también podemos llamar "clima relacional", y que suele hacer de ese corte de cabello un momento agradable o desagradable, es precisamente el "bien relacional".

La segunda característica distintiva de los bienes relacionales es que el consumo de un sujeto aumenta dependiendo del tiempo que un sujeto dedica a la socialización y con el esfuerzo que otros sujetos manifiestan para socializar. Bien puedo dedicar una parte importante de mi tiempo a actividades socializadoras, pero si nadie "se hace presente" ciertamente no habrá incremento de mi socialización. Se comprende entonces por qué el consumo de bienes relacionales presupone la reciprocidad; y por qué en ello estriba su fragilidad; no son "dominables" por un sólo individuo como los bienes privados a causa de que una relación depende también de la libertad de los demás.

En la amistad, en las relaciones familiares, en la confianza, típicos *asset* relacionales, es precisamente la *relación* la que constituye el bien: éste nace y muere con la relación misma. Es difícil amar, ser amigo o pariente de una computadora, y es imposible ser amigo de alguien de modo unilateral: *la dimensión de la reciprocidad es fundamental*. Además, la *identidad* de la otra persona es esencial: puedo cambiar de peluquero (si la fila es larga) y el bien "corte de cabello" puedo consumirlo en otro lado, pero si cambio mi contraparte aquel bien relacional específico se destruye (un amigo no es igual a otro). Finalmente, mientras en un corte de cabello no es fundamental si la "sonrisa" o la simpatía del peluquero son intencionales y expresiones de sincero interés o más bien instrumentos para conservar al cliente, en los bienes relacionales el "por qué", la motivación que mueve al otro, es un elemento esencial (como recordaba Aristóteles, la amistad que contribuye a la *eudaimonía* jamás podrá ser instrumental). Y Sugden, que en los últimos años ha hecho importantes contribuciones a la teoría económica de las relaciones humanas, señala: "Los bienes relacionales son componentes afectivos de las relaciones sociales valoradas en sí mismas (y no instrumentalmente, como medios para otros fines)" (2004, p. 2).

En fin, mientras en el abastecimiento de un bien privado o público cualquiera proveedor y comprador se relacionan a través del producto —y por esto el comprador no atribuye un valor al servicio en sí mismo sino a su resultado—, en el abastecimiento del bien relacional acción y comunicación deben interactuar. No puede haber relación sin comunicación, o sea, sin la existencia de un fondo compartido en el cual se crea un lenguaje común. Esta connotación del bien relacional ha alcanzado tal preeminencia que hasta la esfera de los bienes privados lo resiente cada vez más. Un ejemplo es el enorme valor de las estrategias de comunicación e intercambio dialógico entre productor y cliente, con las cuales aquél se coloca en la situación del segundo con el propósito de captar su atención.

Considérese el caso, uno de los más relevantes de la actualidad, del bien relacional de la confianza. Como dispositivo que reduce la complejidad, es ya universalmente indicada como factor decisivo para el desarrollo y el progreso de un país. Los dos componentes esenciales de la confianza —el mutuo reconocimiento de la identidad (confianza es la expresión del ego) y el compromiso recíproco de no traicionar las obligaciones asumidas incluso cuando ello implicara costos nulos— no son posibles fuera de un contexto de relación. Por esto la confianza no es posible que se confunda con la reputación —como la ciencia económica oficial lo continúa enseñando. La reputación como bien patrimonial se compra y se vende (piénsese en las marcas de calidad). En cambio la confianza necesita de calidad relacional, es decir, está vinculada a relaciones humanas específicas y es imposible que sea puramente instrumental. Entre los dos "bienes" hay elementos en común, pero también mucha diferencia. Una empresa puede gozar de reputación pero generar poca confianza y viceversa.

Los bienes relacionales son un importante instrumento teórico para explicar las paradojas de la felicidad (Bartolini, 2004). Imaginemos una bonita ciudad en la costa. Para sus habitantes, la natación o la pesca marinas representan una fuente de bienestar y distensión. De improviso llega una empresa que desecha sus residuos en el mar. La renta per cápita de la ciudad aumenta con la creación de nuevos puestos de trabajo, pero también se reduce el tiempo libre para disfrutar del mar, y aquél que lo tiene se lo impide un mar contaminado. Entonces el municipio construye una piscina, y empresas privadas comienzan a ofrecer saunas, baños relajantes y viveros con peces. Por esta vía, el mercado sustituye el bien libre con otro "bien" típicamente económico, habrá nacido el mercado "de los balnearios". Los ciudadanos entonces necesitarán una mayor renta, trabajarán más, las piscinas aumentarán, lo mismo que las fábricas y las obras y la contaminación de las aguas —amén de los efectos destructivos del cambio: quienes no tengan poder adquisitivo (los pobres) no podrán usufructuar el bien que, por otra parte, ya no será gratuito. Pasear, nadar o pescar obligarán el uso del auto o llevarán a pasar el fin de semana fuera de la ciudad.

Comienza así un círculo vicioso, una "trampa de pobreza relacional"; si los ciudadanos tienen la capacidad de comprar bienes sustitutos de los bienes libres, reaccionarán al deterioro de su bien-estar (perder un mar limpio) con mayor consumo de bienes adquiridos en el mercado, obligando así al aumento de su producción y oferta, y provocando una ulterior disminución de los bienes libres (fabricar piscinas requiere energía, y consecuentemente contaminación).

Este razonamiento es válido para los bienes relacionales o *asset*: su valor aumenta con el uso. Su "utilidad marginal" es creciente, a diferencia de los bienes estándar, para los cuales normalmente decrece. En un contexto así, incluso el mercado ofrecerá sustitutos de los bienes relacionales: agencias que ofertan horas de escucha, los chat e Internet ofrecen amigos a bajo costo; la llamada por teléfono o la videollamada cuesta menos —en términos de tiempo y riesgo— que un encuentro cara a cara con un amigo. Los *asset* relacionales como la amistad guardan muchos rasgos en común con las virtudes cívicas: su valor aumenta con el ejercicio, pero el desuso las deprecia. Cuanto menos tiempo se invierta en los amigos, más costará construir una relación de amistad o mantener vivas las existentes y, en consecuencia, será menor el costo de los bienes sustitutos: tal mecanismo es causa de que el "consumo" de bienes relacionales disminuya progresivamente. De este modo, por dar un caso, los amigos "virtuales" de la Internet, bienes sustitutos de menor costo respecto a los bienes (*asset*) relacionales, podrían crecer a costa de los amigos reales, con efectos evidentes en términos de felicidad.

El mecanismo es similar al de los bienes ambientales: la producción de bienes de mercado produce externalidades negativas, "contamina" los bienes relacionales. A esto se agrega que, en igualdad de condiciones, los bienes relacionales cuestan más que los bienes sustitutos porque requieren mayor inversión inicial y más riesgo (puedo invertir tiempo y recursos en una relación que luego se acaba y que se convierte incluso en fuente de infelicidad). Esto determina —como explica Pugno, 2004— un sesgo en favor de los bienes sustitutos de mercado, los que por tal hecho son consumidos en cantidades excesivas (lo mismo pasa cuando los precios son muy bajos).

En 1976 Scitovsky, cuando identifica semejantes círculos viciosos de infelicidad, afirmaba que la única salida es la "cultura", la cual nos da conciencia acerca de los problemas descritos y termina por inducir que atribuyamos más valor a los bienes relacionales, y a actuar en consecuencia. ¿Cómo estar en desacuerdo?

En conclusión, las actuales "paradojas de la felicidad" indican que muchas sociedades están traspasando, o ya lo han hecho, el "punto crítico" más allá del cual explotan, generalmente sin que lo sepamos, las diversas formas de "desplazamiento". Es muy probable que hasta cierto límite los bienes relacionales y los bienes estándar sean complementarios entre sí, pero que más allá de esto se conviertan en bienes sustitutos, que se desplazan entre sí.

Sin embargo, si el mercado y la actividad económica dan lugar en su interior a otras dimensiones más cualitativas e intrínsecas como la gratuidad y la reciprocidad, no podemos temer al mercado y a sus desplazamientos (¡es necesario recordar que lo que desplaza a las transacciones de mercado es el componente instrumental!); al contrario, el mismo puede transformase en *lugar de felicidad*, como lo muestran numerosas investigaciones sobre la mayor satisfacción de los trabajadores en las empresas sociales (cooperativas; asociaciones de promoción social; cooperativas sociales). Uno de los mayores logros de la economía civil consiste en revelar que el mercado se puede convertir en un lugar de encuentro civil y civilizador que dé sitio a la felicidad. Es sintomático, y culturalmente significativo, que desde hace algunos años la "nueva ciencia económica" haya incorporado a su agenda los temas descritos brevemente.

Bibliografía

Akerlof G. y Kanton R. (2000), "Economics and Identity", *The Quarterly Journal of Economics*, 115, 3, pp. 715-753.

Barro R. *et al.* (2003), "The economics of religion", Nber WP, junio.

Bartolini S. (2004), "Una spiegazione della fretta e della infelicità contemporanee", en Bruni L. y Porta P.L. (coords.), *L'economia e i paradossi della felicità*, Guerini y Associati, Milán.

Bruni L. y Zamagni S. (2004), *Economia civile*, il Mulino, Bolonia.

Easterlin R. (2001), "Income and Happiness: Towards a Unified Theory", *The Economic Journal* 111, pp. 465-484.

Easterlin R. (2004), "Per una migliore teoria del benessere soggettivo", en Bruni L. y Porta P.L. (coords.), *L'economia e i paradossi della felicità*, Guerini y Associati, Milán.

Fehr E. y Fischbacher U. (2002), "Why Social Performances Matter. The Impact of Non Selfish Motives on Competition, Cooperation and Incentives", *The Economic Journal*, 112.

Frank R. (2000), *Luxury Fever*, The Free Press, Nueva York.

Glaeser E. (2004), "The Political Economy of Hatred", Harvard Discussion Paper, mayo.

Gui B. (1987), "Le organizzazioni produttive private senza fini di lucro. Un iquadramento concettuale", *Economia pubblica*, 4/5, pp. 183-192.

Hirsch F. (1976), *Social Limits to Growt*, Routledge, Londres (trad. it. *I limiti sociali allo sviluppo*, Bompiani, Milán 2001).

Hume D. (1985), *Trattato dell'umana natura*, Laterza, Bari.

Kahneman D. (2004), "Felicità oggettiva", en Bruni L. y Porta P.L. (coords.), *L'economia e i paradossi della felicità*, Guerini & Associati, Milán.

McFadden D. (1999), "Rationality for Economists", *Journal of Risk and Uncertainty*, 13.

Nussbaum M.C. (1986), *The Fragility of Goodness: Luck and Ethics in Greek Tragedy and Phylosophy*, Cambridge University Press, Cambridge (trad. it. *La fragilità del bene*, il Mulino, Bolonia 2004).

Pareyson L. (1995), *Ontologia della libertà*, Sei, Turín.

Polanyi K. (1957), *La grande trasformazione*, Einaudi, Turín.

Pugno M. (2004), "Il paradosso della felicità: una soluzione basata sui beni relazionali", en Bruni L. y Porta P.L. (coords.), *L'economia e i paradossi della felicità*, Guerini y Associati, Milán.

Sacco P.L. y Zamagni, S. [coords.] (2002), *Complessità relazionale e comportamento economico*, il Mulino, Bolonia.

Sacco P.L. y Zarri L. (2005), "Teoría de juegos del comportamiento y preferencias sociales", en este libro.

Scitovsky T. (1976), *The Joyless Economy: An Inquiry into Human Satisfaction and Consumer Dissatisfaction*, Oxford University Press, Oxford.

Uhlaner C.J. (1989), "Relational Goods and Participation: Incorporating Sociability into a Theory of Rational Action", *Public Choice*, 62, pp. 253-285.

Sugden J. (2004), "Sociality and the Correspondance of Sentiments", en *History of Political Economy*, 45, 2, pp. 145-167.

Zamagni S. (2002), "L'economia delle relazioni umane", en Sacco y Zamagni (2002).

Tercera parte

Cognición y racionalidad económica

9. De la racionalidad limitada a la economía comportamental

Por Massimo Egidi

Elección racional y psicología de la elección: un dualismo sin resolver

Motivadas por el discurso que se dijo durante la entrega del Premio Nóbel 2002 a Daniel Kahneman y Vernon L. Smith, las siguientes consideraciones nos permiten comprender que el impacto de sus investigaciones sobre la teoría económica tiene dimensiones amplias y efectos que llevaría mucho tiempo desarrollar del todo.

Al comienzo de la ceremonia en la Concert Hall de Estocolmo, el profesor Lars-Göran Nilsson explicó la entrega del Premio Nóbel de Economía con estas palabras:

> Sus Majestades, Altezas Reales, Señoras y Señores,
>
> La teoría económica está fundada en el presupuesto según el cual los agentes económicos tienen su correlato en un *Homo oeconomicus*. Este individuo ficticio actúa habitualmente guiado por sus propios intereses, y sus decisiones de naturaleza económica las adopta con base en una evaluación racional de las posibles consecuencias de diversas alternativas, incluso en situaciones complejas cuyo resultado es de difícil previsión. No obstante la naturaleza profundamente teórica de tal presupuesto, dicho enfoque ha sido muy provechoso pues ha permitido ahondar en nuestra comprensión de numerosos fenómenos económicos.
>
> La comprobación empírica de los postulados de la teoría económica confronta las previsiones económicas con aquello que se encuentra en los

mercados y en la economía real. En general, tales "datos sobre campo" sufren la influencia de factores que son difícilmente controlables y cuantificables, por lo que la identificación de las relaciones causales es problemática.

Allí donde los economistas han superado estos obstáculos con ingeniosos métodos estadísticos, muchos estudiosos de las ciencias naturales se han servido de los experimentos efectuados en ambiente controlado para validar sus teorías.

La descripción común y en uso de las ciencias económicas teóricas y empíricas puede tener validez histórica, pero debe ser modificada. Quienes estudian el rol de la psicología en el ámbito económico han demostrado hoy, siempre con creciente certeza, que en algunas situaciones los individuos no se comportan como *Homo oeconomicus*. Y, por su parte, los investigadores de la economía experimental han perfeccionado métodos para efectuar experimentos de laboratorio en ambiente controlado dentro del ámbito económico. Múltiples estudiosos han contribuido de modo importante en este sentido, e incluso algunos premios nóbel anteriores, Maurice Allais y Herbert Simon, introdujeron la perspectiva psicológica en la teoría de decisión; en tanto John Nash y Reinhard Selten realizaron estudios experimentales preliminares. Y dos premios nóbel de este año son figuras destacadas en estos dos campos.

[...]

Profesor Kahneman, sus intuiciones en el ámbito de la psicología cognitiva fueron fundamentales para delinear nuevos resultados teóricos y empíricos en la investigación en curso; las mismas estimulan e inspiran los intentos destinados a formular muchos aspectos de la teoría económica y financiera. Los nuevos puentes que se están consolidando para unir disciplinas diversas pueden ser atribuidos en gran medida a su investigación innovadora sobre el límite entre economía y psicología. Profesor Smith: en el pasado la Economía no era considerada una ciencia experimental. Ya no es así: hoy en día se ejecutan experimentos de rutina en laboratorios especializados en todo el mundo. Consideraciones de tipo ético o dimensional pueden limitar la experimentación económica pero los métodos que Usted desarrolló continúan enriqueciendo nuestro instrumental económico. Ambos sentaron las bases para una profunda renovación de la investigación económica. Es un gran honor para mí expresar, en nombre de la Academia Real de las Ciencias, nuestras más afectuosas felicitaciones. Los invito a pasar para recibir el Premio de manos de su Majestad, el Rey.

Brevemente, pero con claridad, Lars-Göran Nilsson destaca algunos puntos cruciales relacionados con el nacimiento y el desarrollo de la economía del comportamiento. Él mismo nos lleva a comprender en primer lugar, que demostrando la eficacia de la observación y la experimentación directa de los comportamientos económicos individuales e interpretando su significado sobre la base de las capacidades cognitivas de los individuos, los dos estudiosos a quienes se les está otorgando el Premio Nóbel, ponen en entredicho algunos fundamentos tradicionales de la teoría económica. O, mejor aún, *al estilo Lakatos,* cuestionan el "cinturón protector" con el que durante los últimos cincuenta años se había justificado el estatus epistemológico y la metodología de investigación de las ciencias económicas. Conviene recorrer rápidamente las etapas que constituyen esta metodología para entender mejor el significado del nuevo enfoque.

En síntesis, la "vulgata metodológica" popularizada sobre todo por la Escuela de Chicago en la década de 1950 y en auge hasta hace pocos años, se fundaba en un conjunto de principios, a saber: la racionalidad individual, la imposibilidad de observar las preferencias individuales (o incluso la irrelevancia de las mismas), y remitir todo fenómeno económico a las acciones individuales. Con ello se otorgaba a la Economía un estatus por demás particular, y al mismo tiempo, dándose por descontada la imposibilidad de observar las preferencias e incluso muchas de las decisiones a nivel individual, se aceptaba que la validez empírica sólo era posible en el universo de fenómenos agregados.

E igualmente se daba como un hecho que los comportamientos de los sujetos económicos eran preferentemente racionales, excepto una lista limitada de comportamientos "anormales" distribuidos casualmente por lo que, en consecuencia, a nivel agregado se esperaba que surgiera una racionalidad plena. La confianza en la racionalidad individual y colectiva era sostenida por otra acepción complementaria: que los comportamientos racionales surgían de una evolución y prevalecían a causa del poder selectivo de la competencia. Esto significaba que empresas y sujetos que identificaran estrategias más eficaces, es decir, más cercanas a lo óptimo, obtendrían mayores ventajas, mayores beneficios o, eventualmente, conquistarían más cuotas de mercado, imponiendo sus soluciones aun cuando ellas no fueran el resultado de un cálculo racional consciente.

De pronto, todo lo que constituía aquel "cinturón de protección" de la racionalidad de los comportamientos económicos se convertía en una guía para los estudiosos que orientaba y concentraba en un punto el método de investigación.

En lo que sigue veremos que ninguno de los asuntos de la "epistemología de Chicago" resistió el avance de los estudios experimentales y de la evolución de la teoría económica hacia la que hoy llamamos economía del comportamiento. Aunque, cabe agregar, en los años cincuenta nadie sospechaba la fragilidad de dicha posición.

Los éxitos de aquel período en el ámbito de la programación matemática parecían justificar una ilimitada confianza en la posibilidad de explicar cualquier comportamiento económicamente importante por medio de los modelos de optimización. Mas la propia eficacia de los modelos de decisión racional derivó en el crecimiento de la complejidad del cálculo que se requería para ponerlos en acción, lo mismo que en el refinamiento de los algoritmos resolutivos. Surgió entonces el problema señalado arriba: si sería razonable atribuir a los individuos la capacidad de cumplir procesos decisionales extremadamente complejos mediante la utilización de refinados algoritmos que requieren demasiado tiempo de cálculo o si, a cambio, los modelos de comportamiento racional deberían interpretarse solamente en sentido normativo, como técnicas de ayuda para decidir que pueden ser utilizadas por expertos y no por aquellos sujetos comunes que deben tomar decisiones.

Así es como el problema de los límites de la racionalidad individual surgía a partir del éxito de los métodos formales de la programación y la optimización, y de su evidente complejidad. De los estudios acerca de la "planificación racional" de las organizaciones se originaba la crítica a la noción de racionalidad que Herbert Simon realizó en los años cincuenta; y a partir de la crítica a la teoría de la utilidad esperada formulada por von Neumann y Morgenstern (1944) se desarrollan los experimentos pioneros de Allais en 1953.

De este modo nace lentamente una propuesta metodológica alternativa, en que la observación de los comportamientos individuales no se excluía y, por el contrario, se consideraba crucial En dicha tesis los comportamientos son explicados desde un conjunto de capacidades cognitivas de los individuos: el razonamiento, la inducción y el *problem solving* (solución de problemas), nociones que trascendían la teoría del comportamiento racional-optimizador.

Para contextualizar mejor el significado de la economía del comportamiento, conviene retomar las nociones "clásicas" de racionalidad y decisión para examinar sucintamente algunos pasajes de su evolución histórica.

Racionalidad

La noción de racionalidad ha desempeñado un rol central en las disciplinas económicas y sociales desde principios de siglo cuando, principalmente por el trabajo de Pareto y Weber, se originó un programa de investigación que se proponía reconducir todos los fenómenos sociales relevantes a un microfundamento racional. Este programa ha tenido un éxito increíble, y ha permitido la extensión aparentemente ilimitada del principio de racionalidad a los campos más variados de la economía y de las ciencias sociales[1] sin obstáculo alguno, una consecuencia de la dificultad para verificar su validez a través de la observación directa de los comportamientos individuales.

La versión estándar de la teoría de la racionalidad se basa en el siguiente perfil del actuar humano: existe un conjunto de acciones concebibles que cada individuo puede emprender y cada una conduce a ciertas consecuencias. En este marco se acepta de antemano que el individuo está en condiciones de plantearse todas las consecuencias relevantes de sus acciones, y que todo individuo sabrá expresar un orden de preferencias de las posibles consecuencias de sus acciones, por lo tanto se supone que sabe con certeza qué tipo de acciones prefiere. Así es como surge el supuesto de que una elección se toma respetando vínculos y preferencias de modo coherente. La elección es un "cálculo" racional.

Es entonces la idea de *cálculo* la que permite construir la noción de racionalidad. Ahora bien, el cálculo tiene como objeto principal la identificación y el planteamiento de las posibles alternativas y, como segundo, la elección de la alternativa preferida compatible con los vínculos. Por lo tanto, la afirmación de que los individuos (y las organizaciones) poseen las condiciones para desarrollar un cálculo que conduzca a la elección de una línea de acción *idónea* para la consecución de sus fines, se considera como el núcleo del análisis, y es aceptada por todas las escuelas de análisis económico. El problema es planteado por los límites y las variantes con los que tal noción es aceptada.

Es común que las mayores dificultades para obtener predicciones de comportamiento coherentes con este planteamiento aparezcan al examinar la elección en situaciones de incertidumbre o de riesgo. La idea de "reducir" la complejidad y la aleatoriedad inherentes a la decisión en condiciones de riesgo a través de

---

1 A mi parecer, el ejemplo más significativo en este campo es la obra de Gary Becker.

un *cálculo* puede remontarse a Daniel Bernoulli (1738) quien, para resolver la paradoja de San Petersburgo (véase Bernasconi, en este tomo), fue el primero en explicar la decisión de aceptar o no situaciones de azar desde la base de la maximización de la *ganancia esperada*.

Ahora bien, como el cálculo debe ser "guiado" por reglas o sistemas de reglas para que cualquier individuo lo pueda asumir y no se transforme en una operación diferente de sujeto a sujeto, la teoría de la probabilidad se convirtió en el sistema de reglas necesario que proveía a los individuos—independientemente de sus opiniones y grado de inteligencia— de procedimientos idóneos para calcular los resultados de sus decisiones.

La idea de cálculo es, por lo tanto, innata al estatuto de la Economía: analizar los fenómenos económicos significa desarrollar un cálculo por el que, si conociéramos la información con la que cuenta un sujeto y sus preferencias, nos permitiría predecir su comportamiento. En las ciencias naturales dicho cálculo se obtiene utilizando las observaciones, los axiomas y las reglas codificadas de tales ciencias. El "cálculo", en cambio, debe ser un instrumento público —a disposición de cualquiera y, en especial, del estudioso— que permita la realización y la réplica de experimentos con la previsión de sus resultados (es el paso esencial para escapar de la subjetividad y establecer un lenguaje y creencias compartidas): naturalmente esto es sólo una parte del procedimiento, aquella que representa un conocimiento consolidado y en la que se actúa por *deducción* a partir de un sistema de conocimientos codificados o inclusive axiomatizados. La parte más relevante, la de la *inducción*, la cual conduce al descubrimiento científico, no es considerada en la noción de cálculo racional. El cálculo sucede dentro de una construcción analítica formal, es la parte del método científico que permite hacer frente a fenómenos ya pertenecientes al dominio de la ciencia, de reproducirlos, explicarlos y hacer previsiones.

Por lo tanto, desde este enfoque, el cálculo es algo del todo separado de la actividad mental individual, es más, prescinde de los procesos mentales de los individuos. Se arriba así a una visión del rol de la economía y de la racionalidad con fuerte carácter normativo que ha sido compartida por la gran mayoría de los economistas por casi un siglo; una visión que encontramos completa y sistematizada por primera vez en el célebre *Ensayo sobre la naturaleza y el significado de la ciencia económica* (1932) de Lionel Robbins.

En su exposición, Robbins establece algunos puntos fijos acerca del estatuto de la economía y el rol de la teoría de la utilidad luego de décadas de debate crítico —por lo general muy elevado— entre economistas de diferentes escuelas; y codifica una visión "post-austriaca" del estatuto de la ciencia económica donde economía y psicología se consideran disciplinas autónomas con estatutos también independientes. Como señala Schumpeter en *Historia del análisis económico* (1954 [1968]), la separación entre economía y psicología sólo se confirma después de un largo y duro debate que perduró por décadas: "En principio la utilidad, ya sea total o marginal, fue considerada una realidad psíquica, una sensación que resultaba evidente a partir de la introspección, independiente de cualquier observación externa [...] y una grandeza directamente mensurable. Yo creo que ésta era la opinión de Menger y de Böhm-Bawerk" (p. 597).

El contraste entre las escuelas francesa y austriaca fue el motor de una extensa evolución de la noción de utilidad que concluyó en la versión codificada por Robbins, Hicks y Allen. Desde el principio parecía poco factible asumir la existencia de una función de utilidad que "midiera" el mayor o menor bienestar consecuencia de una elección pero, ya Pareto, y luego Edgeworth, habían mostrado que no se necesitaba recurrir a la función de utilidad y que bastaba la noción de preferencia; la estrategia analítica que se impuso fue, justamente, la de establecer algunas propiedades simples de las preferencias: la totalidad, la transitividad, la continuidad y la independencia. A partir de éstas es que se construye un modelo axiomático de la elección. Lentamente luego se demostró que se podía recurrir a una función de utilidad que debería usarse en modo perfectamente equivalente al modelo axiomático. Todavía en los años cincuenta perduraba una serie increíble de confusiones y disputas sobre el tema, tal como lo testimonia Schumpeter en su *Historia del análisis económico* (Schumpeter, 1968, pp. 602-605).

Robbins, después de haber dado una (célebre) definición de la Economía y su dominio: "La Economía es la ciencia que estudia el comportamiento humano como una relación entre fines dados y medios escasos que tienen usos alternativos" asegura, como segundo punto característico, que la teoría económica es una ciencia deductiva y, en consecuencia, por su medio es posible deducir el comportamiento de los hombres asumiendo que se conocen las finalidades y los medios a disposición.

Con la aportación de Robbins se afirmaba netamente que la Economía no se debía preocupar por integrar en ella elementos de la *psicología de la elección*, pero que era esencial que identificara la elección como el resultado lógico y "coherente" de un razonamiento fundado sobre presupuestos en parte *privados* y desconocidos por otros, además del sujeto: las preferencias; y en parte públicos, o por lo menos conocidos: los medios.

Como es sabido, la visión de la racionalidad como cálculo se acompaña de una visión de la racionalidad como "optimización". La premisa que interpreta la racionalidad como maximización vinculada es tan simple que del común se acepta tácitamente. En efecto, se asume que cada sujeto sabe dar un orden a sus diferentes estrategias posibles y que entonces identifica la mejor. Este concentrarse en la optimización provoca que se descuide otro aspecto: la construcción de las estrategias. Sin embargo, como veremos, este punto es el que principalmente destaca la "economía del comportamiento".[2]

Las violaciones de la teoría de la utilidad esperada y de la racionalidad

Como ya habíamos mencionado, los años cincuenta atestiguan la mejor formulación de la teoría de la utilidad y de la decisión con la publicación, en 1944, del célebre libro *Theory of Games and Economic Behavior* de von Neumann y Morgenstern, el desarrollo de la teoría de la programación lineal (Dantzig, 1949) y, luego, de la programación dinámica (Bellman, 1957); al mismo tiempo asistimos al nacimiento de los primeros trabajos críticos importantes que ponían de manifiesto los límites del modelo neoclásico y abrían así nuevas perspectivas sobre los procesos de decisión.

La publicación del libro de von Neumann y Morgenstern, además del nacimiento de la teoría de juegos de estrategia, marca el inicio de una serie de experimentos y pruebas sobre la hipótesis de la utilidad esperada, un concepto que por primera vez era claramente enunciado y formulado en un libro, después de la original definición de Bernoulli dos siglos antes.

La utilidad esperada se define como la función de utilidad aplicada al caso de eventos inciertos; goza de una propiedad particular que podemos simplificar del siguiente modo: ante dos diferentes alternativas inciertas, x y w, que pueden suceder con probabilidad p y $1 - p$, un sujeto comparará la utilidad de ambas "pesándolas" en relación a las respectivas probabilidades: entonces la utilidad esperada será $U = p\ U(x) + (1-p)\ U(w)$.[3] Aunque en apariencia inocuo, aceptar que en condiciones de incertidumbre los indi-

2 Sin entrar ulteriormente en el argumento de la optimización, indicamos al lector que, igualmente, existen varias argumentaciones para considerar a racionalidad y optimización como dos distintos aspectos de la decisión racional que pueden no coincidir (Mongin, 2000).

3 Obviamente, las alternativas pueden ser cualquier número finito mayor o igual a 2.

viduos deciden sobre la base de la utilidad esperada propicia ulteriores restricciones respecto a aquellas relativas a la función de utilidad en condiciones determinantes, tal como lo nota Allais (1979, pp. 80-81),[4] (véase también Camerer, 1995, pp. 618-620).

En torno a la noción de utilidad esperada se desarrolló una discusión que ha durado más de una década y que está repleta de numerosas controversias alimentadas por la confusión metodológica que generó la epistemología de la Escuela de Chicago. En el trabajo de Friedman y Savage de 1952, se trata de construir una curva de la utilidad esperada que represente razonablemente el comportamiento observable a *nivel agregado*. El método es el que impone apropiados vínculos a la función de utilidad esperada sobre la base de características relativas al comportamiento de vastos agregados de individuos: por ejemplo, la observación de un gran número de ciudadanos con una renta media-baja que arriesga pequeñas cifras en las loterías y en los juegos de azar implica tendencia al riesgo pero, al mismo tiempo, que los mismos ciudadanos suelan adquirir un seguro implica aversión al riesgo: para ser compatible con estas dos características "generales" la curva de la utilidad esperada debe tener una forma de "S" para valores medio-bajos de renta. (Véase más adelante el *Apéndice*).

Friedman construyó una forma general de la curva sin verificar las características en una población efectiva. Es más, no se consideraron los datos sobre seguros y ni siquiera los datos sobre la renta de los jugadores de azar. Es decir, con este enfoque se descuidó todo intento por verificar *directamente* la validez de la hipótesis de utilidad esperada y, por el contrario, se sostuvo que era equívoco e inútil moverse en tal dirección, ya que las aceptaciones a nivel individual pueden ser del todo irreales (Friedman, 1996, p. 105). En relación con la noción de utilidad de aquel período, el artículo de Friedman y Savage constituía un notable avance. Sin embargo, éste escondía un enfoque general que metodológica y epistemológicamente era insostenible, pero que desafortunadamente tuvo éxito y por mucho tiempo constituyó un indiscutible dogma para gran parte de los economistas.

En un extremo absolutamente contrario, en el mismo año de publicación del trabajo de Friedman y Savage, Maurice Allais desarrollaba experimentos sobre preferencias individuales que constituyeron una prueba experimental sobre la falacia de las predicciones de la teoría de la utilidad esperada.

---

4 Véase el *Apéndice* para una descripción completa de la noción de utilidad esperada.

En 1952, durante un simposio en París, Allais presentó dos trabajos que criticaban el poder descriptivo y de predicción de la teoría de decisión de la "escuela americana" y, en particular, las posiciones de Friedman (Allais, 1953). Para ello recurría a algunos experimentos donde los sujetos, sometidos a elecciones alternativas en condiciones de riesgo, violaban sistemáticamente las afirmaciones de la teoría de la utilidad esperada.

La metodología de investigación de Allais revertía las tesis de la Escuela de Chicago, ya que se basaba en la observación de los comportamientos individuales e introducía un método ingenioso de experimentación, que superaba la dificultad implícita en la observación *directa* de las preferencias individuales a través del control cruzado de elecciones alternativas.

Los experimentos de Allais se sostenían en dos puntos clave: en primer lugar en la identificación de las propiedades de la elección que caracterizan la función de utilidad esperada que eran definidas axiomáticamente: la totalidad, la transitividad, la continuidad y la independencia. En segundo, se someten a los sujetos pares de elecciones binarias construidas de modo que algunas de las posibles respuestas alternativas conllevaran la violación de por lo menos uno de los axiomas. Eso era justamente lo que sucedía en los experimentos de Allais, la respuesta de gran parte de los sujetos violaba el axioma de independencia.[5]

Estas violaciones podían ser interpretadas como una señal de inconsistencia en el sistema de preferencias de los individuos, aunque también se podía suponer que eso no era sistemático; tal vez por este motivo la primera reacción a los resultados de los experimentos fue muy tibia: muchos pensaron que el ejemplo de Allais podía ser un caso extremo, no sistemático, dada la entidad particularmente alta de las sumas en juego; fue sólo más tarde que, repetidos los experimentos de Allais con cifras modestas efectivamente regaladas a los jugadores, se observó que el fenómeno surgía de nuevo, por lo que se aceptó que debía ser sistemático.

La violación experimental de un axioma de la teoría de la utilidad esperada, hacía sospechar que se debía a las características apremiantes impuestas a la definición de la función de utilidad esperada. Es más, la reacción a los experimentos de Allais consistió en sugerir versiones más sofisticadas de la teoría de la utilidad en condiciones de incertidumbre, con la modificación o atenuación de algunos axiomas o generalizando sus características.

---

5 El experimento se examina en el *Apéndice*. El análisis más claro del experimento de Allais y sus consecuencias, fundado sobre el uso del triángulo de Marshack–Machina puede leerse en Hey (1991). Para una historia detallada de la literatura posterior, véase Camerer en Kagel y Roth (1995).

Como veremos, este camino *no* será fructífero, al contrario, llevará el problema a un ámbito específico muy restringido, limitando su impacto. En todo caso, en el mundo científico, sea en el área de la teoría de la probabilidad o en el mundo de la teoría económica de la elección, el alcance de las obras de Allais no se valoró apropiadamente; Arrow lo justificaba señalando que si los trabajos allaisianos hubieran sido publicados en las revistas estadounidenses más importantes, los desarrollos sucesivos se habrían anticipado treinta años. Pero no fue así.

Por la misma época, desde otro ángulo y en otro contexto, el modelo de decisión racional estaba próximo a ser discutido seriamente. El contexto era el estudio del comportamiento administrativo y de gestión, un concepto que hasta entonces había escapado al análisis de racionalidad, a pesar de que la búsqueda sobre planificación racional dentro de las organizaciones estuviera altamente desarrollada. Los resultados alcanzados por los métodos de optimización evidenciarían dos aspectos críticos: por una parte la extrema sofisticación de muchos modelos de optimización harían del todo indeseable que los mismos fueran utilizados comúnmente en las organizaciones; por otra, se comenzaba a entender cómo la cantidad de cálculo necesaria para llegar a la solución óptima podía ser en ciertos casos insuperablemente elevada. Si además, con la ayuda de computadoras se encontraban muchos casos límites insuperables de tiempo en la ejecución de los algoritmos, ¿qué decir de las "computadoras humanas", esto es, de los agentes económicos que normalmente carecen de sofisticados medios de cálculo?

Todo lo anterior nos lleva hasta el problema de la racionalidad dentro de las organizaciones, del comportamiento administrativo y de la gestión. Es en este escenario, y a partir de las observaciones empíricas sobre el funcionamiento de las organizaciones, que serán claros los límites de la capacidad individual para desarrollar un cálculo racional; de hecho, la teoría de la racionalidad limitada se inicia cuando, hacia la primera mitad de la década de 1950 y en la Carnegie Mellon, colaboran Herbert Simon, Dick Cyert, Jim March y Harold Guetzkow en un programa de investigación que afrontaba cuestiones reales de organizaciones económicas, y cuando el aparato conceptual disponible era inadecuado para tal fin.

La investigación que propició el trabajo del grupo proponía el estudio de los métodos de control y de los procesos de decisión en las empresas, y se desarrolló ampliamente en las mismas con el estudio sobre el campo del comportamiento del manager y los empleados. El radical replanteamiento de las nociones de racionalidad y de organización que escinde la visión simoniana de la tradición neoclásica tuvo su origen en la extraordinaria interacción de ese grupo. En *Modelos para mi vida* Simon recuerda que el grupo modificó lentamente el lenguaje de la discusión y que el introducir progresivamente algunas "desviaciones semánticas" fue determinante para el surgimiento de nuevos giros sobre los temas en discusión: de este modo, las nociones de racionalidad acotada, satisfacción y solución de problemas fueron esbozadas en un contexto de análisis fuertemente interdisciplinario.

Los límites de la teoría de la elección que estaban a disposición del grupo en aquella época eran evidentes: el análisis weberiano del actuar racional y de la burocracia que, filtrado por los modelos económicos de decisión racional, tenía gran éxito pero se mostraba incapaz de explicar los comportamientos de los managers, ocupados en la resolución de problemas e innovación de situaciones en continuo cambio. Como hemos visto, el enfoque tradicional se concentra en la decisión como elección, y considera como dato secundario la construcción del *contexto de la decisión* y el descubrimiento de las estrategias alternativas.

Este cambio de atención, en parte se debió a la teoría del consumo, pues en ésta las alternativas de consumo se consideran normalmente dadas y plenamente conocidas por los sujetos, por lo que el único asunto relevante sería elegir el plan de consumo que maximiza la utilidad (esperada) teniendo en cuenta los vínculos de balance. Pero las cosas son diferentes cuando el mismo esquema se aplica a la producción y la organización. En este caso, las decisiones se toman en un ambiente donde es extremadamente difícil e incluso imposible evaluar todas las alternativas disponibles con sus consecuencias. La exploración de tal mundo permitirá entender que la decisión es el acto final de un complejo proceso *que la precede*, y que por él se acepta la información relevante y se estructura el conocimiento apropiado. Con la introducción de la noción de racionalidad limitada, Simon capta ambas propiedades del proceso de decisión en el ámbito de la gestión.

Simon afirmará que el verdadero vínculo con una decisión racional consiste en la *construcción del contexto de la decisión*. Y para ello se requiere investigar la información relevante y construir un "modelo mental" que plantee el contexto de decisión lo mejor posible. Sin embargo, es en la dificultad de generar un contexto de decisión completo y en organizar un *planteamiento mental* apropiado, donde surgen los límites de la racionalidad.

El juego del ajedrez, aun con su fertilidad para el análisis de la construcción de estrategias, atraía al estudioso sólo en las estrategias vencedoras como *cálculo*. Ahora bien, para comprender cómo se gesta un planteamiento mental de la respuesta decisional, Simon trasciende la noción tradicional de cálculo cuando incorpora la idea de "manipulación simbólica" para luego afrontar directamente los procesos cognitivos: descubrir los secretos del conocimiento humano constituía para Simon el camino básico para erigir sistemas de inteligencia artificial. La reproducción experimental de este cálculo y la elaboración de programas que permitieran realizarlo, abre las puertas a la "inteligencia artificial" y, con ello, Simon impulsó el análisis *empírico* de los procesos cognitivos. El punto de partida es el análisis del juego de ajedrez —muy estudiado por Simon tanto en la teoría como en la experimentación con jugadores—, en especial porque provee un ejemplo de alta complejidad en la construcción de estrategias relevantes. La experimentación realizada con la técnica del *protocol analysis*, que incluye el registro de las ideas expresadas verbalmente por los jugadores en el curso del juego, muestra desde otro referente las violaciones sistemáticas de la elección racional; naturalmente, aquí se trata de elección intertemporal por la cual los jugadores elaboran y reelaboran su estrategia.

Del mismo modo, en el campo de la racionalidad limitada aparece como inevitable el método fundado en la observación empírica y directa de los fenómenos psicológicos a nivel individual: inducción, razonamiento y la solución de problemas son algunas de las piezas del complejo *puzzle* de la inteligencia humana, la que así se convierte en la verdadera protagonista desde la cual se explican los fenómenos económicos y organizativos.

Los años ochenta: la revisión del paradigma

Hemos visto que las ideas de Simon sobre la racionalidad limitada provocaron que, en el análisis de las decisiones humanas la atención se desplazara de la *decisión* a la *representación de las alternativas*, abriendo así camino a una amplia y variada serie de estudios empíricos sobre la construcción del planteamiento mental, al tiempo que, en otro contexto, surge la verificación empírica de la racionalidad individual iniciada por Allais.

También ya se ha dicho (Hey, 1991, p. 50) que la salida natural del *impasse* descubierto por las paradojas de Allais, era considerar las hipótesis de la teoría de la utilidad esperada como demasiado restrictivas y, consecuentemente, proceder a la creación de una nueva teoría de la utilidad esperada que se fundara en axiomas levemente diferentes o menos restrictivos. A lo largo de este proceso se desarrollaron numerosas propuestas, sobre todo desde mediados de los años setenta en adelante, citamos algunas. La *Weighted Utility Theory* de Chew y Mac Crimmon (1979) que era una especie de forma debilitada del axioma de independencia; la teoría del arrepentimiento *(Regret Theory)* de Loomes y Sugden (1982); y la teoría de la desilusión *(Disappointment Theory)* sugerida por Gul (1991).

Del todo distinto fue el trabajo de Kahnemann y Tversky, que difiere crucialmente de los enfoques precedentes y que ya no se limita a modificar un axioma sino que reestructura el problema al referirse a los procesos mentales involucrados. Se trata de una vía que se inserta coherentemente dentro del *frame* analítico de la racionalidad acotada y que sigue el mismo espíritu de Simon, tal como lo reconocieron estos dos autores.

En *Rational Choice and The Framing of Decisions* (1987), Tversky y Kahnemann analizan el proceso de elección en condiciones inciertas como algo que se distingue por dos aspectos: la estructuración de los eventos, es decir, su planteamiento mental; y la fase de evaluación.

Para entender la importancia de esta distinción, conviene recordar una de las muchas anomalías observadas y derivadas de los experimentos de Allais: el mismo individuo muestra una actitud diferente ante el riesgo según sea el contexto de elección. El *frame*, esto es, el marco en el cual el individuo coloca la elección, en igualdad de condiciones, determina un comportamiento diferente.

Para convencerse, es suficiente examinar la siguiente propuesta de elección:

Problema 1

- Si hoy tuvieras 300 dólares. Debes elegir entre:
  - A: una ganancia segura de 100 dólares,
  - B: 50% de posibilidad de ganar 200 dólares y 50% de no ganar nada.

Problema 2

- Si hoy tuvieras 500 dólares. Debes elegir entre:
  - C: una pérdida segura de 100 dólares,
  - D: 50% de probabilidad de no perder nada y 50% de perder 200 dólares.

Quien responda a los dos problemas efectuará probablemente una elección adversa al riesgo en el problema 1, es decir, se decidirá por la ganancia segura (elección A), tal como sucede experimentalmente con la gran mayoría; y es posible que también tome la elección favorable al riesgo, es decir, la elección D, en el problema 2.

Cabe anotar que la mayoría que elija A y D viola la teoría de la utilidad esperada (el axioma de independencia de la teoría), tal como en los experimentos de Allais.

Se demuestra entonces que los dos problemas, en términos de utilidad esperada, *son el mismo problema*; de hecho consideramos la riqueza a disposición del sujeto, *después* que la elección fue efectuada.

Problema 1

- Caso A: 400 con prob = 1
- Caso B: 300 con prob = 0,5 o 500 con prob = 0,5.

Problema 2

- Caso C: 400 con prob = 1
- Caso D: 300 con prob = 0,5 o 500 con prob = 0,5.

Tversky y Kahnemann afirmaban que "el camino de las preferencias observadas en los dos problemas son de particular interés porque violan tanto la teoría de la utilidad esperada como todos los modelos de elección basados sobre otras teorías normativas". En particular, estos datos invalidan los modelos de "Arrepentimiento" propuestos por Bell (1982) y Loomes y Sugden (1982), y que habían sido axiomatizados por Fishburn (1982, p. 410).

Se confirma así que las teorías axiomáticas que buscan explicar las violaciones a la teoría de la utilidad esperada con la introducción de nuevos axiomas o debilitando los particularmente conocidos, no son capaces de lograr confirmaciones a través de todo el espectro experimental hasta hoy desarrollado (véase sobre todo a Hey).

Al contrario, numerosos experimentos confirmaron el *framing effect* mencionado, en el cual, frente a una misma decisión riesgosa, los sujetos se comportan favorables al riesgo si decodifican la decisión en términos de pérdida, o de favorable al riesgo si la decodifican en un contexto de ganancia. El trabajo de Kahnemann y Tversky presentaba entonces las mejores respuestas experimentales y de mayores potencialidades analíticas.

Estos autores sugirieron que para comprender la decisión se necesitaba un análisis más profundo de los procesos cognitivos que están en la base de la decisión: es decir, que era imprescindible entender cómo los individuos se plantean los problemas, y cómo se desarrolla el complejo proceso de *editing* y de construcción de modelos mentales por cuyo medio los individuos toman una decisión.

La sugerencia se relacionaba estrechamente con el enfoque dado por Simon al problema de la decisión. La decisión, como ya hemos dicho, es para Simon el acto final de un proceso de solución de problemas: es el verdadero centro de la actividad del individuo que enfrenta una decisión a través del "cálculo racional". Este "cálculo" se realiza en un contexto de fuertes restricciones debido a los límites cognitivos de los individuos (racionalidad acotada); estas restricciones pueden generar sesgos sistemáticos, desviaciones sistemáticas de los resultados que obtendría un sujeto "hiperracional", un calculador de potencia ilimitada.

Así queda al descubierto la inconsistencia del último fundamento de la hipótesis de Friedman: los errores y las violaciones de la racionalidad son sistemáticos y no variaciones casuales que suceden alrededor de predicciones del modelo de elección fundado en la teoría de la utilidad esperada. De hecho, abundantes experimentos (Camerer, 1995) han mostrado que sólo una mínima parte de los sujetos corrige su comportamiento luego de haber visto las sesgos relacionados con sus elecciones. De este modo, con el debilitamiento de la tradición friedmaniana, se recupera el papel central de las características cognitivas de los procesos de decisión. Esta alternativa significa relacionar intrincadamente psicología y economía: una tarea ardua y relevante que cuestiona uno de los estatutos fundamentales del edificio neoclásico de la teoría económica, la idea de Lionel Robbins acerca de que la Economía es una ciencia normativa que se funda en la lógica de los medios y de los fines.

La justificación evolutivo-adaptadora de la racionalidad

Queda por examinar un último e interesante pilar de la vulgata de Chicago sobre el método en las ciencias económicas: el que, siendo poco plausible que los sujetos económicos desarrollen un cálculo complejo para la maximización de la ganancia o para la maximización de la utilidad esperada, es posible explicar sus comportamientos sin atribuirles el desarrollo de cálculos complejos.

Este problema consta de dos aspectos; el primero: afirmar que racionalidad equivale a optimización; y el segundo que, en presencia de situaciones de gran complejidad, donde la optimización resulta imposible, los individuos identifican los procedimientos idóneos a través de la adaptación y la selección.

Friedman sostiene que los individuos, aunque no posean los instrumentos formales adecuados para el cálculo de lo óptimo, se comportan *como si* (*as if*) los tuvieran; algo semejante al jugador de billar, quien hace que las bochas cumplan complicadas trayectorias sin conocer las leyes de la mecánica racional (Friedman y Savage, 1996, p. 432). Como ya dijimos, la hipótesis *as if* afirmaba también que las preferencias de los individuos no eran observables y, aún más, que eran irrelevantes para probar la bondad de una teoría económica (Friedman, 1996, cap. 1).

La interpretación "evolucionista" de Alchian impulsó ulteriormente esta visión. De hecho, enfocándonos al terreno de las empresas y de la maximización de la ganancia, la idea de Alchian es que el proceso selectivo conexo a la competencia hace surgir evolutiva y adaptativamente comportamientos óptimos, incluso si éstos no son el efecto de un cálculo del todo representado y realizado.

Como he sostenido en otras oportunidades (Egidi, 1992), la idea del *as if* contiene un núcleo metodológicamente relevante en cuanto que plantea un problema central en las ciencias sociales: la relación entre acciones intencionales y no intencionales (véase a Viale en este libro). Sin embargo la misma idea, aunada a los dos corolarios ahora mencionados, constituyó por un largo período un cómodo pretexto para evitar problemas espinosos en la teoría de la decisión. Incluso más, dirigió a la comunidad científica hacia técnicas de verificación empírica que operaban sólo a nivel de agregados económicos favoreciendo la escisión con la psicología y sus técnicas de investigación experimental que perduró hasta los años setenta.

El dilema *as if* se puede reinterpretar como el problema para explicar cómo es posible que los individuos se comporten como si fueran altamente racionales siendo limitadamente racionales. La solución de Friedman y Alchian sugiere que los individuos alcanzaron los comportamientos racionales a través de un proceso de *adaptación evolutiva* que no requiere pleno conocimiento y conciencia de sus comportamientos. Naturalmente, en tal caso se necesita demostrar que en un proceso evolutivo los comportamientos no apropiados se excluyen selectivamente y que existe la posibilidad de que surjan sólo los comportamientos racionales.

En la literatura reciente este asunto ya tiene respuesta. Nelson y Winter afirman que el proceso de selección no conduce obligadamente a la identificación del mejor comportamiento por lo que no siempre se alcanza el óptimo global (Nelson y Winter, 1982; Winter, 1975). En consecuencia, un sistema

—individuo u organización— puede permanecer "atrapado" en configuraciones muy por debajo de lo óptimo en relación al mecanismo aprendizaje-adaptación utilizado (véanse los ensayos de Dosi y de Malerba en este libro).

Un modelo que describe los procesos de adaptación a sistemas complejos sujetos a una evolución y que destaca, al mismo tiempo, sus principales propiedades, es el Nk de Stuart Kauffman. Dicho autor desarrolla su análisis en el campo biológico, pero las propiedades del sistema complejo del que se ocupa admiten una interesante analogía con la evolución de las organizaciones, una clara respuesta a las hipótesis de Alchian.

En su enfoque original, Kauffman analiza las propiedades evolutivas de un microorganismo en su papel de sistema elemental que se define por una secuencia de genes o "rasgos característicos" que pueden asumir diferentes valores (los alelos). En este microorganismo, una mutación equivale al cambio del valor de uno de estos genes de un alelo a otro, y el efecto de cada mutación es el cambio del *fitness* del organismo, esto es, de su capacidad para tener éxito (reproduciéndose e incrementando sus posibilidades de supervivencia) en el ambiente.

Un elemento crucial para comprender cómo se produce la evolución de un organismo semejante a través de sucesivas mutaciones es el grado de interdependencia entre las mutaciones que contribuyen al *fitness*: se va de un extremo donde cada mutación contribuye al mejoramiento (empeoramiento) del *fitness* independientemente de todas las demás, al extremo opuesto, donde todas las mutaciones influyen conjuntamente sobre las variaciones del *fitness*.

Es intuitivo comprender que, si cada mutación actúa sobre el *fitness* independientemente de las otras, entonces dicho *fitness* se puede incrementar progresivamente hasta alcanzar el punto máximo absoluto para mutaciones sucesivas introducidas por prueba y error; en este caso, el *fitness* tiene sólo un máximo absoluto, alcanzable para sucesivas mutaciones y, por ende, el organismo puede alcanzar su máximo *fitness* a través de una progresiva adaptación al ambiente. En sentido opuesto, Kauffman muestra que al crecer la interdependencia (epistaxis) por la que las mutaciones influencian el *fitness*, crece el número de óptimos locales y el *fitness* muestra entonces un movimiento *rugged* (irregular). En consecuencia, si los rasgos (genes) son modificados con un proceso de "prueba y error" que realiza cada mutación, el sistema (el organismo) puede permanecer atrapado en un óptimo local.

Si bien la analogía entre el contexto biológico y el económico no es por completo convincente para permitir una traducción completa de las propiedades del modelo al universo de las organizaciones económicas, el modelo Nk captura propiedades bastante generales de los sistemas complejos y tiene el mérito de mostrar que existen casos bien identificados en los cuales estos sistemas sí evolucionan mediante pequeñas mutaciones progresivas y pueden permanecer atrapados en un estado subóptimo.

Se confirma entonces lo inicialmente sostenido por Nelson y Winter y, más en general, la idea de que los sistemas complejos fuertemente interdependientes pueden caer en trampas de las que no es posible salir a través de simples procesos de adaptación. El asunto de Alchian en defensa de la escuela de Chicago *no* se revela válido en un contexto suficientemente general.

De este modo cae el último fundamento de la visión friedmaniana. Entre las dos corrientes de pensamiento —la austriaca que ya en los años veinte atribuía a los procesos cognitivos y cognoscitivos importancia crucial para entender la economía, y la normativo-deductiva representada por Robbins—, que con éxitos alternados permanecen vivas, lenta y progresivamente resurge la primera en detrimento de la segunda, proponiendo un nuevo desafío acerca del estatuto de la Economía.

El núcleo analítico que aclara la posición alternativa y que tuvo un impulso fundamental a partir de la obra de Simon, propone un camino diferente para mostrar cómo es posible que los individuos se comporten de maneras altamente racionales aun siendo limitadamente racionales.

Es un camino clásico, herencia de la escuela austriaca y en particular del pensamiento de von Hayek: asumir que la interacción decisional entre sujetos que operan en un ambiente complejo es mediada por las instituciones —como el mercado— cuyo rol consiste en *reducir la complejidad de la decisión individual*. En esta visión, los límites del comportamiento racional individual pueden ser superados con el funcionamiento de las instituciones que reducen y, en ciertos casos, anulan la necesidad de desarrollar complejos cálculos y construir otras tantas complejas representaciones por parte de cada individuo.

Racionalidad e instituciones

Llevar de nuevo el interés a los aspectos psicológicos y cognitivos de la decisión, lo mismo que considerarlos cruciales para la comprensión y la previsión de los comportamientos humanos, va de la mano con una revaloración del rol de la racionalidad en las instituciones. Simon desarrolla la primera parte de su trabajo con base en un profundo análisis del rol y de los límites del comportamiento racional dentro de las grandes organizaciones económicas, de las *business corporations* a las administraciones públicas. Veinte años antes, von Hayek había afrontado el problema de la relación entre racionalidad individual y rol del mercado, incorporando el tema al problema más general del rol del *conocimiento* en la sociedad con lo que, además, enfrentaba el tema de la naturaleza de las instituciones económicas. También en el caso de la relación mercado-racionalidad, se podría recorrer dos visiones alternativas: la hayekiana, cuyo espíritu refloreció en los análisis experimentales sobre mercados; y la walrasiana, que culminó en la teoría de las expectativas racionales.

El análisis del rol de los mercados de von Hayek comenzó como una crítica del modelo walrasiano. Walras había descrito el equilibrio económico general asumiendo como determinadas las preferencias de los consumidores y las tecnologías de los productores —es decir, los elementos con que se forman racionalmente los planos de adquisición y venta de bienes. En el *Presidential Address* del 10 de noviembre de 1936 en el *London Economic Club*, von Hayek pone en duda este aspecto del modelo, observando que tecnologías y preferencias son datos del problema que la mayor parte de los agentes económicos desconoce. Se trata de informaciones y conocimientos de idiosincrasia, específicos y personales cuya adquisición necesitaría de todos los agentes capacidades ilimitadas de memoria y de cálculo. Aunque parezca absurdo, si todos los agentes conocieran las preferencias ajenas y las tecnologías a disposición de los demás, y tuvieran una ilimitada capacidad de cálculo y de memorización, calcularían con precisión las demandas y ofertas de los bienes de la totalidad de otros agentes: sólo en tal caso extremo podríamos decir que el sujeto decide de modo plenamente racional. Pero eso no sucede, ya que la difusión del conocimiento no es homogénea y simétrica entre los individuos, además de que se dispersa en el tejido social, y las capacidades racionales y cognoscitivas de los individuos son limitadas. Por esto el carácter limitado de la racionalidad humana es considerado por von Hayek como un principio del racionamiento total que explica la existencia de las instituciones económicas.

Ahora bien, porque los individuos no disponen de todo el conocimiento y la información relevante necesarios para decidir racionalmente, existen las instituciones económicas. Según von Hayek, los conocimientos se acumulan y transmiten con eficacia a través de los mercados, por lo que éstos desarrollan una tarea que no está en la capacidad de los individuos. Por lo tanto, los mercados son instituciones primordiales: sintetizan el conocimiento y la información que ponen a disposición de todos reduciendo así la incertidumbre del obrar humano y se amplía su radio de acción. El rol del mercado consiste en procurar a los particulares la información y el conocimiento para que realicen sus planes coordinadamente. Por eso no es sólo real sino lógicamente forzoso asumir que *no* hay actor capaz de poseer el cuadro completo y exacto de toda la información y el conocimiento relevante, pues ello anularía la existencia misma del mercado. Una reafirmación clara de este punto, en el contexto de una crítica a la teoría de las expectativas racionales, se encuentra en varios trabajos de Arrow (en especial véase Arrow, 1978).

Ya hemos observado que, como en el caso de la racionalidad, las instituciones económicas también ofrecen dos visiones contrastantes: la de tipo walrasiano, que asume que toda información y conocimiento relevantes los posee todo sujeto que actúa en la economía; y la hayekiana, la cual sostiene que instituciones económicas y mercados existen porque los sujetos no poseen toda la información y el conocimiento necesarios. En mi opinión, lo importante de la visión hayekiana hoy lo filtra el análisis de las asimetrías informativas y las teorías de la agencia y la selección adversa, al tiempo que todos los análisis admiten carencias informativas y cognoscitivas que muestran los efectos que éstas tienen en el surgimiento de las instituciones y en las dinámicas relacionadas con ellas.

Gran parte del trabajo experimental de los últimos años sobre mercados artificiales y que impulsa Vernon Smith, se puede interpretar en este sentido. Sus experimentaciones muestran la fuerte sensibilidad de las características dinámicas de los mercados (incluyendo la posibilidad del equilibrio competitivo), en relación a la estructura de la información, los incentivos y los conocimientos de los sujetos económicos.

La experimentación acerca de las dinámicas de los mercados se remonta a Chamberlin, el conocido autor de la teoría de la competencia monopolística. En sus lecciones de los años cuarenta en Harvard, solía simular el funcionamiento del mercado haciendo "jugar" a sus estudiantes. Los jóvenes intercambiaban bienes ficticios como en un mercado, escribiendo en papel sus ofertas o demandas. Chamberlin quería verificar una predicción de su teoría: en un mercado sin recontratación y con agentes sin información compartida, no se alcanza el equilibrio. Sus hallazgos fueron publicados en 1948 en el artículo "An Experimental Imperfect Market" y parecían confirmar sus hipótesis teóricas. Es el mismo Vernon Smith, que en 1952 asistía a las lecciones de Chamberlin, quien recuerda el hecho. No obstante el escepticismo de los estudiantes de su curso y las no menores dificultades para persuadir a los colegas economistas de la importancia de su enfoque, desde 1956 Vernon Smith inicia una amplia serie de experimentos simulando en laboratorio diferentes tipos de mecanismos de mercado y, sobre todo, diferentes tipos de subastas. "An Experimental Study of Market Behavior" que se publica en 1962 en el *Journal of Political Economy* se considera el acta de nacimiento de la economía experimental. En dicho trabajo Smith experimenta el comportamiento de compradores y vendedores de un bien ficticio en una "subasta doble" y descubre que, a diferencia del experimento de Chamberlin, el precio alcanza el equilibrio de mercado. En una serie de experimentos sucesivos con diferentes reglas para el ajuste de precios y distintas estructuras de la información entre los agentes, los resultados mostraron que las previsiones teóricas se cumplieron sólo para ciertos tipos de reglas. El elemento general e inesperado que emerge de los experimentos, es el hecho de que lograr el equilibrio depende de las características "institucionales" del mercado mismo, por ejemplo, la distribución de la información entre los sujetos y las características de los sistemas de incentivos.

A partir de estos experimentos inaugurales, el trabajo en contextos de laboratorio crece rápidamente y se expande a casi todos los campos de la economía: Smith, en particular, estudia en laboratorio los rendimientos de mecanismos institucionales para realizar políticas en los campos de la *deregulation*, las privatizaciones, y la oferta de bienes públicos (Smith, 1979, 1980).

Así es como la economía experimental incorpora a la Economía una disciplina muy persuasiva, con protocolo y credenciales análogos a los de las ciencias naturales, y permite resolver así las diferentes posiciones teóricas igual que cualquier otra ciencia experimental.

Naturalmente, la Economía siempre se ha fundado en datos empíricos, pero hasta el momento en que usaba los datos provenientes de investigaciones de campo y de estadísticas fundadas sobre datos agregados, la comprobación experimental era poco probatoria, y frecuentemente era compatible con muchas afirmaciones y modelos teóricos diferentes. Además, no se garantizaba la réplica del experimento.

En cambio, la economía experimental construye un contexto artificial o de laboratorio, en el cual se observa el efecto de la acción de distintos sujetos y, si es necesario, el mismo experimento podrá repetirse en condiciones invariables.

Esto cambia el estatuto científico de la Economía pues la réplica permite la comparación de resultados obtenidos por diferentes investigadores a partir de un mismo experimento.

Este nuevo estatuto, aun cuando deje sin respuesta muchas cuestiones como, por ejemplo, el problema de la transferencia de resultados a contextos reales, provee un instrumento novedoso y potente para la investigación de los comportamientos económicos y sociales. Pero, al mismo tiempo, introduce la posibilidad de desmentir en forma precisa las predicciones teóricas. Un hecho que efectivamente se volvió sistemático en los últimos años, e incluso abarcó al campo de la teoría de la decisión.

Hoy las perspectivas para la Economía nos muestran un panorama renovado y, en ciertos casos, radicalmente distinto respecto a la tradición del siglo pasado. Si bien el desafío que señala Lars-Göran Nilsson aún está por verse.

Apéndice

En microeconomía estándar la noción de "utilidad" deriva de la "preferencia". Se supone que los individuos saben establecer preferencias ante bienes que deben elegir: si x e y son dos bienes, un individuo puede establecer cuál prefiere (un axioma que se puede transcribir como $x > y$, donde el símbolo "$>$" significa "preferido a"), o si prefiere y a x ($x < y$) o, por último, si es indiferente entre los dos ($x \sim y$).

Si las preferencias gozan de algunas propiedades "razonables" —que se enumeran en seguida— entonces se puede identificar una función de utilidad U que la represente, por la cual si $x > y$ entonces $U(x) > U(y)$ y viceversa (donde $>$ es el símbolo de "mayor a"). En lugar de decir que prefiero x a y puedo entonces afirmar que el bien x "es mayormente útil" o "tiene una mayor utilidad" que el bien y. La función de utilidad tiene la ventaja de transformar las preferencias en valores numéricos.

Se demuestra fácilmente (véase Varian, 1992, pp. 95-96) que hay perfecta equivalencia entre la representación en términos de utilidad y aquella otra en términos de preferencias si éstas son completas, transitivas y continuas, donde:

1) *completitud* significa que de cada copia de eventos se establece en el orden: $x>y$ ó $x<y$ ó $x \sim y$;
2) *transitividad*, significa que si $x>y$ e $y>z$ entonces $x>z$;
3) *continuidad* significa que por cada $x>y>z$ existe un único $p>0$ de tal manera que $px+(1-p)z \sim y$.

La idea de los fundadores de la teoría axiomática de las preferencias consistía en que si se establecen axiomas como citados, totalmente simples, razonables y aceptados como tales por la gran mayoría de individuos, entonces ellos mismos mostrarían comportamientos coherentes con dichos axiomas; vaya, se vuelven *predecibles* desde la base de una teoría de la elección axiomática. El verdadero problema que se manifiesta con la experimentación es que no es así: existen muchas situaciones donde los sujetos *no* registran los comportamientos previstos como racionales.

Un campo particularmente importante en el cual se desarrolla la teoría de la utilidad, y en donde se han demostrado violaciones de los axiomas, es el de las elecciones en condiciones de riesgo. En este caso, los "bienes" que un sujeto considera son las ganancias más o menos elevadas que puede obtener con un grado diferente de riesgo; las inversiones en la Bolsa representan un buen ejemplo: es evidente que, en condiciones de certeza, se acepta sin más que un sujeto prefiere ganancias mayores a menores y, por lo tanto, que la utilidad crezca con el nivel de ganancia; de hecho ésta era la opinión común de los economistas hasta los años cincuenta, que además admitían que la utilidad marginal fuera decreciente, es decir, que el incremento de utilidad disminuyera respecto al crecimiento de las ganancias disponibles. Por ende, las curvas de utilidad consideradas comúnmente eran crecientes respecto a la renta y convexas.

Pero al tratar las decisiones en condiciones de incertidumbre fue necesario considerar, amén de la importancia de la ganancia presunta, la probabilidad con la cual ésta se podía concretar. Por eso se acepta que los sujetos comparen entre sí las diferentes ganancias (o pérdidas) "pesándolas" de alguna manera con el grado de riesgo asociado; por ejemplo, una inversión que genera una ganancia x muy elevada con probabilidad $p(x)$ baja, es comparada con una inversión que genera una ganancia y modesta con probabilidad $p(y)$ alta, y se da por descontado que todo sujeto es capaz de establecer qué alternativa riesgosa prefiere. En una elección de este tipo, cada uno de estos casos recibe el nombre de "proyección" o también de "lotería": en lugar de comparar diferentes bienes en situaciones de riesgo, el sujeto compara diferentes loterías; la inversión citada arriba, que genera la ganancia x con probabilidad $p(x)$, es en realidad una lotería donde los resultados pueden ser dos victorias, x o 0, con respectivas probabilidades $p(x)$ y $1-p(x)$, que escribiremos como $L(x,0,p)$; gran parte de las elecciones en condiciones de riesgo pueden ser formuladas como loterías o composiciones de loterías.

Un modo interesante para comparar las dos loterías $L(x,0,p)$ y $L(y,0,q)$ es confrontar sus *valores esperados* que son, respectivamente, $(x\ p + 0\ [1-p])$ y $(y\ q + 0\ [1-q])$; en una situación de apuestas repetidas, el valor esperado de una victoria converge en el valor promedio, por lo tanto parece razonable que el jugador compare los valores esperados entre sí, los que son una medida de valores *teniendo en cuenta* la probabilidad de realizarlos. Más en general, en una lotería con dos resultados tendremos dos valores x, w que representan dos posibles ganancias o pérdidas alternativas, con respectivas probabilidades p y $1 - p$.

En general podemos describir las situaciones de elección en condiciones de riesgo como *preferencias* entre dos loterías: $L\ (x,w,p)$ en donde las alternativas son la ganancia x con probabilidad p y la ganancia y con probabilidad $1 - p$; y $L(y,z,q)$ en donde las alternativas son la ganancia z con probabilidad q y la ganancia w con probabilidad $1 - q$.

Si un sujeto prefiere la primera en lugar de la segunda, es decir si $L(x,w,p) > L(y,z,q)$, y si valen las propiedades sobre las preferencias antes consideradas, existe una función de utilidad que las representa, por lo cual:

$$L(x,w,p) > L(y,z,q) \rightarrow U(L(x,w,p)) > U(L(y,z,q)).$$

Con alguna restricción ulterior (Varian, 1992, pp. 173-174), las funciones de utilidad relativas a loterías pueden tener una propiedad conveniente y pueden ser puestas en la forma

$$U(L(x,w,p)) = p\ U(x) + (1-p)\ U(w).$$

Esta posible representación es más convincente ya que permite representar la utilidad de una lotería como valor esperado de las utilidades de sus eventos; así como von Neumann y Morgenstern definen la "utilidad esperada".

La noción de utilidad esperada permite, por otro lado, dar una definición simple y precisa de aversión al riesgo y de propensión al riesgo: dada una lotería L, es propenso al riesgo un individuo para quien la utilidad esperada de la lotería $U(L(x,w,p)) = p\ U(x) + (1-p)\ U(w)$ es mayor a la utilidad del valor esperado $U(xp + w(1 - p))$, de lo contrario es adverso al riesgo. Se puede fácilmente mostrar que si un individuo es adverso al riesgo, su función de utilidad es convexa, de lo contrario es cóncava (y viceversa).

Es fácil constatar que, mientras jugar al azar indica propensión al riesgo, asegurarse indica aversión al riesgo; esto permite comprender el interés del artículo de Friedmann y Savage, en el cual se trata de construir una curva de utilidad compatible con ambas características.

En su experimento, Allais (1953) pidió a los sujetos que realizaran dos elecciones (hipotéticas). La primera era entre las alternativas A y B así definidas:

- Alternativa A: certeza de recibir 100 millones (de francos).
- Alternativa B:
  - probabilidad 0,10 de recibir 500 millones,
  - probabilidad 0,89 de recibir 100 millones,
  - probabilidad 0,01 de no recibir nada.

La segunda elección era entre las siguientes alternativas:

- Alternativa C:
  - probabilidad 0,11 de recibir 100 millones,
  - probabilidad 0,89 de no recibir nada.
- Alternativa D:
  - probabilidad 0,10 de recibir 500 millones,
  - probabilidad 0,90 de no recibir nada.

Se puede mostrar con sencillez que, según la hipótesis de la utilidad esperada, un individuo que maximice la utilidad esperada, si prefiere A a B, también debe preferir C a D. El lector puede hacer la prueba y constatar si su elección coincide con la hipótesis de utilidad esperada o si, como es muy probable, la contradice; en el experimento de Allais la mayoría de los sujetos expresaban las preferencias $A > B$ y $D > C$ que violan la hipótesis de la utilidad esperada.

La violación es fácil de demostrar: si $A > B$, entonces $U(100) > 0.10U(500) + 0.89\,U(100) + 0.01\,U(0)$.

Que pueda ser reformulada en la forma $0.11\,U(100) > 0.10U(500) + 0.01\,U(0)$; agregando a ambos miembros de la desigualdad $0.89U(0)$ se obtiene $0.11\,U(100) + 0.89\,U(0) > 0.10U(500) + 0.90U(0)$.

¡Que significa exactamente $C > D$!

Bibliografía

Alchian A.A. (1951), "Uncertainty, Evolution and Economic Theory", *Journal of Political Economy*, vol. LVII, pp. 211-221.

Allais M. (1953), "Le comportement de l'homme rationnel devant le risque: Critique des postulats et axiomes de l'École Américaine", *Econometrica* 21, pp. 503-546.

Allais M. (1979), "The Foundations of a Positive Theory of Choice Involving Risk and a Criticism of the Postulates and Axioms of the American School" en Allais M. e Hagen O. (bajo la dirección de) *Expected Utility Hypotheses and The Allais Paradox: Contemporary Discussions of Decision under Uncertainly with Allais' Rejonder*, D. Reidel Publishing Company, Dordrecht-Boston-London (rist. en Egidi y Rizzello, 2004).

Arrow K.J. (1978), "The Future and the Present in Economic Life", *Economic Enquiry*, pp. 157-170.

Bell D.E. (1982), "Regret in Decision Making Under Uncertainty", *Operation Research*, 30, pp. 961-981.

Bellman R.E. (1957), *Dynamic Programming*, Princeton University Press, Princeton (N.J.).

Bernoulli D. (1738), "Specimen theoriae novae de mensurea sortis", *Commentarii Academiae Scientiarum Imperialis Petropolitanae*, vol. 5, pp. 175-192 (trad. al inglés de L. Sommer, "Exposition of a New Theory on the Measurement of Risk", *Econometrica*, 1954, vol. 22, pp. 23-36).

Camerer C. (1995), "Individual Decision Making", en Kagel y Roth (1995), pp. 587-703.

Chamberlin E. (1948), "An Experimental Imperfect Market", *Journal of Political Economy*, 56, pp. 95-108.

Chew S.H. y McCrimmon K.R. (1979), "Alpha-Nu Choice Theory: An Axiomalization of Expected Utility", Working Paper 669, University of British Columbia, Faculty of Commerce.

Cyert R.M., Simon H.A y Trow D.B. (1956), "Observation of a Business Decision", *Journal of Business*, 29, pp. 237-248.

Cyert R.M. y March J.G. (1963), *A Behavioural Theory of the Firm*, Prentice-Hall, Englewood Cliffs (N.J.) (trad. it. *Teoria del comportamento dell'impresa*, Franco Angeli, Milán, 1970).

Dantzig G.B. (1949), "Programming Interdependent Activities, II, Mathematical Model", *Econometrica*, vol. 17, pp. 200-211.

Egidi M. (1992), "Il Dilemma As If", *Sistemi Intelligenti*, IV, n.3, diciembre, il Mulino, Bolonia.

Egidi M. y Rizzello S. (bajo la dirección de) (2004), *Cognitive Economics*, vols. I y II, Elgar, Aldershot.

Fishburn P.C. (1982), "Nontransitive Measurable Utility, *Journal of Mathematical Psychology*, 26, pp. 31-67.

Friedman M. (1953), *Essays in Positive Economics*, Chicago University Press, Chicago (trad. it. *Metodo, consumo e moneta*, il Mulino, Bolonia 1996, cap. 1).

Friedman M. y Savage L.J. (1952), "The Expected Utility Hypotesis and the Measurability of Utility", *Journal of Political Economy*, 60, 6 (trad. it. *Metodo, consumo e moneta*, il Mulino, Bolonia 1996, cap. 11).

Gul F. (1991), "A Theory of Disappointment in Decision Making Under Uncertainty, *Econometrica*, vol. 59, n. 3, mayo, pp. 667-686.

Hey J.D. (1991), *Experiments in Economics*, Basil Blackwell, Oxford.

Holland J.H., Holyoak K.J., Nisbett R. E. y Thagard P.R. (1988), *Induction*-Processes *of Inference, Learning, and Discovery*, Mit Press, Cambridge (Ma.).

Kagel J.H. y Roth A.E. (bajo la dirección de) (1995), *Handbook of Experimental Economics*, Princeton University Press, Princeton (N.J.).

Kahneman D. y Tversky A. (1979), "Prospect Theory: An Analysis of Decisions Under Risk", *Econometrica*, 47, pp. 313-327.

Kahneman D. y Tversky A. (2000), *Choices, Values and Frames*, Cambridge University Press, Cambridge.

Kauffman S.A. (1993), *The Origins of Order: Self-Organization and Selection in Evolution*, Oxford University Press, Oxford.

Kauffman S.A. (1989), "Adaptation on Rugged *Fitness* Landscapes", in Stein D.L. (bajo la dirección de), *Lectures in the Sciences of Complexity*, Santa Fe Institute Studies in the Sciences of Complexity, vol. I, pp. 527-712, Addison Wesley Redwood City (Ca).

Loomes G. y Sugden R. (1982), "Regret Theory: An Alternative Theory of Rational Choice Under Uncertainty, *Economic Journal*, 92, pp. 805-825.

Mongin P. (2000), "Does Optimization Imply Rationality?", *Synthese*, 124, pp. 73-111.

Nelson R.R. y Winter S. (1982), *An Evolutionary Theory of Economic Change*, The Belknap Press of Harvard University Press, Cambridge (Ma.)

Robbins L.C. (1932), *An Essays on the Nature and Significance of Economic Science*, Macmillan, Nueva York (2ª ed., rivista ed estesa, 1935; trad. it. *Saggio sulla natura e il significato della scienza economica*, Utet, Turín 1953).

Schumpeter J.A. (1954), *History of Economic Analysis* (trad. it. *Storia dell'analisi economica*, Boringhieri, Turín 1968).

Simon H.A. (1991), *Models of My Life*, Basic Books, Nueva York (trad. it. *Modelli per la mia vita*, Rizzoli, Milán 1992).

Smith V.L. (1962), "An Experimental Study of Market Behavior", *Journal of Political Economy*, 70, pp. 274-279.

Smith V.L. (1979), "An Experimental Comparison of Three Public Good Decision Mechanisms", *Scandinavian Journal of Economics*, 81, pp. 198-215.

Smith V.L. (1980), "Experiments with a Decentralized Mechanism for Public Goods Decisions", *American Economic Review*, vol. 7, n. 7, pp. 584-599.

Tversky A. y Kahneman D. (1987), "Rational Choice and the Framing of Decisions", en Hogart R.M. y Reder M.W., *Rational Choice-The Contrast between Economics and Psychology*, The University of Chicago Press, Chicago (trad. it. en Egidi M. y Turvani M. (bajo la dirección de), *Le ragioni delle organizzazioni economiche*, Rosenberg & Sellier, Turín 1994).

Varian H.R. (1992), *Microeconomic Analysis*, Norton & Company, Nueva York.

Von Hayek F.A. (1945), "The Use of Knowledge in Society", *American Economic Review*, 35, n. 4, pp. 519-530.

Von Hayek F.A. (1988), *Conoscenza, mercato, pianificazione*, il Mulino, Bolonia.

Von Neumann J. y Morgenstern O. (1944), *Theory of Games and Economic Behavior*, Princeton University Press, Princeton (N.J.).

Winter S.G. (1975), "Optimization and Evolution in the Theory of the Firm", en Day R.H. y Groves T. (bajo la dirección de), *Adaptive Economic Models*, Academic Press, Nueva York.

10. La economía y la psicología

Por Paolo Legrenzi y Rino Rumiati

¿Cuál es la relación entre las dos disciplinas?

La comparación entre economía y psicología desde siempre ha tenido como temáticas centrales las elecciones en condiciones de incertidumbre, las decisiones y el bienestar. Por lo tanto, la construcción teórica de la *racionalidad* juega un rol central dado que, en estas dos disciplinas, rige una definición más restringida del término que la actual, donde racional significa *razonable, aceptable a la razón*. Una persona se caracteriza por un conjunto de opiniones, creencias, preferencias y elecciones. No nos interesa, como economistas y psicólogos, el contenido de tales creencias y preferencias sino su coherencia recíproca. Se trata, en fin, de una noción sintáctica y no semántica. Una persona con preferencias bastante ajenas a nuestras costumbres puede ser, en esta perspectiva, perfectamente racional.

La divulgación contemporánea presenta la economía como la sede de las teorías normativas que prescriben cómo tendríamos que actuar; y a la psicología como el estudio de los comportamientos efectivos que difieren de los paradigmas de la racionalidad. Sin embargo, la cuestión es más compleja. La representación ingenua de los individuos por mérito de sus capacidades de razonamiento y de elección concuerda con las tesis que encuentran su lugar en los postulados de la racionalidad económica. En otras palabras, las personas consideran que se comportan según los principios de transitividad, predominio, de la teoría de la elección racional, y así sucesivamente. No obstante, los datos experimentales de los últimos veinte años muestran cómo las personas, en un contexto de desconocimiento, pueden diferir de estos principios sistemáticamente.

La tradición experimental ha inventado distintos tipos de problemas en los cuales las prestaciones de los individuos difieren de las tesis de la racionalidad incorporada en la teoría económica axiomática (para la discusión de algunos ejemplos véase Legrenzi y Girotto, 1996; Legrenzi, Girotto y Johnson-Laird, 2003). Tenemos problemas complejos que son simplificados utilizando heurísticas cognitivas según la tradición iniciada con los trabajos de Simon. Pero también tenemos problemas simples cuya solución muestra fallas de la invariabilidad en el sentido atribuido a esta categoría teórica por parte de Kahneman y Tversky, es decir, la incapacidad del sujeto que decide mantener estables sus preferencias independientemente del modo en que los dilemas decisionales son formulados. Las personas pueden darse cuenta en la fase de explicación del problema reflexionando sobre sus prestaciones. En otros casos en cambio, los procedimientos cognitivos empleados son silenciosos y las personas son inconscientes de la naturaleza racional o irracional de sus respuestas.

Incoherencias decisionales

Se puede tratar de responder a varias preguntas: ¿en qué condiciones los principios de la racionalidad pueden considerarse una útil aproximación? ¿Las personas intuyen el fundamento de los principios de la elección racional? ¿Cómo es que en ciertos casos se diferencian sistemáticamente?

En muchos experimentos inscritos en la tradición del Premio Nóbel 2002 de Economía, Daniel Kahneman, las personas deben resolver problemas prediseñados (para una reseña reciente remitimos a Shafir, 2004). Soluciones sistemáticamente distintas dadas a problemas estructuralmente invariables constituyen las formas clásicas de *ruptura de lo invariable*. Intuitivamente este axioma, que constituye un pilar de la teoría estándar de la decisión racional se pregunta ¿por qué razón una persona debiera elegir una alternativa si se presenta en una cierta forma y no elegir la misma alternativa si se presenta en otra forma? Por ejemplo, un candidato en elecciones políticas podría dudar si presenta dos programas alternativos de política económica: el primero que previera una tasa de desocupación del 10 por ciento frente a una inflación del 12 por ciento; y el segundo que previera una tasa de desocupación del 5 por ciento frente a una inflación del 17 por ciento. Si la gente eligiera en su gran mayoría, como documentaron Quattrone y Tversky (1988), el programa que prevé una desocupación del 5 por ciento, se esperaría que la elección de un programa que favoreciera una ocupación del 95 por ciento frente a un programa que favoreciera el 90 por ciento de ocupación. ¡Pero no es así! En este segundo caso, de hecho, disminuye sensiblemente la proporción de los que coherentemente debieran, en cambio, elegir el programa aparentemente más ventajoso desde el punto de vista de la ocupación. Esta asimetría constituye una violación de la invariabilidad y se puede explicar con el "principio de la diferencia entre relaciones": la relación entre las dos tasas de desocupación 10 por ciento y 5 por ciento es de 2, mientras la relación entre los dos porcentajes de ocupación 90 por ciento y 95 por ciento es próxima a la unidad. Así, se registra un vuelco en las preferencias si bien la única diferencia entre los dos tipos de problemas sea la distinta formulación de las consecuencias sobre la ocupación.

Otro ejemplo experimental igual de convincente, pero más ecológico, se refiere a la adversa disponibilidad de la gente a pagar un premio para pólizas de seguros que pueden presentar costos y beneficios descritos de manera diferente, aun siendo equivalentes bajo el perfil estrictamente financiero.

Supongamos que se proponga a un grupo de automovilistas (americanos) una póliza de seguro que prevé un deducible de 600 dólares. Entonces, en caso de que el asegurado presentara una solicitud de resarcimiento superior al importe del deducible, la compañía reconocería solamente la cuota excedente al valor del deducible, mientras ningún resarcimiento se pagaría si el daño sufrido fuera inferior al deducible. En otras palabras, la compañía reconocería al asegurado sólo el valor del resarcimiento que excediera la cuota del deducible prevista por la póliza, que el suscriptor firma si paga 1,000 dólares. Supongamos, en cambio, que la póliza propuesta prevea que se reembolsen al suscriptor 600 dólares al final del año si no reclamara un resarcimiento: una suerte de *bonus-malus*. Si en cambio, el suscriptor presentara uno o más pedidos de resarcimiento, la compañía resarciría los daños deduciendo del total la suma de 600 dólares. Si el total de solicitudes de resarcimiento excediera esta suma, la compañía lo pagaría, pero no reconocería el bonus a fin de año. Una póliza de este tipo tendría un premio de 1600 dólares. La gente, como documentaron Johnson, Hershey, Meszeros y Kunreuther (1993), prefiere mucho más el segundo tipo de póliza respecto al primero. Las razones de esta "aparente" irracionalidad se encuentran en la diversa percepción de los constituyentes del producto. El deducible, de hecho, se configura como una pérdida si está referida al *statu quo* y por ello tiene un mayor impacto debido a la aversión a las pérdidas manifestada por los sujetos que deciden, un asunto ampliamente probado por Kahneman y Tversky (1979). Por el contrario, la rebaja de 600 dólares, configurándose como una ganancia, impacta menos porque la intensidad del placer experimentado por el suscriptor por la devolución de 600 dólares, si no se presentan pedidos de resarcimiento, es inferior a la intensidad del disgusto de "descontar" los 600 dólares del deducible.

En condiciones naturales, somos nosotros quienes buscamos datos para poder tomar las decisiones. ¿Cómo nos comportamos en estas circunstancias?

Supongamos que un inversor se pregunta "¿es el momento de comprar el bono X o todavía no?" Él tratará de buscar información sobre el bono X. Supongamos que sea una persona indecisa: querrá obtener mayor información. Una persona impulsiva hará de lado las malas alternativas: no buscará información de otras posibles formas de inversión. Éstas permanecen implícitas y escondidas detrás de un "¿o mejor no?". De este modo surge la violación de uno de los principios básicos de la teoría de la decisión, es decir, que se debe comparar todas las opciones disponibles en un momento dado, para después proceder a la elección con el valor esperado más convincente. Plantearse el dilema en términos "X o bien no" activa una estrategia destinada a evaluar si la información sobre X permite superar un cierto principio de satisfacción. En caso positivo se tomará la decisión (comprar el bono), ignorando posibles inversiones. Sólo en caso negativo, cuando X no supera el principio de satisfacción, serán explícitas las potenciales opciones que habían quedado implícitas. Resulta así más fácil identificar la elección óptima de acuerdo con las preferencias del inversionista. Se estudiaron experimentalmente las condiciones que conducen a distintas estrategias de recolección de informaciones y, por lo tanto, a decisiones finales diferentes (véase Legrenzi, Girotto y Johnson-Laird, 1993). Fuera del laboratorio, en las efectivas elecciones de cartera sugeridas por los ahorradores, las estrategias de elección subóptimas tienen profundas repercusiones cuando su naturaleza se descubre. Una reciente investigación llevada a cabo por uno de los dos autores (Legrenzi, 2004) ha mostrado que muchas carteras con perfiles de riesgo desproporcionados respecto a las preferencias de los inversionistas han sido elegidas luego de una representación incompleta de las formas alternativas de inversión. Ante resultados no satisfactorios, cuando se pinchó el globo del 2000, los clientes han reformulado el problema haciendo explícitas las posibilidades que inicialmente eran implícitas. Entendiendo, equivocadamente o con razón, que la focalización fue inducida por los modos con los cuales se presentó la elección, la reacción de los ahorristas ha sido el desacuerdo y la desconfianza respecto a las instituciones.

La economía y los mecanismos de focalización

Una forma de focalización, que se relaciona con la discutida arriba, está constituida por la tendencia a concentrarse en las noticias recientes, destacadas y que sobrevalúan el impacto sobre los mercados. En 1985, en los albores de las finanzas comportamentales, Richard Thaler y Werner DeBondt presentaron en la conferencia anual de la American Finance Association un trabajo titulado *Does the Stock Market Overreact?* Para responder esta pregunta ellos clasificaron como ganadoras las acciones que, en un trienio, habían subido por encima del promedio del mercado o depreciado por debajo del promedio, y como perdedoras, aquéllas con comportamiento opuesto. Calcularon luego los valores promedios de estos bonos en el trienio sucesivo. El resultado era claro: "En el último medio siglo las carteras perdedoras obtienen resultados 20 por ciento superiores al mercado en el trienio sucesivo". Estos resultados muestran la acción combinada de una ley estadística muy general, la regresión hacia el promedio, y de un mecanismo más particular: la "focalización" (Thaler, 1994). La primera ley se refiere a que, a pesar de que se puedan comprobar las oscilaciones en cierto comportamiento respecto a los valores promedios, a largo plazo los valores observados serán más próximos al promedio. Muchas empresas pueden presentar resultados más que apreciables un año y tener un rendimiento sensiblemente inferior al siguiente, así como estudiantes particularmente brillantes en un año escolar pueden tener un rendimiento más bajo que en el siguiente, pero en ambos casos se puede estimar que la tendencia de las prestaciones se conformará con el promedio, con lo cual expresa al fenómeno. La inclinación a no considerar esta ley puede conducir, como ya documentaron Kahneman y Tversky (1973), a incurrir en errores críticos en la formulación de estimaciones o juicios. En cambio, el segundo mecanismo hace que los individuos aíslen solamente alguna información o aspectos de la situación decisional.

Peter Bernstein (1998, p. 175) observa: "los inversionistas que se concentran excesivamente en el *corto plazo* ignoran una montaña de evidencias que demuestran cómo fuertes incrementos en las ganancias no son sostenibles a largo plazo". Las técnicas de medición del trabajo de 1985 han sido criticadas, pero medidas más precisas han confirmado la focalización sobre las noticias más recientes (de las que se sobrevalúa el impacto: véase Bernstein, 1998, p. 293).

La focalización, que equivale a la concentración sobre determinados aspectos de un dilema decisional, simplifica la representación, pero puede implicar elecciones subóptimas. Existe una asimetría profunda entre la representación de las informaciones de aquello que es verdadero a las informaciones de lo que es falso. La tendencia común es representarse las primeras y descuidar las segundas (para una reseña reciente véase Legrenzi, Girotto y Johnson-Laird, 2003).

Pidamos a una persona que encuentre la regla que ha generado el trío de números 2-4-6. El sujeto presentará otros tríos y, para cada uno, se le indicará si sigue o no la regla que ha producido el trío inicial. La primera hipótesis que surgiría frente al ejemplo inicial es: "Tres números pares que aumentan de dos en dos". Para verificar tal hipótesis la tendencia es recurrir a ejemplos positivos (8-10-12), que confirman la hipótesis, y no a ejemplos negativos (7-5-1), que falsificarían la hipótesis. Esta estrategia demuestra poca eficiencia para todo caso en que la regla que se debe encontrar (por ejemplo, tres números cualquiera crecientes) sea más amplia (en el sentido de que abarca más casos) respecto a la hipótesis inicial. Más en general, cuando queremos recoger datos diagnósticos para controlar una hipótesis, buscamos información potencialmente verificable descuidando aquella potencialmente falsa. Cuando el *sentimiento* de los operadores financieros es optimista las noticias negativas ni siquiera se toman en consideración (Shafir, 2004).

Una investigación incompleta de la información debida a efectos de focalización caracteriza a menudo los procesos de elección en situaciones donde la información disponible es escasa y la posibilidad de adquirir otra es muy limitada. Supongamos que un manager deba decidir entre los negocios A y B y que sólo cuenta con información sobre el negocio A relativa a la rentabilidad, pero no de aquélla relacionada con el riesgo; ¿qué información solicitará para poder elegir entre los dos negocios, si sólo puede adquirir la de una categoría? Racionalmente debería pedir información del negocio B relativa a la categoría de información que ya posee el negocio A. De esta manera podría comparar las dos posiciones, al menos en la dimensión conocida. Sin embargo, con mayor frecuencia se focalizaría sólo en aquello que ya conoce del negocio A y trataría de obtener información también sobre aspectos desconocidos, aunque tendría muchas dificultades para realizar una comparación entre las dos posiciones.

La focalización también impide una correcta comparación entre los resultados derivados de la adopción o no, de cualquier forma de intervención. Como en la evaluación de los efectos de un tratamiento médico. En casos como éste es difícil que el control de su eficacia surja espontáneamente calculando las correlaciones entre cuatro grupos: sometidos a tratamiento y sanos, sometidos a tratamiento y no sanos, no sometidos a tratamiento y sanos, no sometidos a tratamiento y no sanos. En la realidad, tendemos a construir modelos mentales más simples que se basan en la relación de los primeros dos grupos (curados y sanos/curados y no sanos): es decir, mantenemos centrada nuestra atención en cierta información, lo que posiblemente conduzca a conclusiones infundadas. Por último, somos proclives a crear correlaciones ilusorias y a intercambiar la correlación con la causalidad. A menudo creemos que dos fenómenos o eventos están relacionados entre sí aun cuando objetivamente no lo están. El ejemplo clásico es la creencia de que existe una correlación entre cierto rasgo de un diseño que sería útil para definir la personalidad de un individuo y un rasgo específico de la personalidad: por ejemplo, el rasgo de los ojos y el ser sospechosos (véase Chapman y Chapman, 1967). Esta correlación es ilusoria: resulta de un estereotipo clínico compartido. Naturalmente, que haya una correlación no significa que exista una relación causal. De hecho, dos eventos provocados por la misma causa podrían darse al unísono, aun no siendo uno la causa del otro, aunque la secuencia temporal en que se presentan los eventos induzca a pensar que haya un nexo causal. Por ejemplo, muchas veces se considera que existe una relación causal entre la atribución de cuotas de presupuesto para la publicidad y el regreso a la inversión efectuada.

Decisiones en condiciones de incertidumbre

Un campo de estudios tradicional en Economía, pero que sólo recientemente ha despertado el interés de los psicólogos, es el análisis de las decisiones en condiciones de incertidumbre, una situación donde las personas dicen que prefieren evitar el riesgo. Se trata de un estereotipo muy poderoso, que muchos dan por descontado. Lamentablemente es cierto sólo si se está relacionado con ganancias. Por ejemplo, considérese el siguiente escenario riesgoso:

- Alternativa A
  - 50% de probabilidades de ganar 200 euros,
  - 50% de probabilidades de no ganar nada.
- Alternativa B
  - ganar 100 euros seguros.

Es fuerte la propensión intuitiva hacia B. El 90 por ciento de 200 operadores financieros expertos, pertenecientes a un importante grupo bancario y recientemente interrogados, ha preferido B a A (véase Legrenzi, 2004).

Imaginemos ahora que encuadramos el mismo problema en un escenario de pérdidas:

- Alternativa A
  - 50% de probabilidad de perder 200 euros,
  - 50% de probabilidad de no perder nada.
- Alternativa B
  - perder 100 euros seguros.

En este tipo de escenarios el 60% de los mismos operadores financieros evita la pérdida segura y prefiere la alternativa riesgosa. Los no expertos tienden, lamentablemente, a hacer esto en grado cada vez mayor (Legrenzi, 2004). Cuando las expectativas sobre un cambio a la alza de los mercados se frustran, se asiste a dos comportamientos, ambos subóptimos. O se sale inmediatamente o se tiende a asumir una propensión al riesgo cada vez mayor con tal de recuperarse. Y esta última conducta es muy frecuente sobre todo entre los inversionistas menos expertos.

Este fenómeno, discutido en primer lugar por Shefrin y Statman (1985) y denominado "efecto disposición", se refiere a la tendencia sistemática de muchos inversionistas a manifestar cierto rechazo a realizar las pérdidas y, por ende, a tener en cartera las acciones en pérdida, incluso más allá de los límites prescritos por la teoría estándar de la decisión. Dicho fenómeno parece tener su causa en la aversión a las pérdidas antes descrita, pero también puede ser consecuencia de los efectos producidos por la heurística del anclaje, dado que los precios de adquisición son por lo general utilizados como puntos de referencia para evaluar oportunidades alternativas de inversión.

La tendencia a "vender las acciones ganadoras más velozmente respecto a las perdedoras", de las cuales raramente se es consciente, puede dar lugar a incomprensiones en la relación entre inexpertos y expertos. Estos últimos, a diferencia de los inversionistas no preparados, se dan cuenta que las cuatro opciones antes indicadas tienen el mismo valor esperado. Pero los expertos se asombran luego de darse cuenta que sus elecciones manifiestan aversión al riesgo *solamente* en los contextos de ganancia (véase Shefrin, 2002).

Los individuos tienden a focalizarse sobre los bienes que poseen. En consecuencia, para ceder un objeto necesitan una cifra mayor de la que están dispuestos a pagar para poseerlo. Tal efecto, bautizado por Kahneman *efecto dotacional,* ha sido observado experimentalmente comparando el comportamiento de dos grupos de estudiantes universitarios. Por un lado, la situación presentaba un grupo de estudiantes que tenían a disposición una taza de café que podían vender y, por otro, un grupo de estudiantes que tenían a disposición una modesta cantidad de dinero con el cual podían comprar la taza que poseía el primer grupo. Lo que se observa en este "mercado simulado" es que el precio de venta propuesto por los poseedores de la taza era casi tres veces superior al que los "compradores" estaban dispuestos a pagar para obtenerla. Por ende, la sola posesión del bien parecía justificar la disponibilidad a venderlo a un precio más elevado (véase Rumiati, 2000). Este sobreprecio se forma instantáneamente y es independiente de un eventual *valor afectivo* que va creciendo con el paso del tiempo (véase Legrenzi, 1998). Para complicar ulteriormente las cosas, recientemente se demostró que la fuerza de esta asimetría se encuentra en función del estado de ánimo (disgusto o tristeza: véase Lerner, Small y Loewnstein, 2004).

Una simetría análoga se manifiesta cuando la evaluación del riesgo por parte de sólo una persona es comparada con el valor de una "vida estadística", entendida como reducción del riesgo de mortalidad en una población. En este caso el problema se enfrenta con el método del precio hedónico (Musu, 2003, pp. 120-122). En cambio, en el caso precedente, surge una fuerte asimetría entre precio de compra y de venta, como ha demostrado Thaler (1994) con este (y otros) problemas:

1) Imagina que estuviste en China, en el periodo y en la localidad donde es más alta la probabilidad de contagiarse el Sars. Tu probabilidad de haber sido contagiado es de 0,001 (una de mil). ¿Cuál es la cifra máxima que estás dispuesto a pagar para ser curado?
2) Se buscan voluntarios para un programa de estudio del Sars. Si aceptas, te expondrás a una probabilidad de 0,001 (una de mil) de contagio. ¿Cuál es la cifra mínima que estás dispuesto a aceptar para participar en el programa?

Intuitiva y espontáneamente las personas están dispuestas a pagar, en el problema 1, cifras muy inferiores a las que solicitan en la pregunta 2. En definitiva, es problemático reportar las consideraciones personales de la reducción del riesgo de mortalidad a las evaluaciones del salario hedónico marginal que representa el valor estadístico de una vida humana (véase Musu, 2003, p. 121). Justamente en el marco de los análisis costo-beneficios aplicados al campo ambiental, al cual se ha dedicado Musu (2003), una reciente reseña de Fausta Pellizari (2004) retoma los trabajos de los psicólogos sobre las consideraciones ingenuas de probabilidad (véase Legrenzi, 2003) y sobre el impacto de eventos raros pero impresionantes (véase Gigerenzer, 2004). Observa Pellizzari (2004, p. 101):

> Si no se considerara cómo el riesgo es percibido, se sustituiría un proceso de elección democrático, basado en las preferencias individuales, por un proceso de elección totalitario, basado en la evaluación y percepción del riesgo de algún experto. Al mismo tiempo, si se considerara la marcada aversión respecto a posibles catástrofes, los recursos destinados a la prevención, aun siendo utilizados como respuesta a las preocupaciones de la colectividad, no serían utilizados de manera eficiente en términos de efectivos riesgos evitados.

Confirmando lo antes expuesto, un reciente análisis de Gerd Gigerenzer (2004) muestra que a los 266 pasajeros muertos en los cuatro aviones destruidos por los terroristas del 11 de septiembre de 2001 se agregó la pérdida de 350 vidas de automovilistas que excepcionalmente prefirieron el auto al avión en los cuatro meses que siguieron a los atentados.

Bienestar, psicología, economía

Recientemente la comparación y la colaboración entre economía y psicología ha ido desplazándose hacia aspectos menos tradicionales respecto a los discutidos hasta ahora. Gracias a Kahneman se popularizó el tema del bienestar, al cual el estudioso de origen israelí se ha dedicado en los últimos años. También en Italia el debate se ha extendido entre los economistas, gracias a un grupo de estudiosos de Milán-Bicocca, que en el 2003 organizó un interesante convenio y recientemente ha publicado una recopilación de ensayos (Bruni y Porta, 2004).

Desde el punto de vista de la psicología, el tema crucial es el de la representación de la felicidad ajena. Por ejemplo, tal vez se recordará cómo en los calurosos días del verano 2003, el Enalotto alcanzó premios por 60 millones de euros. Tratemos de imaginarnos el afortunado ganador. Al hacer de este hecho algo crucial, tendemos a basar nuestra consideración de la felicidad ajena *no* pensando en cómo está una persona que ya tenía 60 millones de euros. En cambio, nos concentramos sobre lo que le sucedería a un individuo cualquiera si ganara una cifra tan desproporcionada. Observando cómo estaba aquél que efectivamente había tenido un golpe de suerte ganando una lotería, se descubrió que la diferencia con respecto a las personas normales rápidamente desaparecía (Brickman, Coates y Janoff-Bulman, 1978).

Más aún: a un año de la muerte de la persona amada se restablece, la mayoría de las veces, el estado afectivo precedente. Cuando pedimos evaluar el bienestar o el malestar de un parapléjico o de un ganador de lotería, creamos un "efecto focalización". De este modo una opinión se dará basándose en el cambio de estado específico, sin considerar los innumerables aspectos de la vida que permanecieron iguales. Como han observado Schkade y Kahneman (1998), tal vez estas constataciones pueden parecer contraintuitivas. Podríamos esperar que un parapléjico continúe mal (y un ganador de lotería mejore) si se compara su estado de malestar (bienestar) con el de una persona que no se encuentra en su situación. En realidad lo que cuenta no es el *estado*, es el *cambio*. Es el cambio lo que crea nuestras impresiones de bienestar o malestar. No solamente: tendemos a sentirnos bien cuanto más somos capaces de atribuir los cambios negativos a factores externos que no podemos controlar ni modificar (las circunstancias de la vida). Al contrario, es reconfortante pensar que las mejoras y los éxitos no dependan de la suerte, sino de nosotros (causas internas: las habilidades de una persona). Así es posible medir el nivel subjetivo de bienestar en función de la proclividad a explicar los eventos recurriendo a causas "externas" o "internas" (véase Legrenzi, 1998).

El efecto focalización sobre las consideraciones de bienestar puede crearse con un sencillo cambio en el orden de las preguntas. Se ha preguntado a alumnos de colegios americanos: "¿cuántas citas (*dates*) has tenido en el último mes?" Inmediatamente: ¿cuán feliz te sientes?". Si las preguntas se formulan en este orden, los estudiantes se focalizan en la felicidad entendida como deseo por parte de los potenciales parejas. En consecuencia, encontramos una correlación de 0.66 entre las respuestas a las dos preguntas (muchas citas = mucha felicidad, y viceversa). Cuando hacemos las mismas preguntas en orden inverso, evitamos que la felicidad se represente en términos reductores del deseo social. Entonces, la correlación entre las dos respuestas se reduce a 0.12 (véase Schwarz, 1996).

Siempre en relación a los mecanismos de focalización y a la evaluación del bienestar, Schkade y Kahneman (1998) han explotado un potente estereotipo: el sueño californiano. Consultaron a 1993 estudiantes, la mitad residía en las universidades de Midwest (Ohio y Michigan) y las demás en las de California (Los Ángeles e Irvine). Se les pedía evaluar el grado de "descontento" propio y ajeno (es decir, el de los estudiantes de la otra región) en relación a la vida en general y a sus aspectos específicos: el trabajo, el estudio, las finanzas, la seguridad personal, el esparcimiento, la vida cultural y social, la belleza del lugar, el clima en general y los climas veraniegos e invernales. Además debían valorar la relevancia de cada aspecto en cuanto a su determinación del estado general de bienestar. Con este fin se usó una escala que iba de +5 (extremadamente satisfecho) a –5 (extremadamente insatisfecho) y las siguientes preguntas:

- *Descontento propio*: "Por favor, marca con una cruz la respuesta que indica cuán contento o descontento estás en relación a este aspecto de la vida".
- *Descontento ajeno*: "Por favor, marca con una cruz la respuesta que represente mejor cuánto un estudiante de la Universidad X [California vs. Midwest] con tus valores e intereses está contento o descontento en relación a este aspecto de la vida".
- *Importancia para ti*: "Por favor, marca con una cruz la respuesta que indica el grado en que este aspecto de la vida es importante para tu bienestar".
- *Importancia para los demás*: "Por favor, marca con una cruz la respuesta que indica el grado en que consideras que este aspecto de la vida es importante para el bienestar de un estudiante de la Universidad X [California vs. Midwest]".

El estudio estadístico de las respuestas evidencia la fuerza del estereotipo anclado en el sueño californiano justificado por lo agradable del clima. Y, sin embargo, la fuerte diferencia de bienestar [malestar] atribuida al clima ajeno no se refleja en las propias opiniones acerca del *propio* bienestar: los estudiantes del Midwest y los californianos declaran en promedio estar bien de la *misma* manera. Cuando juzgan su bienestar global se desfocalizan, se concentran en los aspectos de la vida que consideran importantes. Es por eso que no existen diferencias finales entre las opiniones sobre su estado de bienestar.

El efecto focalización relativo al bienestar inducido por vivir en otro lugar explica por qué, cuando la gente efectivamente se muda, descubre que su *bienestar* no es igual a cuanto esperaba (Schkade y Kahneman, 1998, p. 345). El sueño californiano debe seguir como sueño: "Uh, si estuviéramos en California...". El efecto es acentuado precisamente por la naturaleza *imaginaria* del sueño. Los hechos, por desgracia, son los que son. Pero nosotros nos imaginamos un *contra-hecho*: vivir "en otro lugar". En este "otro lugar", conocido sólo a través de los estereotipos, el clima puede estar pensado como un poderoso creador de bienestar. Al mismo tiempo, los estudiantes de ambas regiones, cuando se trata de juzgar la importancia de los varios factores que determinan el bienestar, ubican el clima invernal en el último lugar.

Las críticas de los economistas a los psicólogos

Para juzgar la racionalidad inherente en las opiniones y los comportamientos de las personas es necesario recurrir a un parámetro de referencia. Los economistas han dado muchos de estos criterios. Los psicólogos han verificado su efectiva adopción descubriendo, a menudo, violaciones sistemáticas.

Con tal de salvar las proposiciones de la racionalidad económica, entendidas no como aproximaciones ideales sino como descripción de los comportamientos efectivos, se ha tratado de redimensionar la importancia de este paradigma de investigación. Una primera crítica se ha concentrado en la naturaleza artificial de los experimentos cuyos resultados finalmente no pueden transferirse a contextos reales. Un segundo ataque se ha orientado a mostrar que las personas se representan los escenarios de modo distinto al que deberían (según nosotros) representárselos: en conclusión, malinterpretan las tareas que se les asignan (véase Girotto, 2004).

Ahora bien, si los errores fueran contingentes y provocados por el contexto o por malos entendidos, deberían ser casuales; esto es, que no podrían preverse ni atribuirse a principios generales (Stanovich y West, 2000). En realidad los errores sistemáticos —que lo son desde el punto de vista de los economistas— ni siquiera pueden adjudicarse a falta de motivación de quien participa en los experimentos. Los incentivos monetarios no implican diferencias sustanciales, es más, el mayor compromiso suele ser contraproducente (Camerer y Hogarth, 1999). La misma solicitud de justificar un comportamiento y opiniones propias no es eficaz sino cuando provoca una reestructuración del problema o la capacidad de percibir la invariabilidad respecto a un problema precedente (Stanovich, 2003). Además, las personas expertas, como los médicos, los enfermeros o los legisladores, en muchos contextos se comportan como inexpertos, demostrando que las presuntas fallas de la racionalidad son "impermeables" al aprendizaje (para una reseña completa de las objeciones, véase Shafir y LeBoeuf, 2002, p. 502).

Conclusiones

La estructura teórica general del estudio de la vinculación entre economía y psicología necesita al menos los ingredientes que siguen:

- Un análisis normativo del comportamiento racional prescrito en este escenario;
- instrumentos de medición aplicables en experimentos de laboratorio o en experimentos naturales que permitan revelar un eventual alejamiento de lo prescrito por un análisis normativo;
- un análisis de las raíces de la falla de la racionalidad;
- la posibilidad de eliminar factores de molestia (desatención, incomprensiones, rechazo de las tareas, etc.) para aislar genuinos mecanismos cognitivos;
- El establecimiento de una relación de estos mecanismos cognitivos locales con una teoría general del funcionamiento de la mente.

Si separamos el enfoque económico del cognitivo es posible inventar buenas recetas con los ingredientes antes descritos. Con este planteamiento teórico, a nuestro parecer correcto, nos enfrentamos a dos atajos desviadores (véase Legrenzi y Warglien, 2003).

Los economistas, recurriendo a sus paradigmas tradicionales, pueden caer en la tentación de redimensionar los trabajos de la tradición cognitiva por dos vías. La primera, más radical, pone en peligro el alcance empírico de los resultados experimentales y de las observaciones. La segunda, más insidiosa, consiste en debilitar las condiciones de racionalidad para que se absorban las anomalías. Los criterios demasiado amplios no sirven en absoluto, ni a los economistas para fundar la microeconomía, ni a los psicólogos. Los criterios de los economistas no son otra cosa que la elaboración de la psicología ingenua sobre el modo espontáneo de representar nuestras capacidades. El problema no es debilitar los criterios sino explicar cómo es que los procedimientos cognitivos nos alejan de los caminos que creemos saber recorrer (Shafir, 2004).

Los psicólogos corren el riesgo de caer en el error opuesto. Pueden afirmar que *todo comportamiento humano tiene un sentido*, restando importancia al programa de investigación aquí descrito. Una especie de relativismo individualista separa las elecciones locales de un supuesto pedido de coherencia total: todo tiene un sentido a los ojos del agente, basta encontrarlo (como diría un psicoanalista clásico). Esta tendencia termina provocando que los psicólogos eviten la comparación con otras disciplinas y nieguen al individuo formas de racionalidad que potencialmente porta, como es sabido por todos los que hayan experimentado en este campo. Los participantes de los experimentos, en fase de *debriefing,* entienden que hubiera sido más productivo enfrentar el problema o la decisión de otro modo (véase Girotto, 2004).

Sin embargo, algunos estudiosos, y en primer lugar Gerd Gigerenzer (2000; también Gigerenzer, Todd y ABC Group, 1999), se preguntan si la aplicación de procedimientos de razonamiento y de elección en vez de constituir fuentes de irracionalidad responden a una "racionalidad ecológica", es decir, a una racionalidad que permite al individuo una adaptación satisfactoria a las distintas situaciones de la vida cotidiana. No hay duda que tales procedimientos heurísticos pagan costos en términos de racionalidad si se comparan con los modelos normativos. Sin embargo Gigerenzer, al desarrollar la concepción simoniana de la racionalidad limitada, sostiene que las heurísticas *fast and frugal* —veloces y económicas— no son la versión vulgar e incompleta de estrategias óptimas previstas por las teorías del actor económico racional, sino la dotación cognitiva natural que pone al individuo en condición de enfrentar las situaciones de incertidumbre e indeterminación de las situaciones problemáticas que típicamente connotan la realidad en que vivimos.

Ante las numerosas y diversas formas de desviación sistemática respecto a un presunto comportamiento racional podemos extraer dos lecciones. La primera es práctica y se traduce como cierta cautela al afrontar y resolver los problemas sociales presuponiendo en los individuos la misma racionalidad que fundamenta las teorías económicas. Ignorar, o por lo menos no considerar en la fase de comunicación, los mecanismos de la inflación percibida o aquellos de la propensión al riesgo ha agudizado las formas de descontento latentes en el post-euro y en el post-burbuja. La segunda lección, teórica, es que estos resultados no desmienten en absoluto la teoría económica clásica, sino que la complementan (Shafir, 2004).

El catecismo puede convivir con pecadores incorregibles (es decir, sistemáticos). No sirve de mucho flexibilizarlo para reducir los pecados. Es más productivo preguntarse por qué es tan difícil atenerse a sus preceptos.

Bibliografía

Bernstein P. (1998), *Against Gods. The Remarkable Story of Risk,* John Wiley, Nueva York (trad. it. *Più forti degli dei: la straordinaria storia del rischio,* Il Sole 24 Ore, Milán 2002).

Brickman P., Coates D. y Janoff-Bulman R. (1978), "Lottery Winners and Accident Victims: Is Happiness Relative?", *Journal of Personality and Social Psychology,* 36, pp. 917-927.

Bruni L. y Porta P.L. (2004), *Felicità ed economia,* Guerini y Associati, Milán.

Camerer C. y Hogarth R. (1999), "The Effects of Financial Incentives in the Experiments", *Journal of Risk Uncertainty,* 19, pp. 7-42.

Chapman L.J. y Chapman J.P. (1967), "Genesis of Popular but Erroneous Psychodiagnostic Observations", *Journal of Abnormal Psychology,* 72, pp. 193-204.

Diener E. y Diener C. (1996), "Most People Are Happy", *Psychological Science,* 7, pp. 181-185.

Elster J. (1991), "Local Justice and Interpersonal Comparisons", en Elster J. y Romer J.E. (bajo la dirección de) (1991), *Interpersonal Comparison of Well-Being,* Cambridge University Press, Cambridge.

Gigerenzer G., Todd P.M. y ABC Group (bajo la dirección de) (1999), *Simple Heuristics That Make Use Smart,* Oxford University Press, Oxford.

Gigerenzer G. (2000), *Adaptive Thinking: Rationality in the Real World,* Oxford University Press, Nueva York.

Gigerenzer G. (2004), "Dread Risk, September 11, and Fatal Traffic Accidents", *Psycological Science,* 15, pp. 286-287.

Girotto V. (2004), "Task Understanding", en Leighton J.P. y Stemberg R.J. (bajo la dirección de), *The Nature of Reasoning,* Cambridge University Press, Cambridge.

Johnson E.J., Hershey J. Meszaros J. y Kunreuther H. (1993), "Framing, Probability Distortions and Insurance", *Journal of Risk and Uncertainty,* 7, pp. 35-51.

Kahneman D. y Tversky A. (1973), "On the Psychology of the Prediction", *Psychologial Review,* 80, pp. 237-251.

Kahneman D. y Tversky A (1979), "Prospect Theory: An Analysis of Decision Under Risk", *Econometrica,* 47, pp. 263-291.

Legrenzi P. (1998), *La felicità,* il Mulino, Bolonia.

Legrenzi P. (2003), "Naive Probability", en Galavotti M.C. (bajo la dirección de), *Observation and Experiment in Natural and Social Sciences,* Kluwer, Amsterdam.

Legrenzi P. (2004), *Finanza comportamentale,* documento interno Unicredit Banca.

Legrenzi P., Girotto V. y Johnson-Laird P.N. (1993), "Focusing in Reasoning and Decision Making", *Cognition,* 49, pp. 37-66.

Legrenzi P. y Girotto V. (1996), "Mental Models in Reasoning and Decision-Making Processes", en Oakhill J. y Garnham A. (bajo la dirección de), *Mental Models in Cognitive Science,* Psychology Press, Hove.

Legrenzi P., Girotto V. y Johnson-Laird, P.N. (2003), "Models of Consistency, *Psychological Science*, 14, pp. 131-137.

Legrenzi P. y Warglien M. (2003), "Stili di sperimentazione: tra economia e psicologia", *Sistemi Intelligenti*, 2 (dedicado a la economía y ciencias cognitivas), pp. 203-218.

Lerner J.S., Small D.A. y Loewenstein G. (2004), "Heart Strings and Purse Strings. Carryover Effects of Emotions on Economic Decisions", *Psycholoqical Science*, 15, pp. 337-341.

Mullen B. y Johnson J. (1990), "Distinctiveness-Based Illusory Correlations and Stereotyping: A Meta-Analytic Integration", *British Journal of Social Psychology*, 29, pp. 11-28.

Musu I. (2003), *Introduzione all'economia ambientale*, il Mulino, Bolonia.

Pellizzari F. (2004), "Esternalità ed efficienza: un'analisi multissetoriale", *Economia Politica*, XXI, pp. 99-125.

Quattrone G.A y Tversky A. (1988), "Contrasting Rational and Psychological Analyses of Political Choice", *American Political Science Review*, 82, pp. 719- 736.

Rumiati R. (2000), *Decidir*, il Mulino, Bolonia.

Schkade D.A. y Kahneman D. (1998), "Does Living in California Make People Happy? A Focusing Illusion in Judgments of Life Satisfaction", *Psychological Science*, 9, pp. 340-346.

Schwartz N. (1996), *Cognition and Communication: Judgment Biases, Research Methods and the Logic of Conversation*, Erlbaum, Hillsdale (N.J.).

Shafir E. (2004), *Preference, Belief, and Similarity*, Mit Press, Cambridge (Ma.).

Shafir E. y LeBoeuf R. (2002), "Rationality", *Annual Review of Psychology*, 53, pp. 491-517.

Shefrin H. (2002), *Beyond Greed and Fear: Understanding Behavioral Finance and the Psychology of Investing*, Oxford University Press, Oxford.

Stanovich K. y West R. (2000), "Discrepancies Between Normative and Descriptive Models", *Cognitive Psychology*, 38, pp, 349-385.

Stanovich K. (2003), "The Fundamental Computational Biases of Human Cognition", en Davidson J.E. y Sternberg R.J. (bajo la dirección de), The *Psychology of Problem Solving*, Cambridge University Press, Cambridge.

Thaler R.H. (1994), *Quasi Rational Economics*, Russell Sage Foundation, Nueva York.

11. La intuición en las decisiones económicas

*Por Nicolao Bonini**

Introducción

En algunos casos tomamos decisiones sin darnos cuenta. Por ejemplo, en el supermercado tomamos sin pensar el dentífrico o en la ciudad nos dirigimos automáticamente al estacionamiento habitual. En otros, las decisiones requieren de una reflexión, por ejemplo, en la elección de la profesión o en cosas tan difíciles e importantes que nos sentimos incapaces de decidir. Pensemos en el dilema de aceptar o no una intervención quirúrgica riesgosa, o en las elecciones con un fuerte componente ético. En este sentido, es emblemática la decisión del deber elegir la muerte de una gemela siamesa para salvar a la otra, situación que años atrás dividió la opinión pública italiana.

Un conflicto de decisión puede resolverse de muchas maneras. Podemos confiar en el consejo de un experto (el médico de confianza); podemos postergar la decisión; se puede confiar en el azar (tirando una moneda al aire); o también se puede decidir por intuición personal.

Decidir intuitivamente, desde el "sexto sentido", parece ser una modalidad de elección usada tanto por expertos como por inexpertos. El 24 de abril de 1992, el entonces Presidente de la República, Francesco Cossiga, durante una conferencia de prensa en el Quirinale hizo la siguiente afirmación: "La intuición política es un juicio sintético [...] Si diera razón a la intuición renunciaría y dejaría a mi sucesor la tarea de formar el nuevo gobierno". Al día siguiente, Cossiga entregaba su renuncia a la Presidencia de la República. Evidentemente, una de

* La redacción de este capítulo ha sido posible gracias a un financiamento del MiurCofin 2002.

las decisiones más importantes en la política italiana de la última década se basó en la intuición. Cossiga no es el único político que considera la intuición como una modalidad decisional. El expresidente del Consejo, Giovanni Goria, utilizaba un curioso y eficaz término para describirla: la "nasometría".

En lo que atañe a una decisión médica, Hamm (1988) revela cómo el médico necesita hasta más de 20 minutos para explicar a estudiantes o colegas cómo llegó a un diagnóstico. Sin embargo, se necesitan menos de 15 segundos para formular un primer diagnóstico durante la consulta del paciente. Además, es probable que inmediatamente después el médico tenga cierta dificultad para reconstruir el proceso de razonamiento que lo llevó a tal conclusión. En otros términos, es como si el diagnóstico fuera evidente a la luz de los datos clínicos y de las condiciones físicas del paciente.

También los manager propenden al uso de la intuición en su actividad decisional (Isenberg, 1988; Mintzeberg, 1975). Isenberg, quien ha estudiado durante años las decisiones de doce manager expertos, considera que raramente usan procedimientos analíticos de decisión y cuando esto sucede lo hacen con el apoyo simultáneo de sus intuiciones. Por ejemplo, Isenberg sostiene que "raramente [los manager] adoptan un procedimiento sistemático en la formulación y evaluación de sus objetivos. Y, además, raramente valoran las probabilidades de las consecuencias de las opciones de elección para el logro de objetivos o utilizan un criterio decisional para elegir la opción que permite la maximización del retorno esperado. Por lo general, los manager evitan el uso de una planificación analítica y rigurosa, sobre todo cuando deben afrontar problemas difíciles, nuevos o relacionados entre ellos" (p. 526).

Por lo tanto, la intuición parece ser un componente crucial del modo en que el experto enfrenta los problemas de decisión. Sin embargo, la intuición también caracteriza el modo en que las personas toman las decisiones.

Considérese el caso de un propietario que debe alquilar un departamento y elegir la persona que crea más confiable. O la elección de un candidato político basándose en la confianza que inspira. Éstos apenas son algunos casos de decisiones tomadas con el apoyo de la "nasometría".

¿Qué significa tomar una decisión de manera intuitiva? ¿Qué consecuencias se derivan de ello? ¿Existe un modo racional de tomar una decisión? Si la respuesta es sí, entonces ¿las decisiones intuitivas pueden también considerarse racionales? Éstas son algunas de las preguntas que se tratará de responder en este capítulo. En particular, se presentarán algunos experimentos tomados de la psicología de las decisiones y de la economía del comportamiento que demuestran que las preferencias expresadas por las personas violan principios racionales de elección que, al mismo tiempo, son intuitivamente evidentes.

La decisión racional

No es posible describir aquí la historia del debate sobre la racionalidad en la decisión. Éste se ha postergado por muchos años y ha producido diferentes soluciones. No obstante, es interesante reflexionar sobre las dificultades planteadas por un viejo problema, el "problema de las partes", presentado por el caballero de Méré a Pascal hace más de tres siglos.

Imagínese que dos personas juegan tres partidos y cada uno ha apostado treinta y dos ducados. Supongamos que el jugador A ha ganado dos veces que el B una, y que el juego se ha interrumpido y no pueda reiniciarse: ¿cómo repartir equitativamente los 64 ducados? (Trate de responder antes de continuar con la lectura).

Para resolver el dilema, la mayoría utiliza una "perspectiva mental pasada" por lo que se considera el puntaje que obtuvieron ambos jugadores y, fundamentándose en ello, se decide asignar 2/3 de los 64 ducados al jugador A y 1/3 al jugador B.

En cambio, la solución de Pascal proviene de una representación del problema como "perspectiva mental futura". Y, con esta idea, calcula cuántos ducados *corresponderían* a cada jugador *si* el juego continuara. La solución se explica en una carta del 29 de julio de 1654 que Pascal envió al matemático Fermat:

> Así es como hago para conocer el valor de cada una de las partes cuando dos jugadores juegan, por ejemplo, tres partidos y cada uno puso en juego 32 ducados. Supongamos que el primero haya ganado dos y el otro uno; juegan ahora un partido de manera tal que, si lo gana el primero, gana todo el dinero que está en juego, es decir, 64 ducados; si lo gana el otro, son dos partidos por dos partidos, y por lo tanto, si quieren rendirse, es necesario que cada uno retire su apuesta, es decir, 32 ducados. Por lo tanto, considerando Señor que si el primero gana, le corresponden 64; si pierde le corresponden 32. Por lo tanto, si no quieren arriesgar este partido y quieren rendirse sin jugarlo, el primero debe decir: "Estoy seguro de tener 32 ducados porque también el perder me lo asigna: pero con respecto a las otras 32, tal vez las tenga yo, tal vez las tenga usted; el riesgo es el mismo; dividamos por lo tanto

> estas 32 ducados por la mitad y deme, además de esto, los 32 ducados que tengo asegurados" Él tendrá, por lo tanto, 48 ducados, y el otro 16 (véase Boursin, 1966, p. 5).

La dificultad de la solución de Pascal no se debe a operaciones de cálculo, sino en considerar e integrar dos informaciones del juego: las "posibilidades" y las "consecuencias".

Esta dificultad, que podríamos denominar "representación del problema", es típica de muchos casos de elección como veremos adelante.

Pero en el análisis económico estándar existe un sólo modo de representar el dilema de elección. Con base en tal concepción, la preferencia surge en función de las consecuencias de la elección (principio de consecuencialismo), independientemente de cómo se presentan las opciones o cómo la misma preferencia se expresa.

En el análisis psicológico, la preferencia también opera en función de las consecuencias derivadas de la elección. Según se presente lingüísticamente el dilema de decisión o según la decisión se comunique, ello influirá en la elección. Estas "anomalías decisionales" del análisis económico estándar aparecen desde que los factores contextuales, de tarea o comunicacionales, activan distintas representaciones del problema. Por lo tanto, un concepto central del análisis psicológico es la elaboración de la representación mental. Razonando sobre el problema, es que las personas utilizan perspectivas mentales "espontáneas" que inducen a elecciones que se alejan de las consideradas como racionales.

Dando un salto de muchos años, resolver la cuestión de la racionalidad en la elección en el ámbito de la economía ha sido, y aún es, la teoría de la utilidad subjetivamente esperada. Ésta combina las preferencias de von Neumann-Morgestern y una estructura de creencias de tipo ballesyano (para una discusión, véase Kahneman, 2003).

La teoría citada conserva de la tradición el descomponer en partes el problema decisional: la "probabilidad" con la cual los resultados se alcanzan y la "utilidad" que de ellos derivan. En este sentido, la teoría de la decisión racional es un procedimiento analítico de elección.

Pero lo más interesante es que algunos pilares de tal teoría son *principios intuitivos de racionalidad*. En otros términos, algunos de estos principios son tan plausibles que nadie tendría dificultad en utilizarlos para resolver sus conflictos decisionales y en reconocer su racionalidad.

En este punto podemos preguntar si las decisiones que tomamos a partir de nuestra intuición son congruentes en relación con las previstas por la teoría de la elección racional. Como se verá en lo sucesivo, la respuesta es negativa.

El efecto encuadramiento y el principio de coherencia descriptiva

Fundamentada en el principio de la coherencia descriptiva, la expresión de la preferencia no depende de cómo se describan las opciones de elección, a semejanza de las consecuencias que derivan de ellas.

Los trabajos pioneros de Kahneman y Tversky al final de los años setenta demostraron lo contrario, evidenciando algunas "anomalías de elección" aparentemente inconciliables con el análisis económico estándar (véase Kahneman y Tversky, 1979; Tversky y Kahneman, 1981, 1986).

Considérese, con este propósito, el problema del "cierre de la fábrica" (de Russo y Schoemaker, 1989):

> Imagina que eres el responsable regional de una gran unión sindical. A causa de cambios estructurales en la economía de algunos sectores, algunas empresas manufactureras de la región han amenazado con cerrar totalmente sus establecimientos. Los mismos emplean 600 trabajadores pertenecientes a tu representación sindical.
>
> El director de la división manufacturera y la relativa gestión han identificado dos opciones para enfrentar la situación de crisis. Los delegados del sindicato a nivel nacional consideran que estos dos planes de intervención son las únicas acciones económicamente aceptables. Tanto el director de la división de las empresas manufactureras como los representantes sindicales a nivel nacional quieren saber qué alternativa prefieren entre las propuestas.
>
> La opción 1 implica un cierre parcial y el despido de algunos asalariados. La opción 2 consiste, prácticamente, en aceptar una apuesta donde existe la posibilidad de un incremento de 600 puestos de trabajo o de ningún incremento. Éstas, en detalle, son las características de los dos planes:
>
> Si se elige la opción 1, se salvarán exactamente 200 puestos de trabajo.
>
> Si se elige la opción 2, existe un tercio de probabilidad que 600 puestos de trabajo sean salvados y dos tercios de probabilidad que ningún puesto sea salvado.
>
> ¿Que opción elegirías?

Russo y Schoemaker evidenciaron cómo la mayoría de los manager entrevistados evita los riesgos y elige la opción 1. Sin embargo, tal preferencia se revierte si las dos opciones se presentan o "se enmarcan" (*framing*) en una formulación negativa de las *mismas consecuencias*. Por ejemplo: "si se elige la opción 1 se perderán exactamente 400 puestos de trabajo. Si se elige la opción 2, existe 1/3 de probabilidades de que no se pierda ninguno y 2/3 de probabilidades de perder los 600 puestos de trabajo".

Nótese cómo las opciones 1 y 2 son idénticas en las dos versiones del problema. De hecho, si se estima una pérdida de 600 puestos de trabajo, decir que 200 se salvarán equivale a afirmar que otros 400 se perderán. No obstante, cuando las consecuencias se enuncian en términos negativos, los manager aceptan un riesgo y eligen la opción 2. Pero evitan riesgos y prefieren la opción 1 cuando las consecuencias se presentan en términos positivos. Por lo tanto, en el problema del "cierre de la fábrica" los manager realizan elecciones que violan el principio de coherencia descriptiva.

El efecto "encuadramiento" del problema parece ser muy fuerte y consistente aunque datos como los obtenidos por Fagley y Miller (1987) documentan una desviación respecto a los resultados de Tversky y Kahneman. Igualmente, se ha documentado la influencia del contenido sobre la revelación de este efecto como, por ejemplo, las aportaciones de Hershey y Schoemaker (1980) o por Christensen, Heckerling, Mackesy-Amiti, Bernstein y Elstein (1995). Por último, también la diferente distribución de las proporciones parece influir sobre el efecto encuadramiento, como evidenciaron Miller y Fagley (1991). El efecto encuadramiento es, por lo tanto, un fenómeno tal que aparece en distintos ámbitos: el económico, el financiero e incluso el médico (para una reseña sobre las anomalías de elección véase Rumiati y Bonini, 1996, 2001).

Un enfoque del problema puede darse también mediante la manipulación del punto de referencia utilizado para decidir. Por ejemplo, en las tarifas hoteleras la habitación con el desayuno incluido, por lo general, es la primera opción (u opción por *default*) y la que incluye la media pensión es la alternativa. Sin embargo, las tarifas podrían presentar primero la habitación con media pensión como *default* y, como alternativa, la que incluye el desayuno.

Desde el punto de vista del análisis económico, la preferencia entre las dos habitaciones no debería cambiar en una u otra condiciones. En los dos casos se trata de decidir si, por ejemplo, 20 euros más valen una cena en el hotel.

Desde el punto de vista psicológico, en cambio, el uso de la opción *default* es crucial para tomar la decisión. Antes de considerar un estudio experimental que lo demuestre, traemos a colación una anécdota. Thaler reporta un intenso *lobby* por parte de las empresas de tarjetas de crédito para adoptar por *default* el pago a través de tarjeta (lo que incluye el costo por el uso de la tarjeta) en lugar del efectivo. La diferencia a primera vista pareciera irrelevante. Pero desde un punto de vista psicológico no lo es, ya que es más fácil renunciar a un descuento que aceptar un sobreprecio (por el principio de la aversión a la pérdida o *loss aversion*). En el primer caso la diferencia de precios se interpreta como un descarte, mientras que, en el segundo, se percibe como costo agregado (Thaler, 1980, 1985).

La psicología de la decisión ha demostrado que las personas tienden a mantener una posición ya establecida respecto a las alternativas. Por ejemplo, prefieren mantener una inversión financiera. Se trata de un error decisional conocido como "statu quo bias" (Samuelson y Zeckhauser, 1988). Con base en este error decisional, es fácil prever que si el dilema de decisión presenta la opción A como default, o bien la B, las personas serán inducidas respectivamente a elegir la primera o la segunda opción.

Considérese, a propósito, el estudio de Johnson, Hershey, Meszaros y Kunreuther (1993) sobre la elección de un seguro para automóvil. Dicho estudio parte de la distinta jurisprudencia sobre seguros de algunos estados de la Unión Americana. En lo que concierne a la responsabilidad civil, los automovilistas de New Jersey disponían de una cobertura total con un costo adicional. En Pennsylvania, en cambio, la cobertura total era el *default*. Entonces los autores se preguntaron si la opción *default* podría influenciar la elección y la evaluación de la cobertura aseguradora total. Para verificar tal efecto, Johnson y colegas presentaron a un grupo de consumidores el siguiente escenario:

> Actualmente, en Estados Unidos se debaten las causas del reciente aumento en las primas de seguros. Una teoría lo explica por el número excesivo de demandas judiciales relativas a incidentes de menor entidad. Otra sostiene que se debe a la búsqueda de ganancia por parte de las empresas aseguradoras. Y una tercera lo justifica con la fluctuación temporal del mercado de las empresas aseguradoras.
>
> Una forma de reducir las primas usada en algunos estados, consiste en limitar el derecho para reclamar el resarcimiento por dolor o sufrimiento. Reconocer el estado de dolor y sufrimiento permite que una persona reclame una compensación monetaria.

Posteriormente, se describía al grupo de consumidores la siguiente información (cobertura completa como *default*):

> Imagina que te mudas a un estado donde la póliza estándar de responsabilidad civil no limita la reclamación del reconocimiento del estado de dolor y sufrimiento en caso de un accidente automovilístico. Recuerda que con esta póliza te podrían reembolsar todos los daños sufridos (gastos médicos, pérdida de cosas, etc.) además de lo relacionado al dolor y el sufrimiento.
>
> Tienes, además, la posibilidad de renunciar al derecho de reclamar el reconocimiento del dolor y el sufrimiento a cambio de una reducción de la prima de seguro. [...] Salvo esta diferencia, las dos pólizas son idénticas. Si eliges esta opción, el precio anual del premio disminuye 10%.

A otro grupo de consumidores se le presentaba la siguiente información (cobertura parcial como *default*):

> Imagina que te mudas a un estado donde la póliza estándar de responsabilidad civil limita el derecho del contrayente para reclamar el reconocimiento del dolor y el sufrimiento en caso de un accidente automovilístico. Recuerda que con esta póliza podrías exigir el reembolso de todos los daños sufridos (gastos médicos, pérdidas de cosas, etc.) con excepción de los relacionados al dolor y el sufrimiento.
>
> Tienes la posibilidad de adquirir el derecho para reclamar el reconocimiento del dolor y el sufrimiento a cambio de un incremento en la prima del seguro. [...] Salvo esta diferencia, las dos pólizas son idénticas. Si eliges esta opción, el precio anual de la prima aumenta 11%.

En ambos grupos se pedía elegir el tipo de póliza y estimar la diferencia de premio de tal manera que fueran equivalentes.

Los resultados mostraron que 53% de los entrevistados en el primer grupo prefiere conservar el derecho de reclamo mientras sólo 23% del segundo decide adquirirlo. Además, los consumidores están dispuestos a pagar un promedio de 32% más para la cobertura amplia en la primera condición respecto al 8% de los consumidores en la segunda condición.

Los resultados confirman que la percepción del beneficio de un seguro depende del encuadramiento del problema, en particular de la opción *default*. Se trata de un aspecto de la comunicación en un problema decisional irrelevante desde el punto de vista del análisis económico estándar, pero crucial para la descripción/predicción de la elección de un seguro por parte de los consumidores.

Otro ejemplo del rol que juega la opción *default* proviene de Madrian y Shea (2001) desde el ámbito de la decisión de ahorro. Estos autores demostraron cómo la tendencia a utilizar el fondo de pensión aumenta significativamente entre los trabajadores contratados con la inscripción automática al fondo respecto a aquellos contratados con un régimen de pensión diferente. Los autores atribuyen este comportamiento a la inercia de los trabajadores y a la percepción de la opción default con una recomendación de inversión.

La modalidad de expresión de la preferencia y el principio de coherencia procedimental

El segundo principio racional e intuitivo de elección corresponde a la coherencia procedimental. Con base en este principio, la preferencia no debe depender de cómo se expresa.

Imagínese el caso de un amigo que debe elegir departamento. Se le podría pedir que indicara en qué departamento estaría dispuesto a vivir. O que determinara el precio de compra. Y, por último, que indicara en cual departamento no viviría.

Independientemente de cómo se exploren las preferencias, según el principio de la coherencia procedimental, si su amigo prefiere vivir en el departamento A más que en el B, debería entonces estar dispuesto a gastar más para adquirir ese departamento. No sólo eso, debería contestar que preferiría no vivir en el departamento B.

El principio de coherencia procedimental es intuitivamente evidente. ¿Por qué si un individuo prefiere la opción A a la B, debería rechazar A o pagar más por la B?

No obstante la credibilidad y la racionalidad del principio de coherencia procedimental, la psicología de la decisión ha demostrado cómo tal principio es violado por la decisión intuitiva.

Considérese el siguiente experimento sobre la elección de consumo (Shafir, 1993). A un grupo de entrevistados se le presentaba las siguientes instrucciones y se le pedía elegir una localidad para vacacionar:

> Imagina que para las vacaciones de Navidad decidiste pasar una semana en una localidad veraniega. Tienes a disposición dos paquetes turísticos, ambos

ofrecidos a un precio razonable. Un folleto te informa sobre las dos opciones. A partir de la siguiente información ¿qué localidad preferirías?

- Localidad A: Condiciones climáticas normales
  Playas de calidad media
  Hotel de calidad media
  Temperatura del agua media
  Vida nocturna normal

- Localidad B: Clima muy soleado
  Barreras coralinas y playas de extraordinaria belleza
  Hotel ultra moderno
  Temperatura del agua muy fría
  Vientos muy fuertes
  Ausencia de vida nocturna

Se pedía entonces indicar la elección y, bajo las condiciones descritas, la mayoría elegía la localidad B.

A otro grupo de entrevistados se le presentaba la misma información pero, en este caso, debían indicar qué paquete turístico cancelaban. Para más precisión, se citan las instrucciones dadas:

> Imagina que para las vacaciones de Navidad decidiste pasar una semana en una localidad veraniega. Dispones de dos paquetes turísticos, ambos ofrecidos a un precio razonable, que apartaste previamente. Lamentablemente, la reservación no puede mantenerse por mucho más tiempo. Un folleto informativo te describe los dos paquetes. Con base en esta información, ¿cuál reservación cancelarías?

En estas condiciones se solicitaba la respuesta y muchos participantes cancelaron la reservación del paquete B.

Esta última decisión constituye una violación del principio de coherencia procedimental. Si un individuo prefiere el paquete B, entonces debería cancelar el A. Esta pauta decisional se ha demostrado con diferentes tipos de decisión, por ejemplo, a qué padre confiar/no confiar la custodia absoluta de un niño; cuál carrera universitaria elegir/rechazar; o qué candidato político votar/rechazar (Shafir, 1993).

Conclusiones

Los resultados obtenidos con la psicología de la decisión y la economía del comportamiento demuestran que las decisiones tomadas intuitivamente violan la teoría económica estándar del agente racional. Además, la decisión intuitiva puede violar nuestra misma concepción de racionalidad contradiciendo principios de racionalidad intuitiva.

Estos resultados muestran cómo las preferencias de un individuo son fácilmente manipuladas pues dependen de variables comunicacionales (cómo se presentan las opciones), de tarea y de contexto (por ejemplo, cómo la preferencia se expresa).

En los últimos cuarenta años se ha investigado mucho a fin de revelar las anomalías de elección. Sin embargo, a pesar de la cantidad de estudios empíricos, actualmente no existen modelos económicos de decisión basados en principios comportamentales fundamentales, como lo ha destacado el psicólogo Daniel Kahneman a quien fue asignado el Premio Nóbel de Economía (Kahneman, 2003).

El esfuerzo sucesivo será evaluar si los principios psicológicos de la decisión pueden integrarse a una teoría económica del comportamiento.

Bibliografía

Boursin J.L. (1966), *Les structures du hasard,* Seuil, Paris (trad. it. *Caso e probabilità,* Nardi Editore, Florencia 1992).

Christensen C., Heckerling P.S., Mackesy-Amiti M.E., Bernstein L.M. y Elstein A.S. (1995), "Pervasiveness of Framing Effects Among Physicians and Medical Students", *Journal of Behavioral Decision Making,* 8, pp. 169-180.

Fagley N.S. y Miller P.M. (1987), "The Effects of Decision Framing on Choice of Risky vs. Certain Options", *Organizational Behavior and Human Decision Processes,* 39, pp. 264-277.

Hamm R.M. (1988), "Clinical Intuition and Clinical Analysis: Expertise and the Cognitive Continuum", en Dowie J. y Elstein A. (bajo la dirección de), *Professional Judgment,* Cambridge University Press, Cambridge.

Hershey J.C. y Schoemaker, P.J.H. (1980), "Prospect Theory's Reflection Hypothesis: A Critical Examination", *Organizational Behavior and Human Decision Processes,* 25, pp. 395-418.

Isenberg D.J. (1988), "How Senior Managers Think", en Bell D.E, Raiffa H. y Tversky A. (bajo la dirección de), *Decision Making*, Cambridge University Press, Cambridge.

Johnson E.J., Hershey J., Meszaros J. y Kunreuther H. (1993), "Framing, Probability Distortions, and Insurance Decisions", *Journal of Risk and Uncertainty*, 6, pp. 35-51.

Kahneman D. y Tversky A. (1979), "Prospect Theory: An Analysis of Decision Under Risk", *Econometrica*, 47, pp. 263-291.

Kahneman D. (2003), "A Psychological Perspective on Economics", *American Economic Review* (Proceedings), 93:2, pp. 162-168.

Madrian B.C. y Shea D.F. (2001), "The Power of Suggestion: Inertia in 401(k) Participation and Savings Behavior", *Quarterly Journal of Economics*, 116, 4, pp. 1149-1187.

Miller P.M. y Fagley N.S. (1991), "The Effects of Framing, Problem Variations and Providing Rationale on Choice", *Personality and Social Psychology Bulletin*, 17, pp. 517-522.

Mintzberg H. (1975), *The Nature of Managerial Work*, Harper and Row, Nueva York.

Rumiati R. y Bonini N. (1996), *Le decisioni degli esperti: psicologia delle decisioni manageriali*, il Mulino, Bolonia.

Rumiati R. y Bonini N. (2001), *Psicologia della decisione*, il Mulino, Bolonia.

Russo J.E. y Schoemaker P.J.H. (1989), *Decision Traps: The Ten Barriers to Brilliant Decision-Making and How to Overcome Them*, Simon y Schuster, Nueva York.

Samuelson W. y Zeckhauser R. (1988), "Status Quo Bias in Decision Making", *Journal of Risk and Uncertainty*, 1, pp. 7-59.

Shafir E. (1993), "Choosing versus Rejecting: Why Some Options Are Both Better and Worse Than Others", *Memory and Cognition*, 21 (4), pp. 546-556.

Thaler R. (1980), "Toward a Positive Theory of Consumer Choice", *Journal of Economic Behavior and Organization*, 1, pp. 39-60.

Thaler R. (1985), "Mental Accounting and Consumer Choice", *Marketing Science*, 4, pp. 199-214.

Tversky A. y Kahneman D. (1981), "The Framing of Decisions and the Psychology of Choice", *Science*, 211, pp. 453-458.

Tversky A. y Kahneman D. (1986), "Rational Choice and the Framing of Decisions", *Journal of Business*, 59, 4, pp. 251-278.

12. Cual mente para la economía cognitiva

Por Riccardo Viale

En la base de la economía, como en las otras ciencias sociales, se encuentra siempre una teoría del actor. Ésta identifica los rasgos sobresalientes de los sujetos que, a través de sus acciones, originan los fenómenos colectivos de tipo social y económico. De ellos los más relevantes son los que explican el origen de los comportamientos del actor: por qué actúa de cierto modo; cuáles son los efectos del contexto sobre su elección; qué principios guían o caracterizan sus decisiones. En definitiva, cada acción remite, explícita o implícitamente, a una teoría de la mente. Ella representa, de forma más o menos detallada y directa las variables que causan la acción. En general, en economía la teoría de la mente no se describe de modo explícito y completo. Más bien, se trata fundamentalmente de indicaciones psicológicas sumarias o de presupuestos implícitos que son deducidos desde los principios de elección atribuidos al actor por los postulados de la teoría económica.

Teorías de la mente en la tradición económica

La economía neoclásica es sin duda la teoría económica más destacada del siglo XIX y, en su primera fase, —desde Irving Fisher y Vilfredo Pareto hasta finales de la década de 1930, cuando se introduce el axioma débil sobre las preferencias reveladas de Paul Samuelson— hereda de la escuela marginalista la representación psicológica del actor económico como maximizador intencional de sus objetivos con base en las creencias disponibles. La teoría de la mente utilizada se funda en la tríada creencia–objetivo–acción que corresponde a la psicología del sentido común o *folk psychology*. Se trata de una psicología conceptualmente muy pobre que no ha recibido sustento desde la teoría científica en estos años y que no alcanza el estatus de ciencia empírica (Stich, 1983; Viale, 1997, pp. 5-9). Parece poco creíble limitar las determinantes de la acción sólo a las creencias y los objetivos. Es suficiente referirnos a la experiencia personal cotidiana para entender cuantos más factores están implicados en la decisión y en la acción. Por una parte están las emociones relacionadas con las experiencias del individuo; por otra, las motivaciones que debilitan o refuerzan nuestras elecciones para actuar de un cierto modo: el arrepentimiento, la confianza, la sensibilidad, etc. Para no mencionar los mecanismos que se encuentran en la base de la memoria: el aprendizaje, el razonamiento y la percepción. Como revela Egidi (1992), esta psicología simplificada del actor económico refleja el minimalismo cognitivo requerido por los objetivos de la economía neoclásica: la explicación del equilibrio económico general. Para la elección del precio de equilibrio no es necesario pretender que el actor económico esté dotado de complejas virtudes de análisis estratégico. Es suficiente una capacidad paramétrica, es decir de planteamiento de la situación como si fuera gobernada por fenómenos simples, fácilmente previsibles. Este actor económico, de mente simplificada, no logra rendir cuenta de la mayor parte de los eventos complejos de la realidad económica. En particular se encuentra completamente desarmado ante fenómenos como la innovación, el conocimiento, el cambio institucional y la información que tienen las características de bienes públicos y escapan a los parámetros del equilibrio económico general.

Una muy simplificada teoría de la mente de la primera fase de la economía neoclásica se anula en la economía neoclásica contemporánea (desde Samuelson en adelante). Se asiste a la progresiva sustitución del modelo de maximización por el de coherencia formal (Giocoli, 2003, p. 7). El nuevo actor económico en lugar de la mente tiene las ecuaciones de la teoría de la decisión bayesiana. No se necesita psicología alguna para describirlo. Lo que importa es la atribución a priori y "convencionalista" de las capacidades computacionales que le permiten resolver por un camino formalmente correcto las ecuaciones que guían sus decisiones. La teoría de la acción económica, de este modo, escapa completamente del recinto de la ciencia empírica y se convierte en una rama de la matemática.

Sin embargo, este resultado terminal de la teoría de la mente en la economía neoclásica contemporánea no puede hacernos olvidar otras aportaciones que, con anterioridad a las orientaciones de la nueva ciencia económica, abordaron de modo directo y prioritario la psicología del actor económico.

Como fuera evidenciado recientemente (Egidi y Rizzello, 2003, pp. 221-245), podemos corroborar lo señalado en el trabajo de Marshall, Veblen, Menger y von Hayek.

Marshall (1867-1868) desarrolló durante muchos años un claro interés por el estudio de la mente. Él realizó el planteamiento de los fenómenos mentales de tipo neurobiológico, anticipando las posiciones posteriores de Simon y March en la teoría de la organización. Para explicar la dinámica de los procesos económicos y de las organizaciones era necesario, según él, concentrarse en la actividad de la solución de problemas individual, en la innovación, la creatividad y la generación de rutinas. Eso era posible si se partía de una teoría de la mente que explicara cómo actuaba el actor en contextos interactivos. Por otro lado, él también elaboró modelos de aprendizaje y cambio organizativo que recuerdan los sistemas capaces de reproducirse y organizarse por sí mismos como la corriente conexionista de las ciencias cognitivas. Al igual que Marshall, Veblen (1994) y otros institucionalistas americanos consideran a la identificación del modelo de la mente como la base para explicar las dinámicas de cambio y desarrollo institucional. Además, se dio un paso en la interpretación de las rutinas como conocimiento codificado y en su aplicación a los fenómenos de cambio tecnológico.

Sin embargo, es con la tradición austriaca de Menger (1963 [1893]) y von Hayek (1952) que la teoría de la mente adquirió un rol importante aunque diferente del desarrollado por Simon y la economía cognitiva. La mente es interpretada, según la teoría psicobiológica, como un elaborador activo de las informaciones externas. El conocimiento utilizado por el actor no es fijado sólo por parámetros externos, sino también por la capacidad subjetiva y personal para percibir y plantear la información. El conocimiento deriva entonces de la habilidad de la mente para clasificar activamente los estímulos externos según el *framework* de origen genético y adquirido. La estructura neuronal, heredada genéticamente, es continuamente plasmada en el proceso de aprendizaje y de elaboración de la información. El *framework* mental es básico en el procesamiento de la información que genera el conocimiento que guiará los procesos decisionales y la acción individual. Además, las características de la mente humana son fundamentales en la génesis de las instituciones y de sus peculiaridades organizativas. Aun si pareciera lo contrario, el énfasis en la importancia de la mente no quiere decir, según von Hayek, que sea posible explicar las instituciones desde los mecanismos mentales de la acción. De hecho von Hayek y toda la tradición austriaca son ferozmente antipsicologistas y contrarios al programa epistemológico de Mill (1843) de reducción psicológica de los fenómenos sociales. Desde este ángulo, von Hayek es antitético ante las posiciones epistemológicas del cognitivismo metodológico (Viale, de próxima publicación) que resulta, en mi opinión, una condición necesaria para la explicación cognitiva de la acción económica. A pesar de ello, con von Hayek se han dado pasos decisivos en la apertura de la economía hacia las ciencias cognitivas y, en general, hacia el estudio empírico del comportamiento.

Orígenes filosóficos de la primacía de la razón

La historia del pensamiento económico muestra que ha existido una relación inversa entre desarrollo articulado y empírico de la teoría de la mente del actor económico y su atribución de capacidades racionales. A mayor pretensión de racionalidad, menor es el desarrollo de la caracterización psicológica del actor. Como se ha mostrado en los ejemplos precedentes, con el máximo de capacidades racionales requeridas por la economía neoclásica contemporánea (la satisfacción de los requisitos computacionales de la teoría de la decisión bayesiana) se tiene el mínimo de contenido psicológico del actor. En tanto que lo inverso sucede en el subjetivismo hayekiano. Esta proporcionalidad inversa parece una consecuencia natural de la relación entre razón y mente. Virtudes de razonamiento ilimitado, como las adscritas al actor económico neoclásico, no son compatibles con la representación empírica de una mente caracterizada por límites y debilidades de tipo cognitivo. La razón ilimitada atribuida, a priori, al actor económico constriñe y ahoga todo espacio de expresión psicológica humana. Esta dualidad entre razón y mente no es una novedad pues tiene profundas raíces filosóficas. Esto se relaciona con una precisa tradición que se puede considerar como la madre del modelo de racionalidad en boga durante dos siglos en la ciencia económica.

¿A qué tradición filosófica se pretende hacer referencia? Podemos esquemáticamente distinguir dos corrientes principales relativas a la racionalidad (Viale y Pozzali, 2003, pp. 325-327): la primera afirma la primacía de la razón sobre el intelecto; la segunda sostiene la tesis opuesta.

En la primera, la tradición filosófica clásica, la razón es la fuerza que libera de los prejuicios, del mito y de las opiniones consolidadas pero falsas de las apariencias, y permite establecer un criterio universal o común para la conducta del hombre en todos los campos. En la tradición que va de Heráclito,

Parménides, Platón y Aristóteles a San Agustín, Descartes, Spinoza, Leibniz y el Iluminismo, la razón es la guía fundamental y universal del hombre que lo diferencia del animal y que le permite discernir lo verdadero de lo falso; como sostiene Séneca, es la razón "una parte del espíritu divino infundido en el cuerpo del hombre". Y ella es universal puesto que está presente en todos los hombres, los cuales, según lo afirma Descartes, tienen disparidad de opiniones sólo porque se aplica la razón de manera distinta.

A esta visión olímpica y universal de la razón se contrapone la segunda posición. Se trata de una tradición minoritaria que somete la razón a la primacía del intelecto, sostenida por el neoplatonismo, Santo Tomás, la escolástica medieval, Francis Bacon y, en gran parte, por Kant. En esta corriente, el intelecto se considera superior porque está dotado de un carácter intuitivo e inmediato que le permite comprender directamente la realidad empírica a diferencia de la razón, limitada por su carácter discursivo y a priori. También Kant, aun apoyando el carácter discursivo de ambas, considera válido sólo el intelecto cuyos conceptos se derivan inmediatamente de la experiencia (Kant, 1781-1787).

Aunque criticada duramente por Kant, la primacía de la razón y su carácter discursivo es la posición dominante en la filosofía. El carácter discursivo y lingüístico, resumido en el procedimiento silogístico de Aristóteles o en el ideal cartesiano de las cadenas de razones de la geometría, lleva al desarrollo formal de la teoría de la racionalidad del último siglo. La lógica resultante de la racionalidad mantendrá siempre, como en Aristóteles, la doble validez descriptiva de los procedimientos propios de la razón y la normativa, en el sentido de la regla para su correcto uso.

La teoría de la racionalidad, herencia de la tradición filosófica y base de la teoría de la acción de la economía en el siglo XIX, se caracteriza, en consecuencia, por ser ilimitada, a priori, y lingüístico-intencional. Su supuesta validez descriptiva se fundamenta en la presunción a priori de la racionalidad universal del género humano y no en la justificación a posteriori de las reales capacidades racionales humanas.

La economía neoclásica y el modelo de racionalidad contenidos en la teoría de juegos de von Neumann y Morgenstern son la realización de este ideal (bien representado por la metáfora de Laplace del demonio capaz de una racionalidad calculadora ilimitada).

En definitiva, el vicio de origen de la concepción filosófica de la razón ilimitada, a priori y dominante sobre el intelecto, sacrifica el desarrollo de la teoría de la acción y no deja espacio para la investigación empírica sobre el intelecto, las modalidades reales de razonamiento y decisión, y sobre los aspectos no intencionales y no conscientes de la acción.

Límites cognitivos de la razón humana

Como es sabido, desde hace algunos años la teoría de la racionalidad ilimitada fue sometida a muchas críticas derivadas de la investigación empírica en el campo cognitivo (Viale, 1992; véanse también los ensayos de Rumiati y Legrenzi, el de Bonini y el de Bernasconi en este libro). Éstas pueden resumirse, caracterizando la teoría de la acción en los tres principales componentes causales de razonamiento, juicio y elección (Shafir, 2002, pp. 493-497).

Razonamiento

Varios años de investigación empírica han demostrado una tendencia sistemática del individuo a cometer errores en el razonamiento lógico. Parece que hay una mayor facilidad con conectores como la conjunción "y" mientras se encuentran errores sistemáticos crecientes en los condicionales "si... entonces"; en la disyunción exclusiva "A o B, pero no ambas"; y en la disyunción inclusiva "A o B o ambas". Las causas de este comportamiento "ilógico" pueden explicarse desde dos hipótesis opuestas: la mente del razonamiento lógico aplica un número limitado de reglas abstractas que corresponden sólo a una parte de las pertinentes en la lógica deductiva; y no existe ninguna lógica mental que guíe el razonamiento, porque ello se basa en la elaboración de modelos mentales que representan la situación.

Juicio

Los individuos tienden a expresar juicios sobre la probabilidad de los eventos que son correctos cuando la relevancia de los principios del cálculo es evidente y clara. Por el contrario, cuando los contextos de juicio son más ricos y no es tan obvia la aplicabilidad de los principios normativos, entonces los sujetos tenderán a cometer errores de juicio, los cuales surgen al utilizar modalidades de pensamiento llamadas *heurísticas*. Según la más importante, la *representatividad* (véase

Kahneman, Slovic y Tversky, 1982), se tiende a evaluar la probabilidad de pertenencia de un objeto a una categoría basándose en la semejanza que tenga con el miembro más representativo de ésta.[1] Ello conduce a una serie de errores de tipo estadístico, como la falta de apreciación del fenómeno de regresión estadística, la *overconfidence*, es decir, la seguridad exageradamente alta para juzgar la probabilidad de un evento (cuando la evidencia es fuerte, pero la confianza es baja); y la *underconfidence*, esto es, la seguridad exageradamente baja para juzgar la probabilidad de un evento (cuando la evidencia es débil, pero la confianza es fuerte).

Elección

Según las normas de la racionalidad, la elección debería basarse en preferencias coherentes que surgen a partir de la utilidad subjetiva de los resultados esperados, y multiplicarse por la probabilidad de que sucedan. Además, ellas deben satisfacer el principio de la invariabilidad de la descripción y del procedimiento de formación. Pero en la realidad de la elección, los individuos tienden a construir sus preferencias fundamentándose en la naturaleza y el contexto de decisión, de donde resulta que las preferencias son, por lo general, incoherentes y poco claras. Según la *prospect theory* (Kahneman y Tversky, 1979) las probabilidades tienen un impacto no lineal en la decisión: son fundamentales los cambios de bienestar, como las ganancias o las pérdidas con base en un punto de referencia subjetivo y no en los estados de bienestar. Se prefiere arriesgar más en condiciones de pérdida y menos en condiciones de ganancia. Esto influye bastante sobre cómo se decide en los varios contextos de elección: basta cam-

---

1 Un ejemplo que ilustra el rol de la heurística de la representatividad en el juicio de probabilidades es el conocido test de Linda, el cual se articula del siguiente modo:

Linda tiene 31 años; es soltera, extrovertida y brillante. Estudió filosofía. Cuando era estudiante estaba muy comprometida políticamente y participaba en las manifestaciones antinucleares.

Enseguida se solicita ordenar una serie de enunciados según su probabilidad, asignando el rango 1 al más probable y el rango 8 al menos probable. Luego siguen ocho enunciados acerca de las actividades de Linda, entre los cuales figuran:

- Linda es una empleada (A);
- Linda es una militante feminista (B);
- Linda es empleada y militante feminista (A y B).

La descripción A y B es menos probable que las otras dos por el conocido principio de la probabilidad , según el cual la conjunción de dos eventos es menos probable. No obstante, la mayor parte de las personas la considera más probable que A debido a que es más representativa que la característica "ser feminista".

biar el *frame* de ganancia a pérdida, aun manteniendo el mismo resultado final, para tener respuestas contradictorias (*framing effect*).

Las versiones de la racionalidad limitada

Los resultados de los estudios sobre razonamiento, juicio y elección han evidenciado los límites de la actividad racional del hombre en contextos de decisión económica. Tal evidencia originó nuevos modelos de racionalidad económica, los cuales trataron de fundarse sobre las características reales y no a priori de la acción económica, es decir sobre una teoría de la mente generada empíricamente (véase el ensayo de Edigi en este libro). Podemos describir las principales hipótesis de la crítica cognitiva a la racionalidad ilimitada siguiendo un criterio relacionado a dos parámetros correspondientes a los dos filos de la navaja de la racionalidad de Simon (1990, p. 7):

1) las restricciones reales de las capacidades computacionales del actor;
2) las restricciones reales de la complejidad de la estructura ambiental.

La primera hipótesis es la *optimización bajo restricciones*. La búsqueda de información debe ser limitada porque los sujetos que deciden tienen a disposición sólo una suma determinada de tiempo, atención y recursos. Las reglas de bloqueo optimizan la investigación, es decir calculan los beneficios y los costos de la investigación por cada parte de información agregada y se detienen en cuanto los costos superan a los beneficios (Anderson y Milson, 1989; Sargent, 1993; Stigler, 1961). Esta versión de la racionalidad coloca restricciones a las decisiones del actor o con la simplificación arbitraria del ambiente. Sin embargo, ambas restricciones son representados con normas irreales de tipo óptimo a nivel psicológico (*stopping rule*) o a nivel de la realidad (simplificación arbitraria del ambiente). Esta versión de la racionalidad aún está completamente dentro del vicio de origen de la racionalidad ilimitada y a priori.

La segunda es el programa de Tversky y Kahneman (1974) de las *heurísticas de juicio*. Ellos evidenciaron una serie de mecanismos inferenciales, responsables de las falacias en el razonamiento humano en cuanto que violan alguna regla de la lógica o del cálculo de la probabilidad. Se trata de un modelo de racionalidad de tipo limitado y construido empíricamente. A los componentes no conscientes de juicio y elección se les da un rol (piénsese en el *framing effect*).

Pero la versión de la racionalidad que de ella deriva es fundamentalmente intencional. En el estudio empírico del razonamiento humano, se utiliza la comparación con los cánones clásicos de la racionalidad, es decir, con las reglas del cálculo de la probabilidad, de la lógica y de la decisión bayesiana. De esta manera se termina tratando como irracional gran parte de la actividad inferencial humana, sin preocuparse del éxito o el fracaso de las inferencias en la solución de los problemas y en el dar respuestas adaptables al contexto ambiental en el cual se generan. Desde este punto de vista, el modelo de Kahneman y Tversky parece demasiado preocupado por mantener la referencia a los cánones a priori de la racionalidad ilimitada y poco interesado en elaborar una teoría de la acción independiente.

La tercera es la célebre teoría de la *racionalidad limitada* de Herbert Simon (2000). Aun interesándose, en principio, como teoría empírica *par excellence*, en las dos series de restricciones, aquellas cognitivas y aquellas ambientales, pone el acento fundamentalmente en las primeras, y de hecho se define como procedimental. De esta manera se muestra poco interesada en desarrollar los aspectos de adaptación de la racionalidad. Además queda anclada a una teoría de la acción de tipo intencional que no deja espacio a la esfera no consciente y tácita de los factores responsables de la acción.

La cuarta y más reciente es el programa sobre las *heurísticas frugales y rápidas* de Gigerenzer y del grupo sobre la Adaptive Behaviour and Cognition (ABC) (1999). Éste amplía y extiende el programa simoniano, sobre todo con el objetivo de indentificar las heurísticas que parecen, por un lado, satisfacer los requisitos de racionalidad limitada, es decir, la limitación de las capacidades cognitivas y, por otro, aquellas de *racionalidad ecológica*, esto es, la adaptación ambiental de las inferencias. Como es sabido, una heurística es una modalidad de juicio que sacrifica el rigor formal y la totalidad presentes en un algoritmo en favor de la velocidad y simpleza. La heurística "medios-fines" de Simon es un ejemplo. Las *heurísticas frugales y rápidas* son un caso de reglas todavía más simples para decidir cuando existen estrictas restricciones de tiempo.

Este programa sustituye el criterio de *coherencia* de las actividades inferenciales respecto a las leyes de la lógica y de la probabilidad con el de *correspondencia* de las decisiones respecto a la estructura del ambiente, según los principios de frugalidad, velocidad y cuidado.

El programa de Gigerenzer y del ABC Group parecería alejarse mucho del vicio de origen de la racionalidad ilimitada y a priori. Sin embargo, en mi opinión, aún queda condicionado por el vicio. De hecho su preocupación parece más normativa que empírica. Su mayor preocupación parece ser, como lo hacen Tversky y Kahneman, comparar las heurísticas con los modelos canónicos de la racionalidad ilimitada y a priori. Además las heurísticas de Gigerenzer son, no tanto el resultado inductivo de la investigación empírica acerca de la actividad cognitiva humana, sino conjeturas introducidas con base en algunos indicios que derivan de la psicología humana y animal y, sobre todo, como consecuencias deductivas de algunos principios asignados a priori a la actividad inferencial humana como la frugalidad, la velocidad y la simplicidad. Finalmente, la supuesta racionalidad ecológica es una preocupación normativa que se incorpora más a priori que como confirmación empírica de la eficacia adaptadora de las heurísticas.

El vicio de origen filosófico no parece, entonces, poder eliminarse completamente de los fundamentos de las teorías de la mente de las diferentes versiones de la racionalidad limitada. La prevalencia del componente normativo sobre el descriptivo y el empírico guía la generación de las hipótesis teóricas. Si esto resulta un vínculo que no puede eliminarse se obtiene que, para la construcción de una teoría psicológica de la acción humana, parece necesario dar un paso hacia atrás respecto a la teoría de la racionalidad, por su intrínseca naturaleza normativa que no puede eliminarse, a priori e intencional. Esto significa, como en la tradición filosófica de la primacía del intelecto sobre la razón, reflexionar los diferentes aspectos de la mente responsables de la acción, sin el vínculo de su carácter consciente e intencional, de su esencia lingüístico-computacional y de su valor normativo respecto a reglas a priori.

La economía cognitiva: la primacía de la mente intuitiva

A decir verdad, el programa de Gigerenzer contiene algunos principios que parecen ir en dirección correcta. Por ejemplo, él reconoce que por lo general "la gente elabora mejores juicios basándose más en las intuiciones que en el razonamiento" (Wilson y Schooler, 1991) o que simples estrategias intuitivas compiten con las inferencias bayesianas (McKenzie, 1994). Según Gigerenzer "mucha información y su elaboración excesiva puede ser perjudicial. La cognición es el arte de concentrarse en lo relevante e ignorar deliberadamente el resto" (Gigerenzer y Todd, 1999, p. 21).

Además Gigerenzer atribuye un rol importante a factores que no forman parte de la esfera intencional, tanto en la búsqueda de información como en la decisión. Por ejemplo, "las emociones también pueden funcionar como principios heurísticos para la investigación de las informaciones y la interrupción de la investigación" (Gigerenzer y Todd, 1999, p. 31). Su rol parece relevante en los procesos decisionales, sobre todo cuando evitan a la mente la carga cognitiva que derivaría de la toma de conciencia explícita de la norma y de su evaluación, elección y aplicación.

En definitiva, se reconoce que una importante parte de la cognición humana responsable de las decisiones no puede representarse con la acumulación de información explícita, la investigación de la totalidad cognoscitiva y la aplicación consciente de reglas decisionales seleccionadas intencionalmente por el actor.

Lo que caracteriza la *economía cognitiva* es la conciencia en la teoría de la acción económica. Al contrario, quien ha generalmente aceptado los resultados empíricos de las ciencias cognitivas como objeciones a la teoría de la racionalidad de la economía neoclásica se ha limitado a agregar al modelo tradicional afirmaciones sobre las limitaciones cognitivas. Éstas servían para explicar las anomalías como excepciones a la racionalidad. Esta concepción monista de la racionalidad es discutida por la economía cognitiva. No se niega la presencia de una dimensión normativa de las modalidades de razonamiento y juicio, misma que se manifiesta cuando el individuo tiene tiempo para reflexionar concientemente y elaborar juicios de probabilidades o hacer las propias deducciones respecto a premisas dadas. Sin embargo, esto representa sólo una mínima parte de la actividad decisional humana. En primer lugar, existen estimaciones y razonamientos que no llegan a ser normativamente correctos, aun después de la reflexión atenta y consciente. Las normas subyacentes son demasiado complejas y poco "amigables" desde un punto de vista cognitivo. En segundo lugar, gran parte de la actividad cognitiva de todos los días se manifiesta en tiempos rápidos, por intuición y fuertemente influenciada por variables de carácter emocional y afectivo (véanse los ensayos de Sacco y Zarri y de Bonini en este libro). Este tipo de actividad cognitiva no genera normalmente juicios y decisiones correctas desde un punto de vista normativo, sino que sirve para las finalidades prácticas de la vida de todos los días. Se podría hablar de un *modelo dualista de la racionalidad*: el Tipo 1 de carácter tácito que se utiliza en las decisiones intuitivas de todos los días; y el Tipo 2 de naturaleza explícita que sirve para realizar análisis y juicios normativos (Evans y Over, 1996).

Sin embargo, la economía cognitiva prefiere abandonar la utilización del término racionalidad por su esencia —que no puede eliminarse— de atributo normativo de las capacidades decisionales humanas. Además, el término *dualista* se debe sustituir con el de *duplicidad*, en cuanto que los dos componentes no son antitéticos, sino que se integran uno en otro. En vez de dualismo de la racionalidad, es mejor referirse a una *duplicidad cognitiva de la mente*. Ésta es representada por un primer componente que corresponde a la actividad intuitiva de tipo tácito transformada por factores afectivos y emocionales que dependen del contexto; y un segundo componente que representa la actividad de razonamiento consciente, dependiente de reglas e independiente del contexto. El primer componente podría llamarse *Mente intuitiva* y el segundo *Mente que razona*. Muchos autores se expresaron a favor de esta hipótesis dual. Epstein (1994) sostiene la coexistencia entre un sistema holístico y afectivo guiado por asociaciones y un sistema analítico y lógico guiado por razones. Del mismo modo, Sloman (1996) propone un sistema asociativo que elabora juicios a partir de la semejanza y regularidad en el ambiente coexistente con un sistema basado en reglas que operan sobre estructuras simbólicas y sigue principios computacionales explícitos. Incluso Kahneman (2003) se adhiere a la tesis de una arquitectura cognitiva de dos sistemas refiriéndose a la propuesta de Stanovich (1999). El primero actúa velozmente, sin esfuerzo, de modo asociativo, automático, paralelo y con contenidos emocionales; el segundo trabaja más lento, serial, con gasto de energía, con un control consciente y según ciertas reglas. El primero, que tiene muchas características comunes a la actividad perceptiva, corresponde a la intuición; y el segundo al razonamiento.

La economía cognitiva asume totalmente esta dicotomía en su teoría de la mente. Es imposible construir alguna teoría de la acción económica sin incluir el rol causal de los factores indicados por la mente intuitiva. Por otro lado, desde hace algunos años los teóricos de la decisión han reconocido con técnicas psicológicas y de *neural imaging* la influencia intrínseca de estos componentes. Damasio (1994) supuso que las mejores decisiones tenían necesidad de un marker somático o de una señal visceral que permitiera anticipar el dolor o el placer que sobreviene a la elección. De hecho, las imágenes relacionadas con sentimientos y emociones positivas o negativas guían por lo general las decisiones. La facilidad con que tales imágenes se representan a nivel mental conduce a que su rol sea, en los procesos decisionales, alternativo a los juicios basados en reglas formales seguidas de modo intencional (Loewenstein *et al.*, 2001). Incluso se habla de una *affective heuristics* (heurística afectiva) (Slovic *et al.*, 2001) que explica varios fenómenos como la relación negativa entre costos y beneficios que se manifiesta bajo presión temporal y por razones afectivas. Por ejemplo, contrariamente a la realidad económica, donde la relación es generalmente positiva se ha comprobado que, por lo común, la gente que ama una tecnología piensa, sobre todo cuando debe responder velozmente, que ésta debe tener bajo costo y grandes beneficios (Finucane *et al.*, 2000).

Estos datos son de fundamental importancia para cualquier teoría económica que quiera explicar la génesis de las preferencias. Preferir una opción u otra es un proceso generalmente determinado por la mayor *accesibilidad* mental de ciertas imágenes dotadas de carga emocional relacionada con la elección. Más aún, la mente intuitiva se estructura con base en la accesibilidad, es decir, con la facilidad por la cual ciertos contenidos mentales son representados. Las elecciones basadas en la intuición, como la mayor parte de las elecciones económicas de la vida cotidiana —sobre todo los contenidos mentales dotados de mayor importancia emocional— son más accesibles y, en consecuencia, determinan la decisión. Desde este punto de vista el funcionamiento de la mente intuitiva nos permite explicar de forma más general y simple la actividad de muchas heurísticas descubiertas en estos años y en particular la de la "representatividad". ¿Por qué en muchos experimentos (como el de "Linda" descrito en la nota 1) se comprueba un bajo porcentaje de respuestas que se apegan a los principios de la teoría de la probabilidad? Porque en estos casos la mente del sujeto que decide reduce la complejidad de la computación a operaciones más simples mediante un proceso de *sustitución del atributo* (Kahneman y Frederick, 2002); es decir, el sujeto tiende a evaluar el atributo de un evento —la probabilidad de Linda de ser una empleada de banco o una empleada de banco y una feminista— sustituyéndolo con otro —la semejanza de la descripción de Linda con la de una feminista— más accesible a nivel mental. Los factores afectivos y emocionales son el generador más importante de sustitución de atributo por su capacidad para hacer mentalmente más accesible una propiedad respecto de otra.

Este fenómeno de la accesibilidad de fundamento emocional y típico de la mente intuitiva, ha originado una serie de heurísticas activas en muchas decisiones económicas. Se trata de las *heurísticas prototípicas* (Kahneman, 2003), que comparten una característica psicológica común: la representación de una categoría de fenómenos a través de su prototipo. Cada vez que miramos o pensamos en un conjunto de objetos que sea bastante homogéneo para tener un prototipo que los represente, automáticamente se vuelve accesible a nivel mental. Existen diferentes hipótesis sobre qué es un prototipo. Éste podría definirse por los valores promedio de las propiedades sobresalientes de los miembros que integran un determinado conjunto de objetos o eventos. Como es evidente, los factores emocionales están intrínsecamente relacionados con la formación y revisión de un prototipo actuando sobre la accesibilidad de las propiedades sobresalientes que lo construyen. Cuanto mayor es el valor emocional de una propiedad, mayor es su accesibilidad mental y por lo tanto más probable es que contribuya a formar el prototipo. Desde este punto de vista, el prototipo no representa las propiedades más intrínsecas y relevantes en términos normativos de una categoría, sino sólo las que tienen más impacto emocional. Esta escasa representatividad normativa del prototipo hace que cuando se juzgue un evento que forma parte de una categoría, el juicio esté dado más por las propiedades marginales del prototipo que por el análisis profundo de las propiedades relevantes del evento. Por ejemplo, es frecuente que las heurísticas prototípicas conduzcan a la negación de las propiedades *extensivas* de una categoría. En otras palabras, cuando agregamos un elemento a una categoría se tiene un aumento del valor total de la categoría. Es decir, al aumentar la extensión de una categoría crecerá el valor de sus atributos extensivos (si agregamos una o más empresas al conjunto empresarial de un sector, aumentará el valor de su facturación total). Esto no sucede cuando utilizamos mentalmente el prototipo de una categoría que por su naturaleza está basado en el promedio de las propiedades y no en su extensión. Tal hecho conduce a decisiones contranormativas. Un caso, entre tantos, puede ilustrar este fenómeno. Un estudio de William H. Desvousges *et al.* (1993) sobre la WTP *(willingness to pay)*, es decir, la voluntad de pagar por bienes públicos evidenció una total negación de la extensión. A varios sujetos se les preguntó cuánto estarían dispuestos a pagar para prevenir el ahogamiento de los pájaros migratorios en el petróleo. El número de pájaros que se salvaría variaba en las distintas submuestras. Las sumas que los sujetos querían pagar eran 80, 78 y 88 dólares para salvar respectivamente 2,000, 20,000 y 200,000 pájaros. La imagen prototípica, de alto contenido emocional, de sólo un pájaro que se ahogaba en el petróleo había sido en todas las submuestras el verdadero objetivo en el juicio sobre valor económico. Ello había anulado la evidencia de la diferente extensión del número de pájaros entre los subgrupos de sujetos.

Las heurísticas prototípicas son responsables de gran número de juicios frecuentes en la vida económica. Se puede afirmar que todas las elecciones que parten del análisis de conjuntos y categorías estimulan la actividad de dichas heurísticas. Desde la evaluación del apoyo inductivo de una hipótesis por un conjunto de datos a la estimación del valor económico de bienes privados y públicos, prevalecen las elecciones elaboradas por la mente intuitiva. En estos casos se juzga con prototipos que tienen la dimensionalidad de casos individuales y carecen de la dimensión de la extensión. Por lo tanto, no es posible construir una teoría de las creencias y preferencias económicas sin referirse al rol cognitivo de la mente intuitiva al elaborar estos juicios.

La mente intuitiva está también en la base de otra característica fundamental del juicio y de la elección económica: la propiedad tácita de gran parte de los procesos mentales involucrados en la acción económica. Se trata del conocido problema de la *tacit knowledge* (*conocimiento tácito*) que llamó la atención de muchos economistas y científicos sociales, pero que puede encontrar soluciones explicativas sobre todo a partir de los datos de las ciencias cognitivas (Viale y Pozzali, 2003).

Se sabe que la actividad cognitiva de los sujetos puede ser influenciada no sólo por eventos percibidos conscientemente, sino también por aquellos percibidos de manera no consciente. Es también conocida la presencia de mecanismos de memoria implícita. Sujetos afectados por graves formas de amnesia pueden manifestar la capacidad de realizar determinadas tareas aprendidas anteriormente. Además parece que existe asimetría entre la adquisición consciente de determinadas habilidades y la puesta en práctica efectiva de las mismas (Zeman, 2001, p. 1278). Esta asimetría parece confirmada en estudios neurofisiológicos con el método de la *neural imaging*. El carácter tácito del conocimiento solicitado para la explicación de una determinada habilidad parece activar áreas cerebrales distintas de aquellas que se activan en casos donde la habilidad se adquiere conscientemente. Hay datos que demuestran cómo, en presencia de daños o inactividad de áreas cerebrales responsables de los fenómenos de percepción y memoria consciente, se conservan todavía los fenómenos de percepción y memoria implícita. Esto parece dar sitio a la hipótesis de una separación entre estructuras cerebrales conscientes e inconscientes que puede estar en la base de la separación entre mente intuitiva y mente que razona. Esto también satisfaría un principio de economicidad a nivel cognitivo: el pleno conocimiento constituye un costo en términos neurocognitivos, en cuanto que implica la participación prolongada de estructuras cerebrales complejas y de alto nivel. En la mayor parte de las elecciones de la vida cotidiana donde son frecuentes la estandarización y las rutinas decisionales, el continuo recurso de la plena conciencia y, en procesos sólo de tipo intencional, parecería un lujo cognitivo no necesario.

También la psicología cognitiva parece concordar con esta tesis. Las contribuciones de Nisbett y Wilson (1977) y del grupo de investigación de Ellen

Langer (Langer, 1978; Langer, Blank y Chanowitz, 1978) fueron las primeras que evidenciaron una clara disociación entre conocimiento explícito y el efectivo conocimiento utilizado en la solución de las tareas presentadas. Esto fue confirmado por los estudios de Reber (1993) sobre el aprendizaje de gramáticas artificiales y sobre el aprendizaje de la estructura de probabilidades de secuencias de eventos donde se ha comprobado cómo la capacidad de conocer la estructura que subyace a los estímulos generalmente no es reconocida por los sujetos.[2]

Finalmente, en los trabajos del grupo de investigación coordinado por Broadbent (Berry y Broadbent, 1988; Broadbent, Fitzgerald y Broadbent, 1986) sobre una serie de tareas relacionadas con el control de sistemas complejos —el problema del control de producción y el problema del control social— "los resultados mostraron que con la adquisición de experiencia práctica las prestaciones de los sujetos involucrados [...] mejoraban significativamente. Sin embargo, la experiencia no tenía consecuencia alguna sobre la capacidad de los sujetos para que respondieran correctamente a una serie de preguntas relativas a los problemas que afrontaban" (Berry y Broadbent, 1988, p. 253).[3]

En definitiva, la dimensión tácita del conocimiento parece desarrollar un rol importante en nuestros procesos decisionales y la mente intuitiva parece ser la titular de los procesos cognitivos que la generan. Si el conocimiento tácito en general es relevante en los procesos decisionales de la vida económica, lo es también en aquellos con *elevado índice de conocimiento*. A simple vista esto parecería contraintuitivo. De hecho es justamente en las decisiones rutinarias, como el comportamiento de consumo cotidiano en un supermercado o aquel repetitivo relacionado a tareas de tipo ejecutivo en una oficina, que el componente tácito de la decisión parecería ser considerable. En esas decisiones es mínima la dimensión consciente y explícita, mientras la mayor parte del proceso se desarrolla

2 Se ha comparado cómo los mecanismos tácitos de conocimiento pueden permitir la obtención de prestaciones que normalmente estarían fuera del alcance de las facultades cognoscitivas conscientes.

3 "Y viceversa. Cuando se dio a los sujetos instrucciones explícitas sobre cómo podrían alcanzar y mantener los valores objetivos para una variable de *output*, mejoraba mucho el porcentaje de respuestas correctas para las preguntas, pero no había efectos significativos en el rendimiento. Encima, no parecía manifestarse la presencia de una correlación entre el rendimiento real y la capacidad para responder a preguntas escritas. Al contrario, los sujetos que mejor se comportaban en el desarrollo efectivo de la tarea eran aquellos que peor respondían a las preguntas escritas" (Berry y Broadbent, 1998, p. 253).

de modo automático e implícito. En cambio, en las actividades que contienen un elevado índice de conocimiento como las relacionadas con la investigación e innovación tecnológicas, la complejidad de la actividad de la solución de problemas y la exigencia de un intenso esfuerzo cognitivo para alcanzar resultados presupone la activación de mecanismos de atención y de procesos inferenciales conscientes pertenecen a las zonas de la corteza superior, correspondientes al área de la mente que razona. No obstante, es en los contextos de la generación del conocimiento tecnológico y de los procesos de su transferencia y difusión en la empresa que el conocimiento tácito parece desarrollar un rol crucial para explicar la dinámica económica que resulta de ellos. De hecho, aún en presencia de actividades cognitivas conscientes aplicadas a formas de conciencia más bien formalizada —la correspondiente a la ciencia y tecnología— el individuo, por la complejidad de las categorías conceptuales involucradas, no logra representarlas de modo explícito y completo. Queda fuera un importante residuo tácito que él no llega a representarse, a comunicar y a transferir a los demás. A esto se agrega el componente tácito relacionado con las técnicas, metodologías y prácticas de laboratorio. Este cuello de botella en el cambio y la difusión tecnológica es responsable de muchos aspectos institucionales, organizativos y económicos de la dinámica evolutiva de desarrollo industrial.

En un ambiente selectivo como el de la empresa industrial, el sistema de mayor capacidad para generar, difundir y utilizar el conocimiento tecnológico innovador tendrá más posibilidades de afirmarse en el mercado (véanse los ensayos de Dosi, Malerba, Marengo y Pasquali, y Gambardella en este libro). En breve, la mayor o menor capacidad de minimizar el impacto negativo del conocimiento tácito sobre los procesos de generación, difusión y utilización de las tecnologías es lo que caracteriza los sistemas de la innovación de mayor o menor éxito.[4]

En conclusión, la acción económica parece guiada por componentes psicológicos pertenecientes más al ámbito de la mente intuitiva que al ámbito de la mente que razona. La economía cognitiva, a diferencia de otros enfoques críticos de la racionalidad neoclásica, es consciente de esta realidad y desplaza el punto central

4 En la realidad actual, el éxito del sistema de innovación estadounidense depende de su capacidad institucional para minimizar el cuello de botella del conocimiento tácito. Son varias las modalidades utilizadas, pero la principal es la relación directa entre laboratorios universitarios y "corporate" a través de investigadores y doctores en investigación que se mueven de una realidad a otra. De este modo, el *transfer by head* del conocimiento tecnológico evita las distorsiones y los filtros de la comunicación y transferencia cognoscitiva entre diversos sujetos, por ejemplo, los portadores de estilos cognitivos diferentes e incapaces de explicar los componentes tácitos del conocimiento.

de la teoría de la mente del actor económico de los aspectos conscientes, explícitos, intencionales y racionales de la mente que razona a aquellos tácitos, subconscientes, intuitivos y emocionales de la mente intuitiva. La economía cognitiva, como teoría empírica, *par excellence*, no rechaza considerar la aportación de la mente que razona a la decisión económica. Su rol en muchas situaciones de elección es innegable. Sin embargo no es la única realidad cognitiva responsable de las elecciones económicas. Desde este punto de vista, el mismo concepto de racionalidad limitada, permaneciendo dentro de una visión intencional de la actividad cognitiva, pierde gran parte de su capacidad explicativa. La del actor económico no es solamente una racionalidad limitada por las reducidas capacidades computacionales y de cálculo de la parte consciente e intencional de la mente humana, también es una racionalidad limitada por la influencia de los factores intuitivos, afectivos, emocionales y tácitos que caracterizan la que denominamos mente intuitiva. Por lo tanto, la teoría de la mente del actor económico está basada sobre una *duplicidad cognitiva* fuertemente integrada que ve prevalecer el componente razonador o el componente intuitivo según las situaciones y los contextos de decisión. Sin embargo, son pocas las situaciones donde se puede decir que la decisión la ha tomado el componente razonador sin influencia del intuitivo. En general, la relación entre las dos mentes puede representarse con la metáfora del *iceberg*. La pequeña parte que emerge representa la mente que razona y que caracteriza la imagen superficial del actor económico. Pero la misma se apoya sobre el gran cuerpo sumergido, la mente intuitiva, no visible, mas responsable de guiar los recorridos inferenciales del *Homo oeconomicus*. La *economía cognitiva* asume esta duplicidad de la mente humana y la primacía del componente intuitivo en la explicación de la acción económica.

Bibliografía

Anderson J.R. y Milson R. (1989), "Human Memory: An Adaptive Perspective", *Psychological Review*, 96, pp. 703-719.

Berry D.C. y Broadbent D.E. (1988), "Interactive Tasks and the Implicit-Explicit Distinction", *British Journal of Psychology*, 79, pp. 251-272.

Broadbent D.E., Fitzgerald P. y Broadbent M.H. (1986), "Implicit and Explicit Knowledge in the Control of Complex Systems", *British Journal of Psychology*, 77, 33-50.

Damasio A. (1994), *Descartes' Error: Emotion, Reason, and the Human Brain*, Avon, New York (trad. it. *L'errore di Cartesio*, Adelphi, Milán 2001).

Desvousges W., Johnson F., Dunford R., Hudson S., Wilson K. y Boyle K. (1993), "Measuring Natural Resource Damages with Contingent Valuation: Tests of Validity and Reliability", en Hausman J. (bajo la dirección de), *Contingent Valuation: A Critical Assesment*, North Holland, Amsterdarm.

Egidi M. (1992), "Il dilemma 'as if'", *Sistemi Intelligenti*, IV, 3, pp. 461-487.

Egidi M. y Rizzello S. (2003), "Economia cognitiva: fondamenti ed evoluzione storica", *Sistemi Intelligenti*, XV, 2, pp. 221-246.

Epstein S. (1994), "Integration of the Cognitive and the Psychodynamic Unconscious", *Am. Psychol.*, 49, pp. 709-724.

Evans J. y Over D.E. (1996), *Rationality and Reasoning*, Psychology Press, Hove.

Finucane M., Alhakami A., Slovic P. y Johnson S. (2000), "The Affect Heuristic in Judgments of Risks and Benefits", *Journal of Behavioral Decision Making*, 13, pp. 1-17.

Gigerenzer G., Todd P. y ABC Group (1999), *Simple Heuristics That Make Us Smart*, Oxford University Press, Nueva York.

Giocoli R. (2003), *Modelling Rational Agents*, Edward Elgar, Cheltenham.

Kahneman D. (2003), "Maps of Bounded Rationality: Psychology for Behavioral Economics", *The American Economic Review*, pp. 1449-1475.

Kahneman D. y Frederick S. (2002), Representativeness Revisited: Attribute Substitution in Intuitive Judgement", en Gilovich T., Griffith D. y Kahneman D. (bajo la dirección de), *Heuristics and Biases: The Psychology of Intuitive Thought*, Cambridge University Press, Nueva York.

Kahneman D., Slovic P. y Tversky A. (bajo la dirección de) (1982), *Judgement Under Uncertainty: Heuristics and Biases*, Cambridge University Press, Cambridge.

Kahneman D. y Tversky A. (1979), "Prospect Theory: An Analysis of Decision Under Risk", *Econometrica*, 47, pp. 263-291.

Langer E. (1978), "Rethinking the Role of Thought in Social Interaction", en Harvey J., Ickes W. y Kidd R. (bajo la dirección de), *Proceedings of the 13th Annual Conference of the Cognitive Science Society*, Erlbaum, Hillsdale.

Langer E., Blank A. y Chanowitz B. (1978), "The Mindlessness of Ostensibly Thoughtful Action: The Role of 'Placebic' Information in Interpersonal Interaction", *Journal of Personality and Social Psychology*, 36, pp. 635-642.

Loewenstein G., Weber E., Hsee C. y Welch N. (2001), "Risk As Feelings", *Psychological Bulletin*, 127, pp. 267-286.

Marshall A. (1867-1868), "Ye Machine", en Raffaelli T. (2002), *Marshall's Evolutionary Economics*, Routledge, Londres.

McKenzie C.R.M. (1994), "The Accuracy of Intuitive Judgment Strategies: Covariation, Assessment and Bayesian Inference", *Cognitive Psychology*, 26, pp. 209-239.

Menger C. (1963), *Investigations into the Method of the Social Sciences with Special Reference to Economics,* New York University Press, Nueva York.

Mill J.S. (1843), *A System of Logic,* Macmillan, Londres (trad. it. *Sistema di logica deduttiva* e *induttiva,* Utet, Turín, 1988).

Nisbett R.E. y Wilson T.D. (1977), "Telling More Than We Know: Verbal Reports on Mental Processes", *Psychological Review,* 84, pp. 231-259.

Reber A.S. (1993), *Implicit Learning and Tacit Knowledge. An Essay on the Cognitive Unconscious,* Oxford University Press, Oxford.

Sargent T.J. (1993), *Bounded Rationality in Macroeconomics,* Oxford University Press, Oxford.

Shafir E. y LeBoeuf R. (2002), "Rationality", *Annual Review of Psychology,* 53, pp. 491-517.

Simon H.A. (1990), "Invariants of Human Behavior", *Annual Review of Psychology,* 41, pp. 1-19.

Simon H.A. (2000), "Bounded Rationality in Social Sciences: Today and Tomorrow", *Mind&Society,* l, vol. 1, pp. 25-41.

Sloman S. (1996), "The Empirical Case for Two Systems of Reasoning", *Psychological Bulletin,* 119, pp. 3-22.

Slovic P., Finucane M., Peters E. y MacGregor D.G. (2001), "The Affect Heuristic", en Gilovich T., Griffith D. y Kahneman D. (bajo la dirección de), *Heuristics and Biases: The Psychology of Intuitive Thought,* Cambridge University Press, Nueva York.

Stanovich K. (1999), *Who Is Rational? Studies of Individual Differences in Reasoning,* Erlbaum, Mahwah (N.J.).

Stich S. (1983), *From Folk Psychology to Cognitive Science,* Mit Press, Cambridge (Ma.) (trad. it. *Dalla psicologia del senso comune alla scienza cognitiva,* il Mulino, Bolonia 1994).

Stigler S. (1961), "The Economics of Information", *Journal of Political Economy,* 69, pp. 213-225.

Tversky A. y Kahneman D. (1974), "Judgement Under Uncertainty: Heuristics and Biases", *Science,* 195, pp. 1124-1131.

Veblen T.B. (1994), *The Collected Works of Thorstein Veblen,* Routledge, Londres.

Viale R. (1992), "Cognitive Constraints of Economic Rationality", en H. Simon *et al.* (bajo la dirección de), *Economics, Bounded Rationality and the Cognitive Revolution,* Elgar, Cheltenham.

Viale R. (1997), "From Neoclassical to Cognitive Economics: The Epistemological Constraints of Feasibility and Realism", en Viale R. (bajo la dirección de), *Cognitive Economics,* La Rosa Editrice, Turín.

Viale R. (de próxima publicación), *Cognition in the Social World*, Erlbaum, Mahwah (N.J.).

Viale R. y Pozzali A. (2003), "Al di qua della razionalità: la conoscenza tacita", *Sistemi Intelligenti*, XV, 2, pp. 325-346.

Von Hayek F.A. (1952), *The Sensory Order: An Inquiry into the Foundations of Theorical Psychology*, Routledge, Londres (trad. it. *L' ordine sensoriale*, Rusconi, Milán, 1990).

Wilson T.D. y Schooler J.W. (1991), "Thinking Too Much: Introspection Can Reduce the Quality of Preferences and Decisions", *Journal of Personality and Social Psychology*, 60, pp, 181-192.

Zeman A. (2001), "Consciousness", *Brain*, 124, pp, 1263-1289.

Cuarta parte

Complejidad y economía

13. Economía y sistemas complejos

Por Pietro Terna

Introducción

En este capítulo se presenta la utilización de la simulación en computadora como medio para plantear el carácter complejo de la realidad mediante la construcción de modelos que permitan comprender mejor la economía, los mercados, la empresa, y las redes de empresas, teniendo en cuenta las acciones y reacciones de los sujetos económicos.[1]

Los modelos de simulación propuestos están repletos de agentes que actúan e interactúan (entre sí y con el ambiente) y que eventualmente modifican su propio comportamiento por un nuevo aprendizaje. Los agentes sin capacidad de aprendizaje o adaptación son denominados "sin mente", de lo contrario "con mente". El ambiente en el que actúan puede ser neutral o adecuadamente estructurado por reglas (por ejemplo, la Bolsa o un espacio de colaboración entre empresas que da lugar a una cadena de abastecimiento).

Los modelos que se exponen aquí buscan la relación entre la simpleza de los agentes y la estructura del sistema-ambiente al que se han incorporado, así se puede hallar resultados complejos con agentes tanto sin mente como con mente: la diferencia es que con los primeros aparecen resultados interesantes sólo cuando operan en ambientes estructurados (la Bolsa); mientras que con los segundos, es decir, con los agentes que aprenden, el modelo puede también no ser estructurado y en tal caso asistimos a la formación de un sistema social o de una institución, incluso partiendo de cero.

---

1 Este trabajo reelabora y actualiza reflexiones en parte contenidas en Terna (2003), al cual se remite para un estudio más amplio.

La construcción de modelos se simplifica por el uso de protocolos de programación en sujetos como Swarm,[2] NetLogo,[3] o el reciente Jas;[4] y por la adopción de esquemas que clarifican el rol del ambiente, de los agentes, de sus reglas de comportamiento y las modalidades que modifican tales reglas (sistemas expertos, redes neuronales, sistemas con clasificador, algoritmos genéticos, etc.)

Finalmente, las mismas metodologías pueden extenderse a la exploración de redes sociales (en este caso la empresa y los sistemas de empresas) con perspectivas de análisis teórico, pero también con consecuencias aplicativas concretas (simulaciones de contextos productivos; simulación de sistemas como los formados por bancos y empresas industriales).

Experimento mental y representación de la realidad

En economía, con la simulación de agentes (véase Batten, 2000, para una introducción), realizamos experimentos mentales que requieren el auxilio del cálculo automático.

Igual de importante es la utilización de modelos de simulación para representar la realidad, incluso cuando ésta es muy complicada. Por lo tanto, la simulación por computadora es un medio para realizar modelos (Gilbert y Terna, 2000; Ostrom, 1988) además de los ya tradicionales de la descripción lingüística o de las fórmulas matemáticas.

Los modelos literario-descriptivos, construidos a través del lenguaje natural, son totalmente flexibles, pero la representación de la realidad que de ellos deriva no permite reelaboraciones cuantitativas de la representación de la realidad presentada (qué habría sucedido si... Nelson hubiera tenido menos barcos en la batalla de Trafalgar).

Los modelos estadístico-matemáticos están, de por sí, orientados a la computación, pero con el peso de las simplificaciones necesarias: la batalla de Trafalgar puede describirse con ecuaciones diferenciales, pero ¿cómo tratar, con esas ecuaciones, la disposición de los barcos en el escenario de la batalla?

Las simplificaciones determinan la distancia de los modelos a partir de la realidad. Se trata de una distancia aceptada o incluso preferida en economía, si

2 http://www.swarm.org

3 http://ccl.sesp.northwestern.edu/netlogo/

4 http://jaslibrary.sourceforge.net

se sigue el enfoque *as if* según el cual se utilizan modelos no realistas siempre y cuando puede considerarse que los resultados sean útiles, incluso la paradoja (Friedman, 1953) según la cual " Truly important and significant hypotheses will be found to have 'assumptions' that are wildly inaccurate descriptive representations of reality, and, in general, the more significant the theory, the more unrealistic the assumptions" (Se descubrirá que las hipótesis realmente importantes y significativas contienen "aceptaciones" que son planteamientos descriptivos de la realidad muy descuidados y, en general, cuanto más significativa es la teoría, más irreal es la aceptación). De este modo se levanta el gran edificio de las expectativas racionales, con la aceptación de que los agentes implícitamente conozcan el modelo del que derivan las consecuencias de sus acciones. Como afirma Sargent (1993), de este modo se atribuyen a los actores económicos mayores conocimientos que aquellos del econométrico que construye el modelo.

La falta de realismo o de credibilidad en economía, no puede ser defendida con la calidad de los resultados obtenidos a partir de las aplicaciones (Hahn, 1994); fundamentalmente no es compatible con líneas de investigación en que se da importancia a las capacidades de los agentes para aprender y adaptarse a la complejidad del contexto en el que actúan.

En cambio, los modelos de simulación realizados por computadora representan una respuesta a las exigencias de la flexibilidad y adaptación descriptiva, por un lado, y de la posibilidad de computación, por otro. Un código informático está dotado de requisitos formales, adaptación, flexibilidad y, obviamente, de poder de cálculo. Entonces la batalla de Trafalgar puede describirse indicando la posición, el movimiento y la acción de cada uno de los barcos, con las correspondientes características (cada barco es un agente); y puede ser calculada en sus resultados haciendo actuar a los barcos igual que como sucedió históricamente e incluso de forma hipotética, evaluando qué habría sucedido si, por ejemplo, las formaciones se hubieran dispuesto de manera diferente.

En este contexto se aplican las consideraciones (Burton, 2001) que acompañan un libro reciente sobre modelos de computación y teorías de la organización (Lomi y Larsen, 2001). Con Burton identificamos en la simulación el instrumento para analizar "mundos" que existen o que podrían existir. En primer lugar, la simulación permite reproducir un mundo "tal cual es", de tal forma que se puedan desarrollar con el modelo los análisis que realizaremos sobre el mundo real. En segundo, nos permite actuar sobre mundos "como podrían ser", indicando parámetros que en el mundo real no se presentan, diseñando situaciones artificiales, "produced by art rather than nature" (producidas por el arte más que por la naturaleza) (Simon, 1981).

Además, Burton destaca los caracteres de especificidad, versatilidad y eficiencia de la simulación.

La simulación requiere que especifiquemos el mundo que estamos estudiando de simple a complejo; eventualmente se comienza con una construcción simple que puede ser modificada progresivamente hasta que sea compleja. Por otra parte, la construcción de un modelo de simulación no permite utilizar "cajas negras" cuyo contenido puede no ser considerado y, por ende, nos impone la formulación de descripciones detalladas en cada aspecto del modelo: en particular, introducimos en la simulación especificaciones de comportamiento y no hipótesis de comportamiento.

Los instrumentos de simulación son versátiles, pues con un modelo bien construido podemos desarrollar pruebas sobre hipótesis, explorar nuevas ideas, generar bases de datos, construir mundos más "amplios" que el mundo real.

Finalmente, la simulación representa un camino de investigación eficiente, que puede conducir a resultados útiles con esfuerzos menores a los requeridos por los experimentos (piénsese en la dificultad para realizar experimentos en economía) o, a veces, a partir de la misma investigación de datos sobre campo, en especial porque permite recorrer caminos diferentes, explorando posibilidades evolucionistas diversas y más casos de dependencia a partir de la secuencia de los eventos (*path dependence*).

A estas tres características, agreguemos el valor mayéutico de la simulación, que permite —en la fase de la construcción del modelo— extraer el conocimiento, consciente o no, que de un determinado mundo tienen tanto los actores que forman parte de él, como los estudiosos. En muchos casos, y no sólo en los más sencillos, la construcción del modelo de simulación ya es útil de por sí por el sólo hecho de cumplir una operación de emersión del conocimiento.

La complejidad

La elección de la simulación representa un cambio fundamental en el método (Parisi, 2001), con numerosas aplicaciones (Tesfatsion, 2001, pero también, en constante actualización, http://www.econ.iastate.edu/tesfatsi/ace.htm) y revistas electrónicas especializadas como *Journal of Artificial Societies and Social Simulation*, *Jasss* (http://jasss.soc.surrey.ac.uk) y *Electronic Journal of*

Evolutionary Modeling and Economics Dynamics, e-Jemed (http://www.e-jemed.org). En Italia está surgiendo Cessba (Centro sobre la Simulación Social Basada en Agentes, http://www.istc.cnr.it/cessba/). Una síntesis reciente de los contenidos de los trabajos sobre agentes se encuentra en David *et al.* (2004).

Sin embargo, es también indudable que los resultados aún son insuficientes para constituirse en masa crítica para que se reconozca la validez del método fuera del grupo de especialistas. Una crítica interna es la de Pryor (2000), en un trabajo auto-irónico: mirando hacia atrás, un autor desconocido del año 2028 (cuando un asteroide habrá caído en la Tierra), observa que "en un típico libro sobre la complejidad de fines de los años noventa [...] casi todos los trabajos no contienen aplicaciones empíricas reales, aparte de alguna anécdota interesante".

La interdisciplinariedad metodológica, que va de la simulación a la ciencia de la complejidad, representa otro problema relevante: los trabajos de tipo interdisciplinario y heterodoxos tienen, inevitablemente, menos importancia que otros relacionados con el núcleo de las diversas disciplinas, en la ortodoxia.

La simulación resulta, en efecto, victoriosa si sirve para captar la realidad y para hacer de ella su modelo, proponiendo un punto de partida de incalculable valor y rigor; por esto es necesaria una buena dosis de realismo del planteamiento, sin abundar en hechos y comportamientos básicos. Tomo prestada una expresión de Roberto Serra, atento estudioso de las aplicaciones de estas metodologías en el ámbito empresarial, "debemos decidir donde colocarnos, entre vidrios de *spin* y videojuegos". Por un lado, en el caso límite de la abstracción, podemos imaginar modelos que explotan las analogías entre un determinado contexto económico-social y aquellas de un vidrio de *spin* (estructura fluida de átomos donde la disposición de aquellos que representan las impurezas muestra comportamientos propios de la complejidad); por otro, en el caso límite de la descripción directa, podemos orientarnos hacia modelos similares a videojuegos, con la representación inmediata de los fenómenos. Para poder crear modelos útiles que representen realidades sociales y eligiendo entre vidrios de *spin* y videojuegos, probablemente debemos elegir "ensuciarnos las manos" colocándonos lo más cerca posible de los segundos.

Con esto encontramos también problemas fundamentales, en primer lugar, la intuición del explorador de la naturaleza humana, Adam Smith, desde la *Teoría de los sentimientos morales* a la *Riqueza de las naciones*: la economía (entendida como aquello que ocurre en la sociedad, con la formación de precios y cantidades objeto de intercambio, con el desarrollo o el estancamiento, con los ciclos económicos, etc.) es el resultado de la acción humana, pero no es un proyecto de los hombres.

Basados en lo que sabemos acerca de la complejidad, la economía debe ocuparse mayormente de cómo los individuos realmente actúan, mientras ha dedicado y aún dedica energías en imaginar esquemas generales a partir de los cuales pueda derivar toda consecuencia.

Que la economía no es un proyecto de los hombres (obviamente la economía como conjunto de acontecimientos económicos) es un tema difícil de transmitir de modo convincente a interlocutores que por falta de conocimiento explican eventos económicos en términos simples, como efecto de la acción de pocos; y a interlocutores técnicamente especializados que actúan como protagonistas en la economía y sobrevalúan los resultados de su acción y la de otros sujetos con los cuales interactúan.

La historia enseña que la experimentación de un proyecto de los hombres en economía —realizada en el siglo pasado luego de la gran utopía del comunismo— ha tenido un resultado pésimo.

La alternativa radical en la búsqueda del proyecto está en reconocer que la economía (el conjunto de los hechos económicos) es un sistema complejo que ninguno de los agentes conoce o para el que tiene un planteamiento adecuado; por el contrario, muchos agentes carecen de planteamiento. Los agentes económicos están lejos del sistema de la economía, al igual que las hormigas están lejos de su hormiguero.

Una aclaración sobre los términos "complejo" y "complicado": un motor a explosión es por cierto muy complicado, pero desarmándolo logramos entender cómo cada una de sus partes interviene en el sistema, del cual comprendemos muy bien el funcionamiento; un hormiguero es un sistema complejo (Hölldobler y Wilson, 1997), cuyo funcionamiento es difícil de entender; fundamentalmente, el examen aislado de sus diversos componentes (los diversos tipos de hormigas) nos dice muy poco sobre el rol de las diversas partes y sobre la mecánica del sistema. Un aspecto ulterior, no irrelevante: en un sistema complicado, sólo un pequeño detalle fuera de lugar bloquea el funcionamiento del conjunto; los sistemas complejos son fuertes respecto al mal funcionamiento de las partes. Para comprender mejor el hormiguero —como para comprender la economía o sus subsistemas como el consumo y el mercado— es necesario estudiar contemporáneamente los componentes (las pocas hormigas, diferenciadas por función, o los "simples" agentes económicos) y el sistema agregado que de ellos resulta (hormiguero o mercado), con las técnicas innovadoras puestas a disposición de la simulación.

Por ejemplo, la complejidad del funcionamiento de los mercados no puede explicarse ni analizando a los consumidores como elementos individuales considerados en sí mismos, ni estudiando la demanda como fenómeno agregado, sino sólo considerando acciones e interacciones entre los consumidores que eligen productos diferentes, y los comportamientos y las interacciones de cada empresa.

Todo ello con efectos intrínsecamente difíciles de prever como la medida en que se realiza un análisis detallado por producto, períodos, áreas territoriales... Igualmente difícil de orientar y corregir por cualesquiera, no obstante las ilusiones de quien se encarga del marketing y de las ansias de quien teme a la economía de mercado.

Con Arthur, Durlauff y Lane (Arthur *et al.*, 1997) podemos examinar la visión económica llamada Santa Fe (se hace referencia al Santa Fe Institute, en Nuevo México, dedicado a los estudios sobre la complejidad: http://www.santafe.edu) e identificar las analogías con el pensamiento hayekiano, importante por haber puesto en discusión el aparato tradicional de la economía.

La visión de Santa Fe puede sintetizarse como el conjunto de condiciones específicas para el estudio de la economía; condiciones, entre otras cosas, difíciles de tratar con el aparato matemático tradicional:

1) interacción dispersa;
2) ninguna capacidad de gestión global;
3) organizaciones jerárquicas que se entrecruzan;
4) adaptación constante;
5) innovación constante;
6) dinámica —entendida como secuencia de modificaciones del sistema en el tiempo— sin equilibrio.

Volviendo a la lección de la historia. Muchas veces se ha sostenido que el comunismo fracasó en su objetivo de construir su proyecto de economía porque no poseía las computadoras para realizar los modelos de equilibrio económico general, necesarios para determinar los precios de los bienes y de los factores productivos capaces de hacer funcionar el sistema de incentivos y de información indispensables para el aparato productivo con el cual tomar las decisiones de modo relativamente descentralizado (decisiones, además, imposibles de tomar de forma centralizada).

De este modo se adhiere a la investigación *à la* Walras, identificando el proyecto de la economía en la abstracción y perfección de los modelos; por el contrario, lo que hubiera sido necesario reproducir artificialmente es "el funcionamiento del hormiguero".

El camino es largo para quien estudia las hormigas, pero es aún más largo para quien está dando sus primeros pasos en un estudio de la economía que renuncia a la atmósfera límpida de la economía matemática y a los resultados de los modelos maravillosos, como el del equilibrio económico general, para acercarse a las incoherencias, a las imprecisiones y a la irracionalidad de los acontecimientos cotidianos.

La simulación nos muestra que la acción de individuos capaces de aprender, o bien demasiado simples, puede producir resultados no obvios, como las burbujas y las quiebras de un mercado bursátil. Sobre estos temas véase también a Conte y Terna (2000).

Un campo muy cercano es la investigación sobre la inteligencia de los enjambres (Bonabeau *et al.*, 1999), en donde se presta atención fundamentalmente a sistemas biológicos (insectos colectivos) y a sistemas robóticos, pero el trabajo puede extenderse a los sistemas sociales. De hecho, las capacidades de los sistemas estudiados tienen la característica de trascender las habilidades de los individuos que los constituyen: en muchos casos se revelan comportamientos de grupos confiables y eficaces que derivan de simples reglas de interacción entre individuos o entre individuos y ambiente.

Modelos de simulación y agentes

La construcción de modelos de simulación con agentes para entender la realidad de la economía es simplificada por el uso de protocolos de programación con objetos, como Swarm, y por la adopción de esquemas de referencia que aclaran el rol del ambiente, de los agentes, de sus reglas de comportamiento, y de las modalidades de modificación de tales reglas (sistemas expertos, redes neuronales, sistemas con clasificadores, algoritmos genéticos, etc.). Con Swarm se indican otros productos (o metodologías):

- Swarm, *http://www.swarm.org*
- Jas, *http://jaslibrary.sourceforge.net*
- Ascape, *http://www.brook.edu/dynamics/models/ascape/*

- Repast, *http://repast.sourceforge.net/*
- NetLogo, *http://www.ccl.sesp.northwestern.edu/netlogo/*
- Anylogic, *http://www.xjtek.com/anylogic/*

Y la lista podría continuar, por ejemplo con un producto Ibm (Bigus *et al.*, 2002), denominado Able (*http://www.alphaworks.ibm.com/tech/able*), o con Daml (www.daml.org).

Swarm tiene la ventaja de la mayor difusión, de la solidez del código, de ser totalmente neutral con respecto a la estructura de los agentes[5], de ser el primer y más logrado intento de "lengua franca" de la simulación con agentes, de haber establecido un protocolo de escritura del código, de estar acompañado por una *mailing list* colaboradora, que ayuda a novatos y a expertos.

La típica estructura de una aplicación escrita en Swarm prevé la presencia de dos niveles. Véase la gráfica 13.1, en la cual se indican los objetos que deben ser construidos dentro del modelo; en nuestro ejemplo: un retículo sobre el cual se mueven los objetos de la simulación; un espacio en el cual será codificada la presencia o ausencia de alguna característica (en nuestro ejemplo, el alimento); la clase de los agentes de la simulación, en este caso simples insectos que se mueven al azar y utilizan el alimento, a partir de la cual derivan los ejemplares de insectos incluidos en una lista a la que —gracias al protocolo Swarm, prevé que los mensajes puedan ser indistintamente enviados a los objetos o a las listas que los incluyen— enviaremos la orden de cumplir un paso.

En la gráfica también se indica la construcción de objetos relativos a la gestión del tiempo y por ende la secuencia de los eventos que dentro del experimento deben suceder; asimismo se muestra un pasaje de carga conjunta de los objetos que representan los agentes de la simulación y de aquellos que conducen los eventos del tiempo ("adheridos" a la memoria). Finalmente, la definición de dos niveles de abstracción que permiten (*a*) conducir el observador —"nosotros" que, con instrumentos precisos como los gráficos, tablas, histogramas, observamos el efecto del paso del tiempo dentro del modelo, con los correspondientes acontecimientos— y (*b*), en un nivel subordinado de la escala de los tiempos, si es autónomo desde el punto de vista del contenido, el funcionamiento del verdadero experimento.

---

[5] En *http://sourceforge.net/projects/swarm* leemos que "Swarm es un núcleo informático y una biblioteca de códigos informáticos para la simulación multi-agente de sistemas complejos. La arquitectura de base Swarm consiste en una colección de agentes interactivos de modo paralelo: dentro de tal arquitectura puede desarrollarse una variedad muy amplia de modelos basados sobre agentes".

Swarm permite tanto observar el funcionamiento del modelo desde el nivel del observador, como entrar directamente dentro de los objetos individuales que pueblan la simulación, gracias a sondas que, desarrolladas automáticamente con la construcción de los objetos, permiten tener bajo su control variables y funciones mientras procede la simulación.

¿Cómo construir los objetos que representen los agentes dentro de nuestras simulaciones? La propuesta del esquema Era (Environment-Rules-Agents: Tenra, 2000a)[6], reportado en la gráfica 13.2 es la de gestionar cuatro diversos estratos en la construcción del modelo y de los agentes.

Gráfica 13.1. Una estructura que ejemplifica una simulación con Swarm.

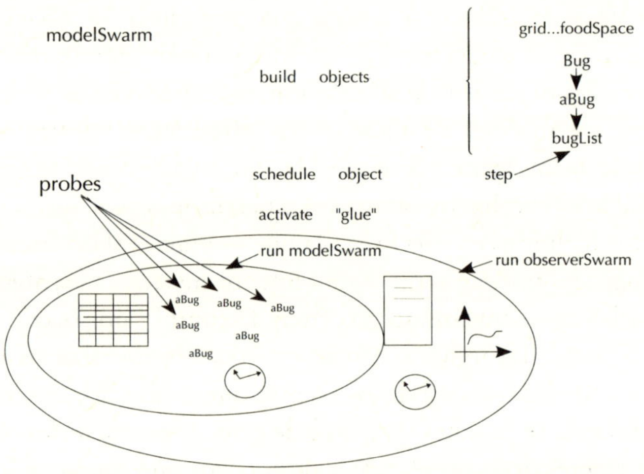

El primer estrato representa el ambiente en el que los elementos interactúan. Dentro del protocolo de Swarm corresponde al Modelo Swarm de la gráfica 13.1, es decir, al contexto dentro del cual se definen los agentes que estructuran sus listas, se identifican los eventos en el tiempo, se aclaran las reglas de interacción entre los agentes gracias a métodos (que pueden interpretarse como mensajes que los agentes son capaces de administrar, incluso reaccionando con acciones e informaciones) definidos dentro de los objetos creados por el Modelo.

6 Véase también *http://www.web.econ.unito.it/terna/ct-era/ct-era.html*

Un segundo estrato es justamente el de los agentes, que pueden ser construidos como ejemplares de una o más clases, a su vez generadas con una herencia de propiedades, características, datos y métodos de clases más generales.

El tercer estrato administra las modalidades a través de las cuales los agentes deciden su comportamiento. Con cada elección, el agente examina un objeto principal, definido como gestor de reglas (clases llamadas "gestores de reglas" o *RuleMaster*), comunicándole los datos necesarios y obteniendo las indicaciones de acción.

El cuarto estrato trata la construcción de las reglas. Exactamente como los agentes examinan los gestores de reglas, los gestores de reglas examinan los generadores de reglas (clases llamadas "generadores de reglas" o *RuleMaker*) para modificar su línea de acción.

Si el código es escrito según las modalidades descritas, es relativamente fácil reemplazar gradualmente los gestores y los generados de reglas con diversas características, simplemente reemplazando los objetos introducidos en el modelo. Por ejemplo: un sistema con reglas; una red neuronal; un algoritmo genético, un sistema clasificador.

Gráfica 13.2. Esquema Era (Environment-Rules-Agents).

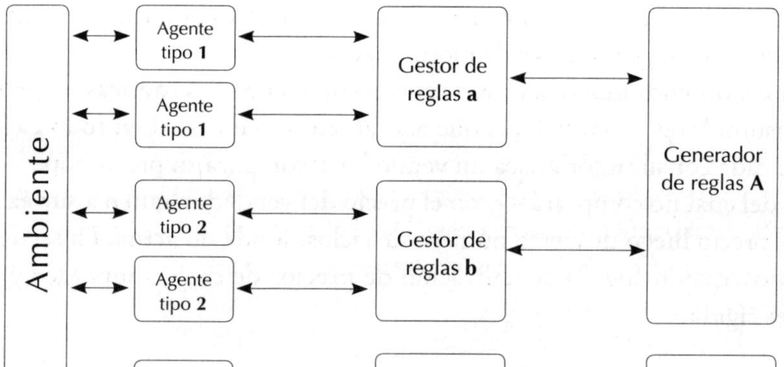

La "mente" en los agentes

Con un cierto grado de aproximación, si los agentes no cuentan con la capacidad de adaptación son entonces clasificados como "sin mente"; de lo contrario, "con mente" (recordando, como fuera indicado anteriormente, que se trata de la falta o presencia de capacidad de adaptación y aprendizaje). Otro aspecto: el ambiente en el cual actúan puede ser neutral o adecuadamente estructurado con reglas (por ejemplo, la Bolsa); en otros términos, puede prever o no instituciones en donde interactúan o con quienes interactúan, construidas *ex ante* o que surgen de la simulación misma. Sobre la presencia de la "mente" en los agentes, las respuestas se colocan en un continuo que va desde la propuesta de la máxima simpleza[7] (Axelrod, 1997) a la construcción de agentes cognitivos de alto nivel (agentes Bdi, *Beliefs, Desires, Intentions* [creencias, deseos, intenciones]).

Una posible articulación simplificada es (Terna, 2001):

a) agentes "sin mente" que actúan en un ambiente no estructurado;
b) agentes "sin mente" que actúan en un ambiente estructurado;
c) agentes "con mente" que actúan en un ambiente no estructurado;
d) agentes "con mente" que actúan en un ambiente estructurado.

Puede mostrarse que agentes "sin mente" (caso *a*) que cumplen transacciones en un ambiente neutral producen resultados complejos, pero no reales: en Terna (2002b) se realiza un experimento de mercado con reglas de comportamiento fijadas a priori, o sea sin aprendizaje; los agentes intercambian entre sí, encontrándose en el ambiente de modo casual.

El experimento muestra el surgimiento de secuencias caóticas de precios, con consumidores y vendedores que actúan en orden casual en todo ciclo de tiempo: cada consumidor busca un vendedor y compara su precio tope —por encima del cual no comprará— con el precio del vendedor, quien a su vez modifica el precio luego de cierto número de ciclos donde no actúa. La secuencia de eventos, que incluye la actualización de precios de cada comprador y vendedor, es rígida.

---

7 KISS: *Keep It Simple, Stupid!* Rosaria Conte, en una discusión en ICCS & SS II en París, en septiembre de 2000, ha propuesto releer KISS como *Keep It Simple as Suitable*; mi contrapropuesta ha sido KISS: *Keep It Sufficiently Simple* (tanto como para corresponder a los agentes reales).

El resultado —en los experimentos realizados dentro de este esquema— es un precio cíclico, con transiciones caóticas de una fase a otra. El carácter cíclico es una emergencia imprevista, pero de algún modo previsible, dado que el mecanismo antes descrito introduce implícitamente un ciclo de las reservas en el modelo. La aparición del caos es una emergencia imprevisible y difícil de provocar deliberadamente: el caos es obviamente observable en los fenómenos económicos y sociales, pero no es fácil predisponer un esquema de ingeniería inversa capaz de producirlo como interacción entre agentes.

En cambio, son muy diferentes (caso *b*) los resultados que se pueden obtener actuando en un ambiente estructurado: agentes muy simples que actúan con referencia a un mecanismo de contratación telemática como es el de una Bolsa sin "gritos", producen resultados muy reales, con burbujas y quiebra.

Los agentes que pueblan la simulación (Terna, 2001) eligen al azar, con igual probabilidad, comprar o vender; transmiten al *book* de la Bolsa simulada una orden con precio límite igual al último precio objeto de intercambio efectivo (dado a conocer en tiempo real a los operadores de una Bolsa telemática) más/menos una diferencia casual elegida en un intervalo limitado. Las transacciones se producen por obra del *book*, en secuencia, cuando es posible combinar dos contratos, como sucede en el mundo real. Por lo tanto no se usan ecuaciones para determinar el precio que iguala demanda y oferta en un intervalo de tiempo dado.

Las burbujas, y casi simétricamente las quiebras, se forman fundamentalmente (con buena correlación) cuando un lado del *book* es mucho más "corto" que el otro, por la prevalencia (casual) de compras o de ventas. Es muy interesante el hecho de que un resultado complejo surja de agentes simples. Aún más interesante es que la presencia de un ambiente estructurado induzca resultados reales, que a priori parecerían posibles sólo con la utilización de agentes bastante más sofisticados.

En cambio, en Terna (2000b) tenemos (caso *c*) agentes "con mente" (redes neuronales) que, actuando en un ambiente neutral, producen resultados de orden espontáneo en la perspectiva hayekiana.

La metodología de desarrollo de las redes neuronales, llamada *Cross Target*[8] (Ct), es desarrollada para construir agentes que actúen sin recurrir a reglas (económicas) definidas a priori.

---

8 Véase también http://www.web.econ.unito.it/ct-era/ct-era.html

La idea guía es que el agente desarrolle con el aprendizaje la capacidad de valorar, de modo coherente, tanto las acciones que debe realizar para obtener un resultado específico, como cuáles consecuencias derivan de una acción realizada: dispone entonces de dos diferentes familias de *target*, que puede "entremezclar" para el aprendizaje. Con los Ct pueden reproducir los comportamientos de sujetos económicos con base en un aparato interno que suele ser elemental o "ingenuo", pero con resultados que desde el exterior parecen complejos. Para un observador, este tipo de agente aparentemente actúa con planes y objetivos, mientras internamente no tiene nada que pueda ser referido a tales entidades. Las capacidades requeridas en el agente están en línea con las características propias de los modelos con racionalidad limitada, en cuanto a set informativo y capacidad computacional.

Con referencia a von Hayek (1937), el modelo utiliza agentes que tendencialmente incorporan la proposición empírica de la existencia de un equilibrio que, sin embargo, no es descrito, ni medido, ni operacionalizado (con un "cómo se hace para lograrlo"). Con su acción, y con el aprendizaje, se determinan la estabilidad y convergencia del mercado.

Recordando la clasificación de cuatro puntos sobre la que estamos reflexionando se nota que, como en los casos anteriores, la complejidad surge de agentes simples y, fundamentalmente, que la presencia de la capacidad para aprender, incluso desarrollando coherencia interna en los agentes, determina un resultado real (en el mercado hay precios en los cuales convergen todos los operadores), obtenido con escasos medios (no existe estructura de mercado) y de acuerdo a la proposición hayekiana del surgimiento del orden a partir del comportamiento no coordinado de los agentes.

En Terna (2001) tenemos también (caso *d*) la presencia de agentes "con mente" (redes neuronales, según el esquema Ct) que desarrollan complejas estrategias de comportamiento actuando en un ámbito estructurado (la Bolsa, como se mencionó anteriormente).

La simulación muestra el funcionamiento del patrimonio (liquidez más acciones) de un agente Ct que actúa en la Bolsa con la emisión de directivas con límites de precio administrados por el *book* como en el caso *b)* anterior; el esquema Ct hace corresponder las decisiones de compra/venta con las conjeturas sobre los efectos (patrimonio), valorando estas últimas no en relación a los precios corrientes, sino según una previsión generada por una red neuronal que actúa como un tercero experto.

La novedad es la presencia —a nivel micro individual— de estrategias de acción no obvias: el agente Ct ha desarrollado una modalidad de acción que le permite obtener resultados económicamente positivos incluso en presencia de turbulencia de precios.

Los resultados presentados, obviamente, no se pueden generalizar, pero pueden ser vistos como indicadores de una posible esquematización (tabla 13.1).

De modo sumamente sintético: en los modelos con agentes en interacción no son necesarios agentes particularmente sofisticados para crear situaciones complejas; la capacidad de *learning* y la estructura externa a los agentes son, sin embargo, determinantes para la calidad de los resultados.

Tabla 13.1. Una síntesis sobre agentes, mente y ambiente.

	Ambiente no estructurado	**Ambiente estructurado**
Agentes sin mente	Pueden determinar resultados agregados complejos, con el riesgo de poca credibilidad de los resultados.	Pueden determinar resultados agregados complejos y creíbles.
Agentes con mente	Pueden determinar resultados agregados complejos y creíbles.	Pueden determinar resultados agregados complejos y creíbles, con la eventualidad de resultados destacables a nivel micro-individual.

La simulación y la empresa

Finalmente, las mismas metodologías pueden extenderse a exploraciones de redes sociales (la empresa, el nacimiento de la empresa, los sistemas de empresas) con perspectivas de análisis teórico, pero también con consecuencias aplicativas concretas, con aplicaciones de gran interés en la investigación de la realidad empresarial según la metodología de la complejidad.

Ahora se hace referencia (Terna, 2002) a un instrumento de simulación fundado en Swarm y hoy denominado jES (*java Enterprise Simulator*, consultable en *http://web.econ.unito.it/terna/jes*), con el cual se reproduce el funcionamiento de una empresa o de un sistema de empresas: se trata de una representación mediante secuencias de números ("recetas"), cada una de las cuales representa un paso en la realización de cualquier bien, mercancía o servicio. En la gráfica 13.3 se proponen algunos ejemplos, de simples (1-2; 2-13) a menos simples (8-28-27-7); también se representan algunas unidades productivas capaces de realizar cada una un paso (o pasos diferentes, si la unidad es multifuncional) de la producción. Las unidades productivas individuales pueden ser micro mecanismos autónomos que actúan en el sistema económico, o bien, unidades integradas dentro de las empresas.

Gráfica 13.3. Una visión estática del modelo jES.

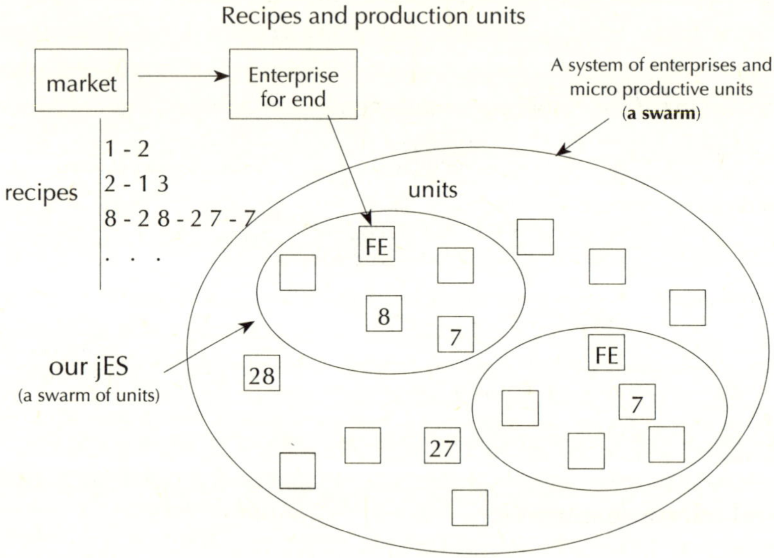

Para describir las operaciones por realizar (los bienes a producir) y las unidades que cumplen las operaciones necesarias (quien hace cada cosa), el modelo se basa en un doble formalismo y en una doble estructura informática: de este modo, construyendo la simulación de una empresa real, o de una situación organizativa abstracta, surgen fácilmente incoherencias y carencias, que pueden remediarse en la simulación y, por ende, en la realidad (o en el diseño abstracto).

El objetivo teórico de este tipo de simulaciones, que tienen un interesante aspecto aplicativo concreto en casos específicos de empresas como documentó Terna (2002), es el de poder dar pasos de simulación dinámica en la dirección de la formación de las empresas, de la interacción relativa y del significado de la acción empresarial.

Con esta perspectiva se puede profundizar un continuo análisis que va desde el enfoque de Kirzner (1997) a aquel de Burt (1992): en síntesis, desde el rol del empresario que elige las oportunidades de ganancia realizando acciones correctivas en seguida de errores ajenos, a la concepción de la sociedad como tejido no continuo, pero que presenta "agujeros" (de relaciones, informaciones, conexiones), que al llenarse dan como resultado las oportunidades de empresa.

En consecuencia, es de máximo interés construir modelos de simulación que estén fundados en una formulación abstracta y general de procesos de producción, pero que incorporen también una visión objetiva de la realidad, para verificar las consecuencias de los procesos continuos de adaptación e innovación "a prueba de errores".

Aplicaciones

El modelo de simulación de empresa descrito ha tenido numerosas aplicaciones en empresas de los rubros textil, vestimenta, mecánica y de servicios públicos (la gestión de las llamadas de emergencia al 118 de la provincia de Turín). Gran parte de los resultados obtenidos son descritos en la dirección *http://web.econ.unito.it/terna/tesi.html* que reconduce a numerosas tesis experimentales desarrolladas que usan jES.

La esencia de estos resultados es reconstruir en la computadora, a escala fiel, el funcionamiento de una realidad organizativa, con todas sus características e indicando las unidades capaces de desarrollar las tareas, por un lado, y las tareas a desarrollar, por el otro; y, por lo tanto, muestra el funcionamiento de esa realidad como es o como podría ser. No puedo asegurar que un cambio introducido con éxito en el modelo de simulación produzca el mismo resultado positivo en el mundo real, pero estoy casi seguro que un cambio que se presente como desastroso en el modelo simulado, lo será también en la realidad.

Un aspecto muy interesante de este tipo de modelado es el de las elecciones a cumplir en el momento de las decisiones. Los agentes que deben decidir requieren la indicación de qué debe hacerse al objeto "gestor de reglas" de la gráfica 13.2, objeto que puede contener reglas simples, o un sistema experto, o una red neuronal, un algoritmo genético, o un sistema con clasificador; el "gestor de reglas" se remitirá al "generador de reglas" para modificar los parámetros de la red neuronal, obtener una solución a partir de un algoritmo genético y así sucesivamente.

El objeto "gestor de reglas" puede también actuar, eventualmente, como *avatar*[9] de una persona, que sucesivamente pregunta qué hacer a través de una página web donde aparecen en tiempo real tanto los *output* de la simulación, como las celdas de *input* necesarias para recoger las elecciones del sujeto que interviene —por medio del *avatar*, en la simulación.

De este modo es posible tanto verificar de qué manera las personas eligen en un contexto organizativo como desarrollar una fase de entrenamiento, si la persona que interactúa con la simulación necesita acumular experiencia, si bien virtual, con relación a un determinado contexto organizativo.

Finalmente las aplicaciones,[10] que corresponden a redes de empresas que surgen, se desarrollan y pueden también quebrar, saliendo de la simulación. Las empresas simuladas actúan según las indicaciones de la metodología jES indicada anteriormente y pueden colaborar, o no, según la pertenencia o no, a una red social, generando resultados interesantes y realistas del sistema simulado. Un actor importante de la simulación del sistema en red son los bancos, de cuya interacción con el sistema de las empresas industriales surgen indicaciones sobre las reglas de confianza adoptadas, por ejemplo, para experimentar las nuevas reglas llamadas Basilea 2.

Se trata de un trabajo abierto, con amplias perspectivas de colaboración.

Bibliografía

Arthur W.B., Durlauff S. y Lane D. (1997), *The Economy As An Evolving Complex System*, II, Addison-Wesley, Reading (Ma.).

Axelrod R. (1997), "Advancing the Art of Simulation in the Social Sciences", en Conte R., Hegselmann R. y Terna P. (bajo la dirección de), "Simulating Social Phenomena", *Lecture Notes in Economics and Mathematical Systems*, Springer, Berlín, 456, pp. 21-40.

9 Con *avatar* se entiende la encarnación de una deidad hindú (especialmente Visnú), pero también un agente que representa una persona en una aplicación informática (juego u otro).

10 Véase *http://web.econ.unito.it/terna/jes/jesevol_swarmfest2004.pdf http://web.econ.unito.it/terna/jes/jes_open_foundation.pdf*

Batten D.F. (2000), *Discovering Artificial Economics: How Agents Learn and Economies Evolve,* Westview Press, Boulder (Co.).

Bigus J.P., Schlosnagle D.A., Pilgrim J.R., Mills W.N. III y Diao Y. (2002), "ABLE: A Toolkit for Building Multiagent Autonomic Systems", *IBM System Journal,* vol. 41, n. 3, pp. 350-371.

Bonabeau E., Dorigo M., Theraulaz G. (1999), *Swarm Intelligence: From Natural to Artificial Systems,* Oxford University Press, Nueva York.

Burt R.S. (1992), *Structural Holes-The Social Structure of Competition,* Harvard University Press, Cambridge (Ma.).

Burton R. (2001), "Afterword", en Lomi A. y Larsen E.R. (bajo la dirección de), *Dynamics of Organizations-Computational Modeling and Organization Theories,* AAAI Press/The Mit Press, Menlo Park (Ca.).

Conte R. y Terna P. (bajo la dirección de) (2000), "Una discussione sulla simulazione in campo sociale: mente e società", *Sistemi intelligenti,* 2, XII, pp. 326-331.

David N., Marietto M.B., Sichman J.S. y Coelho H. (2004), "The Structure and Logic of Interdisciplinary Research in Agent-Based Social Simulation", *Journal of Artificial Societies and Social Simulation,* VII, *http://jasss.soc.surrey.ac.uk/7/3/4.html*

Friedman M. (1953), "The Methodology of Positive Economics", en *Essay in Positive Economics,* University of Chicago Press, Chicago, pp. 3-43.

Gilbert N. y Terna P. (2000), "How to Build and Use Agent-Based Models in Social Science", *Mind&Society,* n. 1, pp. 57-72.

Hahn F. (1994), "An Intellectual Retrospective", *Quarterly Review,* pp. 245-258.

Hölldobler B. y Wilson E.O. (1997), *Formiche-Storia di una esplorazione scientifica,* Adelphi, Milán (ed. original *Journey to the Ants-A Story of Scientific Exploration,* 1994).

Kirzner I. (1997), "Entrepreneurial Discovery and the Competitive Market Process: An Austrian Approach", *Journal of Economic Literature,* vol. XXXV, n. 1, pp. 60-85.

Lomi A. y Larsen E.R, (bajo la dirección de) (2001), *Dynamics of Organizations-Computational Modeling and Organization Theories,* AAAI Press/The Mit Press, Menlo Park (Ca.).

Ostrom T. (1988), "Computer Simulation: The Third Symbol System", *Journal of Experimental Social Psychology,* 24, pp. 381-392.

Parisi D. (2001), *Simulazioni. La realtà rifatta nel computer,* il Mulino, Bolonia.

Pryor F.L. (2000), "Looking Backwards: Complexity Theory in 2028", en Colander D. (bajo la dirección de), *The Complexity Vision and the Teaching of Economics,* Edward Elgar, Cheltenham, pp. 63-69.

Sargent T.J. (1993), *Bounded Rationality in Macroeconomics,* Clarendon Press, Oxford.

Simon H. (1981), *The Sciences of the Artificial*, 2a ed., MIT Press, Cambridge, Mass.

Terna P. (2000a), "Economic Experiments with Swarm: A Neural Network Approach to the Self-Development of Consistency in Agents' Behavior", en Luna F. y Stefansson B. (bajo la dirección de), *Economic Simulations in Swarm: Agent-Based Modelling and Object Oriented Programming*, Kluwer Academic, Dordrecht-Londres, pp. 73-104.

Terna P. (2000b), "Hayek e il connessionismo: modelli con agenti che apprendono", en Clerico G. y Rizzello S. (bajo la dirección de), *Il pensiero di Friedrich von Hayek*, Utet, Turín.

Terna P. (2001), "Cognitive Agents Behaving in a Simple Stock Market Structure", en Luna F. y Perrone A. (bajo la dirección de), *Agent-Based Methods in Economics and Finance: Simulations in Swarm*, Kluwer Academic, Dordrecht-Londres, pp. 188-227.

Terna P. (2002), "Simulazione ad agenti in contesti di impresa", *Sistemi intelligenti*, 1, XIV, pp. 33-51.

Terna P. (2003), "La simulazione come strumento di indagine per l'economia", *Sistemi intelligenti*, 2, XV, pp. 347-376.

Tesfatsion L. (2001), "Agent-Based Computational Economics: Growing Economies from the Bottom Up", *Artificial Life*, vol. 8, n. 1, pp. 55-82.

Von Hayek F.A. (1937), "Economics and Knowledge", en *Individualism and Economic Order*, Routledge & Kegan Paul, Londres-Henley 1949 (trad. it. "Conoscenza e economia", en von Hayek F.A., *Problemi di filosofia della scienza economica*, La Nuova Italia Scientifica, Roma 1983; retomado en von Hayek F.A., *Conoscenza, mercato e pianificazione*, il Mulino, Bolonia 1988, pp. 227-252).

14. El valor agregado de la complejidad

*Por Rosaria Conte**

Introducción

Para una parte de los científicos sociales (sociólogos, juristas, etc.) la sociedad es sinónimo de complejidad: no es posible pensar en la sociedad sin representarse instituciones, organizaciones y entidades por encima de los individuos que regulan su comportamiento. En cambio, entre economistas y teóricos de la decisión racional, los fenómenos macro sociales son para las leyes económicas lo que la fricción es para las leyes físicas: representan el límite que la ciencia abstracta encuentra en la realidad empírica. En este sentido, la *complejidad* social es sinónimo de procesos centralizados, de planificación, de burocracia, de instituciones formales, de normas legales, de códigos y de reglamentos. En una palabra, de estatismo. Según los que sostienen esta visión, la vida social estaría en cambio caracterizada por la regulación desde la base, por la auto-organización de sus miembros.

El *capital social* ocupa un lugar fundamental en este enfrentamiento científico-ideológico. Aparentemente, todos concuerdan en definirlo como el factor (o el conjunto de factores) que promueve la cooperación y la equidad de los

---

* Este trabajo ha sido realizado con el apoyo del proyecto europeo FIRMA. Deseo agradecer a Pietro Terna, querido amigo y óptimo compañero del *ring* científico, con quien nuevamente he tenido el placer de confrontarme. Además, agradezco a los colegas de Istc y del Cnr, entre otros a Mario Paolucci, Domenico Parisi, Rino Falcone, Cristiano Castelfranchi, Francesca Marzo, Giovanni Pezzulo, Luca Tommolini, etc. que, como de costumbre, ofrecen una de las mejores *audience* científicas que se pueda esperar. A partir del intercambio de ideas que ha tenido lugar en nuestro Instituto durante los seminarios, realizados respectivamente por Pietro Terna y por Francesca Marzo, nació el proyecto de escribir este trabajo.

intercambios. En realidad, es tironeado de una y otra parte como una cubierta necesaria pero demasiado angosta: para algunos (los economistas) el capital social es un fenómeno *estructural*, incorporado en las relaciones interpersonales y en las redes comunitarias. Para otros (los sociólogos) es un conjunto de factores *reguladores* institucionales que actúan por medio, pero no coinciden con, las redes comunitarias.

En este trabajo discutiré la noción de capital social a la luz de los problemas que la innovación plantea a la gobernanza. Se argumentará en favor de una noción de capital social que permita y regule la interacción (favoreciendo entonces la satisfacción de los participantes, según una definición sustancialmente análoga a la de equidad) pero incrementando las redes de conocimiento y de familiaridad tradicionales. En particular, se definirá al capital social como un conjunto de factores socio-cognitivos y de *enforcement* de las normas sociales, que surge de las interacciones y actúa sobre ellas, articulándose en la relación entre diversos niveles de la realidad social (individual e institucional). Si las redes de familiaridad favorecen el establecimiento y la cooperación, es necesario preguntarnos mediante qué mecanismos socio-institucionales y cognitivos sucede esto. En segundo lugar, ¿es posible que estos mecanismos actúen también cuando las redes tradicionales de familiaridad caen o se agrandan? En definitiva, ¿cuáles son los requisitos básicos individuales e institucionales que permiten al capital social funcionar en una sociedad que extiende y agranda los límites del intercambio?

Redes de conocimiento

Todos concuerdan en definir el capital social como el conjunto de factores que promueve la cooperación. Hasta aquí estamos de acuerdo. De aquí en adelante se abre el terreno de la discordia.

Para algunos, los individuos tienden a cooperar en las redes de familiaridad que participan. Para otros, el capital social está en los factores reguladores, como la norma de reciprocidad y los correspondientes mecanismos de *enforcement*, a su vez incorporados en las redes de familiaridad. En el primer caso, o sea en la lectura económica, el capital social constituye el *antídoto* a la formación de los dilemas sociales (representados en la forma clásica del "Dilema del Prisionero") y colectivos (ejemplificados en su versión clásica por la tragedia de los comunes). El antídoto estaría constituido por factores reticulares que forman sus preferencias individuales hacia el altruismo o hacia la benevolencia (Knack y Keefer, 1997; Lin, 2001; Dasgupta, 2002). En el segundo caso, o sea, en la lectura sociológica (Fukuyama, 1997; Putnam *et al.*, 1993; Ostrom, 2000, etc.) el capital social representa la solución de tales conflictos. Los factores institucionales incorporados en las redes sociales modifican las preferencias incentivando la cooperación. Sin embargo, ambas lecturas convergen en la esencia: el capital social es el conjunto de las relaciones interpersonales que hace a los individuos benévolos y cooperadores.

En esta sección, las dos nociones de capital social utilizadas en los diversos ámbitos disciplinarios serán comparadas. La primera (véase Durlauf y Fafchamps, 2004) es una breve noción esencialmente preinstitucional y estructural. La segunda, empleada por otros científicos sociales (en particular véase Putnam, 2000; y Baron *et al.*, 2001) apunta a factores reguladores, pero termina por confundirlos con los estructurales. Como veremos en los próximos dos párrafos, se trata de dos nociones igualmente útiles pero limitadas. Lo que falta en ambas es la teoría de la *relación entre aspectos estructurales y dinámicos* del capital social. Más adelante, en el párrafo "Difusión de las normas y engrandecimiento de las redes" discutiremos los requisitos de base para una teoría de esta relación, y mostraremos qué es lo que la ciencia cognitiva tiene que decir al respecto, a través de un ejemplo concreto de capital social: la reputación.

Paraísos comunitarios

Actualmente muchos economistas están convencidos de que el capital social tiene efecto fundamentalmente sobre el crecimiento económico. En un trabajo reciente, dos economistas, Durlaf y Fafchamps, en primera instancia definen el capital social como "*community relations* that *affect personal interactions*" (*relaciones de comunidad* que *influyen en las interacciones personales*), advirtiendo que con esta noción se ha tratado de explicar, si bien no siempre con éxito, "*an immense range of phenomena, ranking from voting patterns to health to the economic success of countrie*" (una inmensa serie de fenómenos, que va desde modelos de voto, a la salud y al éxito económico de los países) (Durlaf y Fafchamps, 2004, p.1).

En síntesis, para los economistas el capital social es aquella propiedad o modo de ser de las redes sociales (Dasgupta, 2000) que tiene el poder de modificar las preferencias individuales en sentido cooperativo. Esto se traduce en la alteración del orden de preferencia entre los *resultados* de las maniobras cooperativas y no cooperativas que los actores económicos deben elegir. A su vez, esta alteración elimina o reduce el impacto de los dilemas sociales (descritos en el paradigma abstracto del "Dilema del Prisionero") y colectivos (ejemplificados en el caos de la tragedia de los comunes) en la vida económica y social.

Como es sabido, en las situaciones que presentan las propiedades del "Dilema del Prisionero", las estrategias a disposición de los jugadores son interdependientes en sus resultados: la estrategia cooperativa arroja mejores resultados que aquella no cooperativa (defección) sólo cuando es elegida por todos los jugadores y, por el contrario, arroja peores resultados que aquella no cooperativa en el caso contrario (es decir, cuando el adversario juega la estrategia no cooperativa). En tales circunstancias, la solución estándar es la mutua defección, incluso si los resultados que se obtienen son tan inferiores como los que se lograrían cooperando.

Obviamente, modificando las preferencias de los jugadores al punto de eliminar el dilema, el equilibrio cambia. Si, por ejemplo, la utilidad del jugador es igual a la suma del propio *resultado* y al del adversario, entonces el equilibrio ya no está en la mutua defección sino en la cooperación, con un evidente incremento de la eficiencia: a breve, y aún más a largo plazo, todos se beneficiarán de un equilibrio cooperativo, el cual asegura un par de *resultados* superiores a los conseguidos individualmente por los jugadores luego de una mutua defección. De aquí el interés por la modificación en sentido cooperativo de las preferencias individuales: lo que favorece la eficiencia de los intercambios y el aumento de la riqueza individual y global puede sólo adquirir valor a los ojos de cada operador.

¿Pero qué es lo que modifica las preferencias individuales? La respuesta se encuentra en la solución clásica a los dilemas sociales y/o colectivos: la interacción indefinida del juego (del intercambio) entre los mismos jugadores. Las relaciones personales impiden los dilemas, favorecen la cooperación y la eficiencia. La red de familiaridad/benevolencia es en definitiva la que crece a la *sombra del futuro*, y que puede ser incentivada y publicitada, favoreciendo la llamada identidad de grupo (Akerlof y Kranton, 2000), la comunicación y el hecho de compartir la información (Granovetter, 1975, 1995), la coordinación, la decisión común y la cohesión.

Muchos autores reconocen la dificultad de identificar si el capital social (la red de conocimiento) es el que reconduce el efecto positivo y se da el efecto opuesto si él no lo hace, o si entran en juego otros factores para explicar el efecto dado. El camino de reconstrucción (*regression*) de los efectos econométricos al capital social (es decir, a las redes de conocimiento) es un objetivo controvertido y problemático de los estudios económicos sobre el capital social. La correlación entre los índices econométricos y las variables de red suele ser intuitiva y plausible, pero nunca efectivamente demostrada. Autores como Durlauf y Fafchamps atribuyen esta dificultad a la escasa formalización de los modelos, y a la fragmentación e inconsistencia de los resultados empíricos.

Sin embargo, es la misma base conceptual que dificulta la construcción de modelos explicativos e incluso de predicción de efectos econométricos interesantes (como desarrollo, crecimiento, etc.). Remontar de estos últimos a características específicas de las redes sociales, según el antes citado proceso de regresión, es un camino arbitrario porque falta una teoría dinámica de la cooperación. La visión rudimentaria de los agentes, exclusivamente basada en los mecanismos endógenos (la preferencia por la cooperación) y no dinámicos, obstaculiza la comprensión del nexo entre las características de la red y la modificación del comportamiento individual. De tal modo se reduce esquemáticamente la cuestión a la interiorización del altruismo y a la identidad de grupo, de la cual hablan diversos autores.

Esta visión a posteriori de la cooperación (según la cual, si alguien coopera evidentemente prefería... ¡cooperar!) impide la comprensión de los mecanismos de formación de las mismas redes. Las condiciones sociales, cognitivas, culturales, etc. que concurren en la formación de las redes, y que pueden eventualmente indicar alternativas equifuncionales, son ignoradas. Cuando Routledge y Amsberg (2003) definen el capital social como la condición en la cual existe el equilibrio cooperativo, no nos permiten profundizar en la individualización de los indicadores de una interacción satisfactoria.

En consecuencia, la noción de capital social discutida hasta aquí tiene un carácter poco innovador, y más bien conservador. Los mismos Routledge y Amsberg (2003) han aplicado su idea al estudio de las migraciones entre regiones limítrofes, mostrando cómo tales migraciones reducen el equilibrio cooperativo de las poblaciones involucradas. La pregunta sobre las condiciones que favorecen la reactivación de comportamientos cooperativos, a pesar de los cambios de las redes, no es resuelta ni contestada. La identificación del capital social con la actitud a cooperar no nos permite identificar los indicadores de desarrollos positivos de la vida económica. Del mismo modo, una visión del capital social basado en redes consolidadas de familiaridad, de benevolencia, de compartimiento, no permite prever crecimiento y desarrollo, ni explica cómo la eficiencia puede aumentar pasando de las comunidades tradicionales al mercado, no digo globalizado, pero tampoco moderno.

Infiernos globalizados

Según los sociólogos que siguen a Putnam, el concepto "capital social" destaca los muchos y diversos beneficios —de la confianza a la reciprocidad, de la información a la cooperación— asociados a las redes sociales.

El capital social crea valor a quien está relacionado y —en algunas oportunidades— también a los *bystanders*. Actúa a través de múltiples canales, entre los cuales existen múltiples flujos de información (es decir, el conocer oportunidades de trabajo, de potenciales competidores, etc.); la norma de la reciprocidad (las redes de semejanza favorecen la reciprocidad entre *in-groups*, pero establecer redes que conecten individuos heterogéneos favorece una versión generalizada de la reciprocidad); la acción colectiva, que depende de la red (véase el rol que ha tenido, en Estados Unidos, la Iglesia negra en el movimiento por los derechos civiles) pero que *a su vez apoya y promueve la formación de nuevas redes*; la transferencia de la "Yo-mentalidad" a la "Nosotros-mentalidad", cualquiera que sea su significado, etc.

La literatura sociológica sobre el capital social es inmensa, y este no es el momento adecuado para reseñarla.[1] Sin embargo, es útil detenerse en algunos aspectos de esta literatura.

En primer lugar, la función del capital social (regulación) se diferencia, si bien de modo implícito e incompleto, por sus características estructurales (red comunitaria): las redes sociales tradicionales incorporan confianza, reciprocidad, etc., es decir el conjunto de los factores reguladores que favorecen la cooperación. A su vez, esta distinción permite investigar las causas generadoras, y no sólo los factores conexos, de la regulación social y, potencialmente, formular su teoría.

En segundo lugar, la distinción entre el aspecto regulador y estructural del capital social podría ir justamente en la dirección esperada por los economistas expertos como Durlauf y Fafchamps, y proveer indicadores de predicción del crecimiento. En lugar de los estudios de difícil interpretación, éste permite la construcción de modelos —eventualmente simuladores— del proceso mediante el cual el capital social modifica las preferencias individuales y produce cooperación. Se podría pretender modelar este proceso en condiciones subóp-

---

1 Indico dos sitios dignos de ver: el del Civic dictionary a cargo del Civic Network Practices, en la voz *social capital*: *http://www.cpn.org/tools/dictionary/capital.html*; y el de la presentación del libro de Putman *Bowling Alone*: *http://www.bowlingalone.com/socialcapital.php3*

timas, desde el punto de vista de las redes de conocimiento, a hipotizar los factores sobre los cuales presionar para favorecer la cooperación, aumentar la eficiencia y difundir la cooperación, incluso cuando la familiaridad disminuye y la heterogeneidad aumenta.

Sin embargo, la relación entre capital y redes sociales no tiene aún una solución en la literatura sociológica, y la diferencia entre regulación y estructura del capital social no se encuentra adecuadamente explotada. Como ha sido explicado por Durlauf y Fafchamps en el trabajo antes citado, el intento de identificar los factores institucionales que permiten la regulación de las redes sociales y la gobernanza de los cambios, incluso en ausencia de integración (efecto altamente deseado en las circunstancias actuales), es desmentido por los estudios empíricos. En el texto que lo ha hecho particularmente popular (2000), Putnam afirma que las sociedades avanzadas, caracterizadas por su elevado nivel de vida y por el bajo crecimiento económico y demográfico, atraviesan una fase de grave declive del capital social, de erosión y colapso de las redes comunitarias. *Bowling alone* es la expresión con la cual se hace referencia a este fenómeno, intuitivamente reconocible en la experiencia de cualquier persona, pero no resuelto en el plano teórico: ¿son las redes las que forman el capital social?, ¿o es el capital social el que forma las redes?, ¿Cómo se realiza la innovación? ¿Cómo gobernar el cambio si la erosión de las relaciones comunitarias determina un *empobrecimiento* de la vida de los individuos, una pérdida de cooperación y de equidad en los intercambios, así como también, tal vez, una reducción del ritmo de crecimiento? ¿Cómo se articula la relación entre factores reguladores espontáneos e instituciones centralizadas?

Tales cuestiones, al centro de los estudios de la gobernanza de la innovación, y de la hechura de las políticas, no han recibido respuestas del todo convincentes. Sobre todo se basan sobre el presupuesto que la pérdida de crecimiento y eficiencia puedan remontarse al declive del capital social y de las redes sociales, proponiendo nuevamente aquella confusión no sólo empírica, sino también conceptual entre redes y capital que parecía superada en las definiciones de Putnam y de otros.

En definitiva, la teoría sociológica del capital social aparece *a)* más bien confusa, *b)* no claramente confirmada por la evidencia empírica, *c)* no mucho más ideal que la teoría económica del capital social para responder al objetivo de comprender y gobernar la innovación. Las razones de falta de adecuación de ambas versiones, económica y sociológica, de la teoría del capital social residen, al menos, en dos aspectos.

Por una parte, en la inexistente (o confusa) distinción entre capital social y redes sociales y, por lo tanto, en la reducción del primero a redes de conocimiento y de familiaridad. Ninguna de las dos teorías se cuestionan en profundidad qué es lo que genera (y sobre qué debe presionarse para generar) las redes de cooperación y solidaridad, previendo que conocimiento, participación y familiaridad son factores necesarios y suficientes. Suficientes o no, es necesario esperar que no sean necesarios, de lo contrario debemos resignarnos al colapso y a la involución de todas las sociedades humanas no tradicionales.

Por otro lado, ambas variantes de la teoría demuestran una escasa comprensión de la relación entre procesos sociales y fenómenos mentales y comportamentales. Ambas teorías comparten, en mayor o menor medida, una explícita visión ingenua, si no rudimentaria, del actor socio-económico como sistema que actúa exclusivamente con base en preferencias individuales. Si bien, como fuera admitido por muchos, las preferencias pueden cambiar y ser modificadas, el proceso a través del cual esto sucede no es descrito detalladamente, ni formulado. A lo sumo, el cambio es visto como el resultado de un aprendizaje basado en la retroalimentación del comportamiento. Esto constituye el aspecto endógeno de la modificación de las preferencias individuales: se puede ser altruistas porque se interactúa con personas que nos resultan agradables y que recompensan nuestra buena conducta. Pero no tiene nada que ver con el lado exógeno del cambio individual, basado en la incentivación, en las normas, en el control social, en el sentimiento de culpa y en la reputación, que son mediadores fundamentales del altruismo. Para explicar los procesos exógenos de cambio, es necesario describir la adopción por parte del actor de solicitudes y de órdenes externos, incluso cuando éstos se contradicen con sus preferencias, o motivaciones endógenas. En definitiva, se trata de aquella forma de adopción que esperamos cuando ordenamos a alguien: "Lo debes hacer, ¡te guste o no!". Gracias a estos mecanismos, el actor contribuye a la difusión del capital social, constituido por el conjunto de normas sociales y de relativos mecanismos de *enforcement* (reputación, etc.) que favorecen la cooperación, generando redes de regulación y llegando allí donde no ha llegado aún el conocimiento, la familiaridad, la semejanza, el compartir.

En la siguiente sección nos detendremos sobre una interpretación del capital social en términos de entrelazamiento de procesos sociales y cognitivos a los que se debe la difusión de normas sociales y del correspondiente *enforcement* y, por ende, la ampliación de la cooperación fuera de los límites naturales de las redes de conocimiento y de familiaridad.

Difusión de las normas y ampliación de las redes

Han oído decir:
"Amarás a tu prójimo y odiarás a tu enemigo"
Pero yo os digo: *amen a sus enemigos,*
recen por aquellos que os persiguen,
para que sean hijos de nuestro Padre que está en el cielo...
Porque si aman a quienes os aman,
¿Qué premio merecen?

Mateo, V. 43-48

En estos versículos de Mateo, Cristo enuncia una norma (amar y ayudar a los enemigos) y el valor en el que se basa (la ayuda desinteresada es digna) así como la motivación individual para su adopción (el mérito).

El altruismo evangélico ya no se basa en las preferencias endógenas, sino en la adopción de normas y valores nuevos que *ordenan* amar al prójimo. Ya no se limita al interior de la comunidad, sino que alcanza al prójimo, no necesariamente conocido, ni benévolo. Por lo tanto no nace de la armonía, sino del dilema; no de la confianza, sino de la diversidad.

¿Cómo es posible todo esto?

"Innofusione"[2] y sistemas de control

El proceso a través del cual se difunden las innovaciones, conocido como "*innofusione*" (véase Conte, 2003), tiene que ver también con los productos destinados al soporte o al control de la actividad humana.

Consideramos capital humano a la integración entre entidades y procesos sociales y mentales que permiten la innovación y la difusión de nuevos sistemas de control, gracias a:

- *Adopción* de las normas (confróntese Conte y Castelfranchi, 1995; y Conte, 1998).

---

[2] N. del T. Traducción en italiano del término inglés "innofusion": feedback in the innovation process (proceso mediante el cual se difunden las innovaciones).

- *Enforcement* de las normas.
- *Control e incentivo* social, ambos basados en la reputación.

Naturalmente, la "*innofusione*" se sirve de las redes de familiaridad, pero las supera, conquistando nuevos ambientes, nuevos grupos y nuevas culturas para la innovación.

Este proceso sería incomprensible si no se tuvieran en cuenta sus prerrequisitos socio-cognitivos. Es a esta complejidad que dedicaremos nuestra atención.

Prerrequisitos

Existen dos niveles a los cuales es necesario prestar atención: el del agente individual y aquel sobre individual.

Inteligencia social

La "*innofusione*" de los sistemas de soporte requieren sistemas dotados de inteligencia social (Conte, 2003) y en particular de aprendizaje inteligente (Conte y Paolucci, 2001). Esto incluye la capacidad de observar, controlar e imitar a los demás y de monitorear a la mayoría (Conte, 2004); pero también la capacidad de aceptar la influencia de la minoría (Conte y Dignum, 2001), de observar el efecto, especialmente sobre sí mismo, de las acciones de los demás (Di Tosto *et al.*, en preparación), y de anticiparlo.

Sin embargo, el aprendizaje inteligente no alcanza para explicar la difusión de las normas. De hecho es necesario que los agentes cooperen también cuando preferirían no hacerlo, a veces incluso con quienes no tienen ninguna predilección ni benevolencia. Pero para que esto ocurra los agentes deben adoptar un precepto, un mando externo, una prescripción moral, o religiosa, o simplemente consuetudinaria. La regulación normativa posee una ventaja: los individuos que cumplen las normas tenderán a difundirlas y a hacerlas aplicar, y esto redoblará el proselitismo de las buenas acciones. Pero tal prestación requiere también la capacidad para razonar con base en normas, de reconocer la acción normativa ajena y de defender activamente las normas.

Enforcement de las normas

La existencia de redes de conocimiento, de familiaridad y de participación, obviamente refuerza los procesos de "*innofusione*". Sin embargo, éstas no son indispensables.

Una prueba de ello ha sido suministrada en un brillante experimento ideado por Yamagishi (inédito) para mostrar los efectos de la reputación en el *enforcement* de la norma de reciprocidad en los intercambios. El experimento fue repetido en nuestro grupo de investigación, gracias a la realización de un laboratorio experimental en línea, que ha sido llamado *FantasyMarket*. Los resultados de nuestro experimento (véase Paolucci y Sabater, en preparación) que describo rápidamente, confirman los datos de Yamagishi, y abrió el camino a estudios *follow-up*.

Reputación y mercado. En *FantasyMarket*, los sujetos pueden participar en el juego conectándose al sistema por medio de Internet. Cada jugador recibe instrucciones preliminares, un nombre de usuario y una suma virtual para gastar en la compra de productos que cada uno puede poner en el mercado. Los productos tienen un precio decidido por el vendedor, pero tal precio puede ser inferior, igual o superior al costo de su realización (es decir, a la suma que el vendedor ha invertido en su compra o en su producción).

Los sujetos, estudiantes universitarios o doctorados, han sido divididos en grupos de, aproximadamente, una docena de jugadores. En el grupo de control, el juego consistía simplemente en hacer rendir la suma recibida al inicio mediante la compraventa de productos. En el segundo grupo se introdujo la identidad: los jugadores no podían modificar su identificación durante toda la sesión experimental. Finalmente, en la tercera situación los sujetos tenían la posibilidad de expresar una opinión en relación a los demás, que podía ser "interrogado" por los otros jugadores durante la sesión de juego al momento de decidir si comprar o no un producto en oferta.

Como ya fue visto, en la situación de control se instaura un *lemon market* (Gráfica 14.1), caracterizado por una gran cantidad de productos de mala calidad. Con respecto a la situación de control, la identidad mejora la calidad de los productos, pero obstaculiza el mercado reduciendo la riqueza promedio. La tercera situación es aquella en la cual la riqueza promedio alcanza valores que pueden compararse con los obtenidos en la situación inicial, pero la calidad de los productos mejora netamente.

Puede deducirse que la valoración social influye notablemente en la honestidad de los participantes, independientemente de la familiaridad. En la tercera situación, la producción y la venta de productos de buena calidad resulta muy superior respecto a la situación de identidad, y fundamentalmente respecto a la situación de control, en la cual los participantes deben solamente "comercializar". Los productos "honestos", de hecho, pasan de un nivel inicial 12, en la situación de control, a un nivel final 124 en la situación de la reputación en la cual la mayor parte de los participantes trata de alcanzar, al menos, una reputación neutra. Pero en ninguna condición los sujetos se conocen entre sí, y participan del juego bajo una identidad ficticia asignada al inicio por los experimentadores. El efecto cooperativo de la valoración ajena no presiona sobre redes de conocimiento preexistentes. Aún más interesante, la afirmación anticipadora por parte de sujetos de los resultados potenciales de la evaluación produce los efectos deseados, sin necesidad que tales resultados efectivamente tengan lugar (pena dictada o amenazada por los otros jugadores). El factor reputación[3], por sí mismo, juega un rol de primer plano en el experimento descrito pues favorece los intercambios honestos y, más aún, genera redes de confianza a las que los sujetos se remitirán para seleccionar los futuros socios. ¿Pero cómo y cuándo funciona la reputación? y ¿qué debemos esperar de las tecnologías de la reputación accesibles en Internet?

Gráfica 14.1. Los efectos de la evaluación social en FantasyMarket.

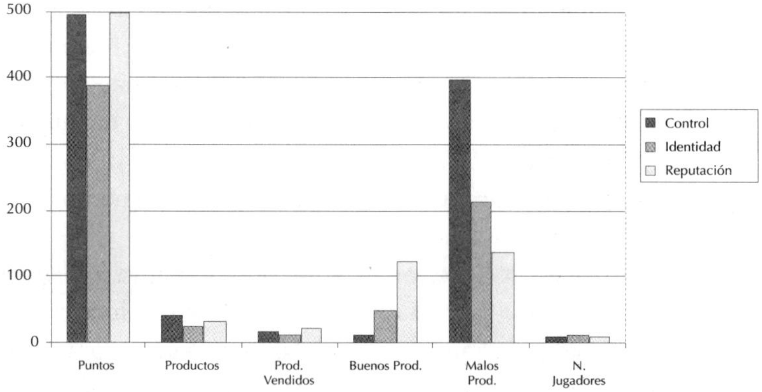

3 O para-reputacional: se debe indicar que en este experimento no puede aún hablarse de reputación, sino de una evaluación centralizada y pública (para una diferencia, véase Conte y Paolucci, 2002).

Reputación *online*. La primera arena para la implementación de sistemas de reputación computarizados han sido las subastas electrónicas, mercados que recogen un número elevado de usuarios esencialmente desconocidos (Resnick y Zeckhauser, 2001).

Para proteger a los usuarios de los riesgos de las distancias y del anonimato, los proveedores de servicios han recurrido a sistemas de *broker* basados en la reputación centralizada. En general, estos sistemas proveen para cada usuario una puntuación de reputación $R(a)$, que puede variar desde un simple marcador binario (bueno/malo) a un verdadero vector de características cualitativas, como la responsabilidad, la confianza, la velocidad en el pago (si es comprador) y en la entrega (si es vendedor). La principal, a menudo única, fuente de información usada para expresar la puntuación es la evaluación de la transacción.

El impacto de estos sistemas sobre las transacciones es objeto de atención por parte de los economistas desde al menos hace cuatro o cinco años (para una reseña, véase Dellarocas y Conte, 2002).

El modelo teórico económico prevé que la probabilidad de la cooperación esté en función de la buena reputación del vendedor y del grado de error (probabilidad de una opinión negativa luego de una transacción honesta). ¿Cuál es el valor empírico de esta previsión? ¿Es confirmada por la concreta evidencia disponible? ¿Y qué decir del error y sobre todo de la falsedad a nivel de reputación? El establecimiento de un mecanismo de reputación agrega un metanivel, cuyo objetivo es reducir las probabilidades de mala conducta a nivel material, es decir, a nivel de intercambio económico. Pero en este modo los impostores incurrirán en la tentación de interferir con la lógica interna del sistema de reputación. Además de la posibilidad de no pagar y de no entregar, las comunidades electrónicas presentarán ocasiones de fraude incluso a nivel de reputación (véase Dellarocas 2000, para una reseña). ¿Pero qué sucede en realidad?

El más famoso sistema de reputación en red (eBay) permite estrategias engañosas: en eBay, "a seller may cheat 20% of the time but he/she maintain a monotonically increasing reputation value" (Zacharia *et al.*, 1999). Además, parece que existe una correlación entre reputación y precios, es decir que los precios aumentan con el crecimiento de la reputación (Houser y Wooders, 2000) de los vendedores (pero no de los compradores).

Sin embargo, aún queda por decir que las transacciones evaluadas representan sólo 50 por ciento aproximado del total. Además, un grupo representativo de las transacciones analizadas por Resnick y Zeckhauser (2001), muestra que aproximadamente 50 por ciento de las transacciones es evaluado positivamente, mientras el resto no recibe evaluación alguna. Las puntuaciones negativas o neutras muestran porcentajes por debajo del 1 por ciento, con los neutros que alcanzan apenas el 0.2 por ciento. En definitiva, eBay tiene una marcada tendencia a la generosidad y a sobrevaluar las puntuaciones de reputación (efecto *Pollyanna* o calmante). ¿Es esto una señal de ineficiencia? No diría justamente eso, si es verdad que eBay prospera y se expande en la comunidad electrónica.

Los economistas sugieren una posible interpretación del fenómeno: si es verdad que las transacciones resienten la reputación difundida, es obvio que en un sistema eficiente como eBay el elevado número de transacciones bien concluidas no podrá dar lugar sino a evaluaciones positivas. Pero entonces, ¿cómo explicar la dadivosidad en las evaluaciones?

En cambio, según otra interpretación, la dadivosidad y el efecto Pollyanna, harían prosperar a los embusteros y estafadores. Los datos experimentales de Resnick y Zeckauser (2001) parecen demostrar que la reputación predice el rendimiento futuro, pero el cuidado de la reputación no entra en los fines del sistema, al menos no desde el punto de vista del intermediario; el objetivo de eBay es sólo la maximización de los intercambios. eBay parece hecho justamente para crear un clima de *high courtesy* (*ibid.*, p.18) e inmediata reciprocidad —cada uno evalúa como se espera (y desea) ser evaluado— que agranda los puntajes y favorece la ganancia.

Los objetivos de un sistema de reputación son tantos como los criterios para evaluar sus efectos. ¿Cuáles son las condiciones que favorecen la ganancia *versus* las transacciones honestas? Si la buena reputación favorece la eficiencia económica, ¿cuáles son los requisitos de la equidad, y cuáles los efectos de la sobrestima y de la subestima? ¿Cómo se previene, controla o neutraliza la confusión sobre la reputación en las sociedades naturales?

Para responder a estas preguntas es necesaria una teoría de la reputación en diferentes condiciones estructurales que distinga los aspectos estructurales de los reguladores del capital social y que permita verificar qué tipo de reputación se difunde en las redes comunitarias y en las amplias redes de intercambio, incluso en aquellas virtuales. ¿Es posible obtener en las segundas los mismos resultados que se obtienen en las primeras? ¿Cuáles reglas son implementadas en una y otra? Para hacer esto es necesario disponer de una adecuada teoría de los prerrequisitos socio-cognitivos, en primer lugar un modelo del agente socialmente inteligente. Ciertamente se trata de introducir complejidad en los modelos de los fenómenos sociales y del agente. Es a este último punto al que prestaremos ahora nuestra atención.

Complejidad como límite y como riqueza

Existen al menos dos modos de entender la teoría de la complejidad social que tienen importantes consecuencias sobre la gobernanza de la innovación.

El primero, que definiremos *metodológico*, identifica la complejidad con aquello que emerge de la interacción entre elementos simples de nivel mínimo, y que suele necesitar de una descripción cualitativa; no es inmediatamente cuantificable; obstaculiza la aplicación de las leyes matemáticas de nivel inferior, etc. La complejidad metodológica ha tenido, y está teniendo, interesantes consecuencias en el plano sociocientífico, basta pensar en el desarrollo de algunos sectores prometedores de investigación como la sociodinámica y la sociofísica y en las sofisticadas metodologías de investigación y de análisis de datos a las cuales estos sectores han dado lugar. Para completar este cuadro es necesario agregar que el perfil metodológico no siempre conlleva una relación interdisciplinaria entre aquellos que estudian los sistemas dinámicos complejos.[4]

El segundo modo, que llamaré *teórico*, consiste en identificar un conjunto de fenómenos como complejos. Estos fenómenos comparten algunas características:

- pertenecen a diferentes niveles de análisis;
- constituyen al mismo tiempo el efecto y la causa de los procesos emergentes;
- justamente por esto implican la interacción no sólo entre los elementos quizás heterogéneos al mismo nivel, sino la interacción entre unidades de diferente nivel;
- no siempre son cuantificables;
- y, por ende, requieren el accionar interdisciplinario de la ciencia y, en particular, de las ciencias sociales, de las ciencias del comportamiento, así como también de la ciencia de la complejidad metodológica.

Si bien tal cooperación aún se encuentra fragmentada y es insuficiente, y el estatuto científico de la ciencia de la complejidad se reconozca mayormente en el primer sentido —es decir, con el metodológico anteriormente delineado—

4 Es más bien escaso el número de trabajos científicos firmados por científicos de diversa proveniencia, aunque las conferencias y los eventos científicos dedicados a la promoción de la interdisciplinariedad han aumentado en los últimos quince años.

y el estatuto científico a nivel teórico sea, en cambio, fragmentario e implícito, que suele terminar por identificarse con aquel metodológico... no obstante todos estos inconvenientes, la complejidad teórica se está abriendo paso con dificultad. Dan fe de ello numerosas iniciativas, eventos y proyectos dedicados al tema micro-macro que pululan desde hace varios años en la comunidad científica. Pero es necesaria una refundación teórica explícita de la ciencia de la complejidad que no separe el alma metodológica de la teórica, identifique sus nexos fundamentales y relance un enfoque interdisciplinario de la complejidad.

Una consecuencia de la actual hegemonía metodológica en la ciencia de la complejidad es justamente la visión de los sistemas sociales como efecto empírico complejo de la interacción entre los individuos, que sería el único que puede describirse en términos científicos. En este ámbito, los sistemas sociales son considerados el último eslabón de la cadena de los fenómenos emergentes, es decir, de aquellos procesos dinámicos que actualmente son afrontados con los métodos de la física estadística. Como ya hemos recordado, la revolución metodológica ha dado buenos frutos, y podría conducir simplemente a tener en cuenta que algunas disciplinas (ciencias sociales) han desaparecido a favor de otras (física). Pero sus objetos de estudio no han desaparecido: si los científicos sociales tienen dificultad para transferir los resultados de sus investigaciones, empresarios y operadores económicos mientras tanto, descubren por sí solos que algunos fenómenos socio-cognitivos no pueden deducirse del estudio de los procesos dinámicos con modelos simples del agente: la necesidad de optimizar la gobernanza coorporativa, de introducir la ética en el *business*, de promover la reciprocidad, la confianza en las redes de empresa y en los distritos industriales, de optimizar la reputación incorpórea, etcétera.

El hecho de que intercambio y cooperación sean estudiados separadamente por economistas y científicos sociales, por estudiosos del comportamiento y por científicos de la Information and Communication Technology no hace avanzar los conocimientos y obstaculiza la transferencia a todos los sectores de la ciencia. El resultado de esta separación, para dar un ejemplo, es que los proyectistas de tecnologías informáticas diseñan sistemas muy por debajo de las expectativas y de las exigencias de los operadores y de los usuarios (basta con pensar en los mercados virtuales, en los sistemas de fidelización y en instituciones electrónicas como los sistemas de reputación en red analizados anteriormente). El estudio interdisciplinario integrado de cómo los sistemas sociales entran en la regulación de los intercambios, de cómo son incorporadas las instituciones en la interacción y en la sociedad civil, puede ayudarnos a entender mejor estos procesos, y a diseñar tecnologías y medidas de *policy* así como también a poner en funcionamiento mejores proyectos de gobernanza, más adecuados y eficientes.

En definitiva, es necesaria una ciencia de la complejidad social más interdisciplinaria, donde el nexo entre ciencias del comportamiento sea más estrecho, y donde la ciencia de la complejidad signifique ciencia de las *relaciones entre diversos niveles* de la realidad y entre entidades y agencias de diverso nivel. Es decir, donde las ciencias sociales puedan encontrar nuevamente el terreno común de la sociedad del conocimiento.

Bibliografía

Akerlof G. A. y Kranton R. E. (2000), "Economics and Identity", *Quarterly Journal of Economics*, 115, 3, pp. 715-753.

Baron S., Field J. y Schulle T. (2001), *Social capital: Critical Perspectives*, Oxford University Press, Oxford.

Conte R. y Dignum F. (2001), "From Social Monitoring to Normative Influence", *JASSS*, 4, n. 2., *http://jasss.soc.surrey.ac.uk/4/2/7.html_*

Conte R. y Paolucci M. (2001), "Intelligent Social Learning", *JASSS*, 4, n. 1, *http://jasss.soc.surrey.ac.uk/4/1/3.html*

Conte R. (2004), "Sugli agenti", *Sistemi Intelligenti*, 2004, 1, pp. 145-148.

Conte R. y Castelfranchi C. (1995), *Cognitive and Social Action*, University College of London Press, Londres (trad. it. *La società delle menti*, Utet, Turín, 1996).

Conte R. y Paolucci M. (2002), *Reputation in Artificial Societies. Social Beliefs for Social Order*, Kluwer, Amsterdam.

Conte R. (2003), "Fattori cognitivi nella diffusione degli artefatti", *Sistemi Intelligenti*, 1, pp. 19-38.

Conte R. (1998), *L'obbedienza intelligente*, Laterza, Bari.

Dasgupta P. (2000), "Economic Progress and the Idea of Social capital", en Dasgupta P. y Seragilden I. (bajo la dirección de), *Social capital: A Multifaceted Perspective*, World Bank, Washington (D. C.).

Dasgupta P. (2002), *Social capital and Economic Performance: Analytics*, Mimeo, Faculty of Economics, University of Cambridge.

Dellarocas C. y Conte R. (2002), *Reputation Mechanisms in Multiagent Systems.* Part I: *Online Reputation Mechanisms: Insights from Game Theory and Economics*, AAMAS tutorial, Bolonia, 16 de julio de 2002, *http://courses.freeman.tulane.edu/gparkerecommerce/Lectures/ISDS743Spring2003Class11.pdf*

Dellarocas C. (2000), "Immunizing Online Reputation Reporting Systems Against Unfair Ratings and Discriminatory Behavior", *Proccedings of the 2nd ACM Conference on Electronic Commerce.*

Durlauf S.N. y Fafchamps M. (2004), *Social capital,* Nber Working Paper Series, National Bureau of Economic Research, Cambridge (Ma.).

Elster J. (1991), *The Cement of Society,* Cambridge University Press, Cambridge (trad. it. *Il cemento de la società,* il Mulino Bolonia 1995).

Fukuyama F. (1997), *Social Capital,* Tanner Lecture on Human Values.

Granovetter M. (1975), *Getting a Job: A Study of Contacts and Careers,* University of Chicago Press, Chicago.

Granovetter M. (1995), "The Economic Sociology of Firms and Entrepreneurs", en Portes A. (bajo la dirección), *The Economic Sociology of Immigration: Essays on Networks, Ethnicity, and Entrepreneurship,* Russell Sage Foundation, Nueva York, pp. 128-165.

Helliwell J. y Putnam R. (2000), "Economic Growth and Social Capital in Italy", en Dasgupta P. y Seragilden I. (bajo la dirección de), *Social capital: A Multifaceted Perspective,* World Bank, Washington (D. C.), pp. 253-266.

Houser D. y Wooders J. (2000), *Reputation in Auctions: Theory, and Evidence from eBay, http://bpa.arizona.edu/~jwooders/ebay.pdf*

Knack S. y Keefer P. (1997), "Does Social Capital Have an Economic Impact? A Cross-Country Investigation", *Quarterly Journal of Economics,* 112, pp. 1252-1288.

Lin N. (2001), *Social Capital,* Cambridge University Press, Cambridge.

Ostrom E. (2000), "Social Capital: A Fad or Fundamental Concept?", en Dasgupta P. y Seragilden J. (bajo la dirección de), *Social capital: A Multifaceted Perspective,* World Bank, Washington (D. C.).

Paolucci M. y Sabater J. (en preparación), *FantasyMarket.*

Paolucci M., Di Tosto G. y Conte R. (en preparación), *Dynamic Social. Intelligence and Emerging Agent Typologies.*

Putnam R. (2000), *Bowling Alone: The Collapse and Revival of American Community,* Simon & Schuster, Nueva York (trad. it. *capitale sociale e individualismo,* il Mulino, Bolonia 2004).

Putnam R. (con Leonardi R. y Nanetti R.) (1993), *Making Democracy Work: Civic Traditions in Modern Italy,* Princeton University Press, Princeton (N. J.) (trad. it. *La tradizione civica nelle regioni italiane,* Mondadori, Milán, 1993).

Resnick P. y Zeckhauser R. (2001), *Trust Among Strangers in Internet Transactions: Empirical Analysis of eBay's Reputation System,* Working Paper for the Nber Workshop on Empirical Studies of Electronic Commerce.

Routledge B. y von Amsberg J. (2003), "Social Capital and Growth", *Journal of Monetary Economics*, 50, 1, pp. 167-194.

Yamagishi T. (inédito), *Solving the Lemons Problem with Reputation. An Experimental Study of Online Trading.*

Zacharia G., Moukas A. y Maes P. (1999), "Collaborative Reputation Mechanism in Electronic Marketplaces", *Proceddings of 32nd Hawaii International Conference on System Sciences*, IEEE.

Los autores

Michele Bernasconi, michele.bernasconi@unive.it

Se graduó en Economía y Comercio en la Università degli Studi di Pavia y es doctor en Economía en la Universidad de York (UK). Actualmente es profesor ordinario de Ciencia de las finanzas en la Universidad "Cà Foscari" de Venecia. También ha colaborado con la Universidad de Insubria, en Varese, la Universidad Federico II de Nápoles, el Instituto Universitario Europeo en Florencia y el Institute of Economics and Statistics de Oxford.

Sus publicaciones se dedican principalmente al análisis de los fundamentos del comportamiento que estudia la teoría económica, donde utiliza con frecuencia el método experimental con aplicaciones a problemas de microeconomía, economía pública y también macroeconomía.

Nicolao Bonini, nicolao.bonini@unitn.it

Es profesor ordinario de Psicología cognitiva; enseña Psicología general, Psicología del pensamiento y Psicología económica en la Facultad de Ciencias Cognitivas de la Universidad de Trento. Es responsable del Centro de Investigaciones sobre la Decisión; es también coordinador de la Escuela del Doctorado en Ciencias Psicológicas y de la Formación de la misma universidad.

Sus intereses de investigación contemplan los modelos descriptivos de la decisión y la valuación de los bienes públicos y la elección del consumidor. Ha publicado, junto al profesor Rumiati, *Las decisiones de los expertos: psicología cognitiva de las decisiones de gestión* (il Mulino, Bolonia, 1996), y *La psicología de la decisión* (il Mulino, Bolonia, 2001). Con Del Missier y Rumiati coordinó el manual de *Psicologia del giudizio e della decisione* (Il Mulino, 2008).

Rosaria Conte, rosaria.conte@istc.cnr.it

Es una científica cognitiva que se ocupa de la simulación de fenómenos sociales en computadora. Dirige el LABSS (Laboratorio de Simulación Social Basada sobre Agente) en el Instituto de Ciencias y Tecnologías del Conocimiento y enseña psicología social en Siena. Es miembro de numerosas redes de excelencia y socia de proyectos europeos; preside la Associazione Italiana di Scienza Cognitiva (AISC) y la European Social Simulation Association (ESSA); ha tenido un rol central en el lanzamiento de la simulación social en Europa y en Italia. Sus temas de investigación incluyen la evolución social y cultural de los comportamientos y de los artefactos sociales como las normas y sus mecanismos de *enforcement* (la reputación en primer lugar), y la evolución (e involución) de los sistemas colectivos.

Giovanna Devetag, devetag@unipg.it

Desde el año 2005 es Associate Professor of Business Economics and Management Department of Law and Management en la Facultad de Economía de la Universidad de Perugia. Graduada en Economía empresarial en la Universidad Ca'Foscari de Venecia, obtuvo el doctorado de Investigación en Economía en la Escuela Superior Sant'Anna de Pisa en el año 2000. Sus principales intereses de investigación tienen que ver con la economía experimental y computacional y la teoría de juegos del comportamiento.

Giovanni Dosi, giovanni.dosi@sssup.it

Es profesor ordinario de Economía en la Escuela Superior Sant'Anna di Pisa; co-director de Task Force on Industrial Policy del programa Initiative for Policy Dialogue presidido por Joseph Stiglitz, Columbia University, Nueva York; editor para Europa continental de la revista *Industrial and Corporate Change*. Es autor de numerosas publicaciones internacionales, de las cuales algunas son novedosas aportaciones del tomo G. Dosi, *Innovations, Organization and Economics Dynamics. Selected Essays* (Edward Elgar, Cheltenham 2000).

Massimo Egidi, megidi@LUISS.it

Rector de la Universidad Luiss Guido Carli desde octubre de 2006, es también profesor ordinario de Economía del comportamiento y de Teoría de juegos en la Facultad de Economía del Ateneo. Entre 1996 y 2004 fungió como rector de la Universidad de Trento.

Su actividad de investigación incluye, particularmente, la economía experimental y cognitiva, la teoría de la organización y del aprendizaje organizativo, y la teoría de las decisiones y de la racionalidad limitada.

Alfonso Gambardella
alfonso.gambardella@unibocconi.it

Es profesor y administrador de la Universidad Comercial "Luigi Bocconi" de Milán. Se ocupa de la economía de la empresa y, en especial, de la economía y gestión de la tecnología y de la innovación. Ha publicado en las más importantes revistas internacionales. Es editor de la *European Management Review* y es miembro del comité editorial de la *Academy of Management Review, Industrial and Corporate Change, Research Policy* y *Strategic Management Journal*. En 2001, con Ashish Arora y Andrea Fosfuri, escribió *Markets for Technology: The Economics of Innovation and Corporate Strategy* (Mit. Press, Cambridge, Mass.). Su sitio web es www.alfonsogambardella.it

Paolo Legrenzi, legrenzi@iuav.it

Es profesor ordinario de Psicología cognitiva en la Universidad Iuav de Venecia. Ha ejercido la enseñanza y la investigación en Trieste, Milán, París, Londres, Princeton, y en los doctorados de Economía y Organización de la Universidad Bocconi y de la Escuela Superior Sant'Anna de Pisa. Dirige la Escuela de Doctorado de las Universidades Ca'Foscari e Iuav de Venecia.

Estudioso de las ciencias cognitivas, de la psicología, y de la cognitiva aplicada, se ocupa principalmente del razonamiento y de los procesos decisionales.

Franco Malerba, franco.malerba@unibocconi.it

Es profesor ordinario de Economía industrial, director del Centro de Investigación KITeS de la Universidad Bocconi. Presidió la International Joseph Schumpeter Society (2002-2004) y la European Association for Research in Industrial Economics (EARIE). Es editor de la revista *Industrial and Corporate Change*; y editor asociado del *Journal of Evolutionary Economics* y de *Research Policy*. Es miembro del Advisory Board de SPRU-Universidad de Sussex, del Max Planck Institute de Jena y de CRIC-Universidad de Manchester.

Su actividad científica se concentra en la economía de la innovación, la economía industrial, la dinámica industrial, la teoría de la empresa, la tecnología, y la competitividad.

Luigi Marengo, l.marengo@sssup.it

Es profesor ordinario de Economía política en la Scuola Superiore Sant'Anna di Pisa. Se graduó en Economía en la Universidad de Torino y obtuvo un PhD en 1991 en la Universidad de Sussex (Inglaterra). Sus principales intereses de investigación son la teoría de la organización, la teoría de las decisiones, la economía computacional y experimental, la teoría de juegos, y la economía del progreso técnico.

Corrado Pasquali, pasquali@mclink.it

Es investigador en Política económica en la Facultad de Derecho de la Universidad de Teramo. Hizo estudios en la Universidad La Sapienza de Roma y en la Carnegie Mellon University de Pittsburg. Se ocupa del análisis económico del derecho, de la economía de la innovación tecnológica, y de la propiedad intelectual.

Rino Rumiati, rino.rumiati@unipd.it

Es profesor ordinario de Psicología cognitiva en la carrera de grado en Ciencias de la Comunicación de la Universidad de Padova. Dirigió el Departamento de Ciencias del Conocimiento y de la Formación de la Universidad de Trento y es miembro actual de la Junta del Departamento de Psicología del Desarrollo y de la Socialización de Padova y del Colegio Docente del Doctorado en Investigación en Ciencias cognitivas en el mismo departamento.

Sus intereses de investigación se ocupan del estudio de los procesos de decisión en los ámbitos económico y sanitario, de la percepción del riesgo, y de los procesos de negociación y de resolución de conflictos.

Pier Luigi Sacco, sacco@iuav.it

Es profesor extraordinario de Política económica en la Universidad Iuav de Venecia, donde también dirige el Departamento de Artes y de Diseño Industrial (DADI) y es prorrector de Comunicación y de la editorial. Es director científico del *Observatorio Empresa y Cultura* y de *The Fund Raising School*, Universidad de Bolonia, sede Forlì.

Su investigación se focaliza en la economía de la cultura y las políticas culturales, con particular atención en la relación entre distritos culturales y desarrollo local, la teoría de juegos evolucionistas y su aplicación, la economía de los comportamientos no auto-interesados y de las organizaciones sin fin de lucro.

Pietro Terna, pietro.terna@unito.it

Profesor ordinario de Economía política en la Universidad de Turín. Estudia, sobre todo, la aplicación de la informática a la economía y el análisis de los aspectos aplicados de la economía.

Sus investigaciones giran en torno a las aplicaciones de la simulación de agentes en las ciencias sociales, con particular atención en la empresa y las organizaciones complejas.

Riccardo Viale, riccardo.viale@fondazionerosselli.it

Es docente de Economía cognitiva en la Escuela Superior de Administración Pública de Roma y profesor de Filosofía de la ciencia en la Universidad de Milán-

Bicocca. Es editor en jefe de la revista *Mind&Society* (Springer-Verlag). Su actividad científica se concentra en el análisis cognitivo del razonamiento de probabilidades, el conocimiento tácito, la racionalidad y la epistemología social y sus relaciones con la política científica y tecnológica.

Massimo Warglien, warglien@unive.it

Es profesor en el Departamento de Economía y Dirección Empresarial de la Universidad Ca'Foscari de Venecia y director científico de LaSDec, el laboratorio de economía experimental del Consorcio Venecia Investigaciones.

Sus principales intereses de investigación se relacionan con la economía experimental y sus aplicaciones organizativas y de *policy*, la teoría organizativa y la economía del lenguaje.

Stefano Zamagni, stefano.zamagni@unibo.it

Es profesor ordinario de Economía política en la Universidad de Bolonia; profesor adjunto del Public Sector Economics en la Johns Hopkins University, Bolonia Center; y profesor de Historia del pensamiento económico en la Universidad Luigi Bocconi de Milán. Es presidente de la Agencia gubernamental del tercer sector.

Sus temas de investigación incluyen la historia del pensamiento económico, la teoría del consumo, la economía de las relaciones humanas, la economía civil, y la economía de la empresa cooperativa.

Luca Zarri, luca.zarri@univr.it

Es investigador confirmado de Política económica en la Universidad de Verona y docente de Modelos de política económica y de Ética de los negocios en la misma universidad.

Sus actuales investigaciones se refieren al análisis de las preferencias sociales y a los problemas de suministro privado de los bienes públicos mediante instrumentos de la teoría de juegos no cooperativos y de la teoría de juegos evolucionistas.

Las nuevas economías. De la economía evolucionista
a la economía cognitiva:
más allá de las fallas de la teoría neoclásica
se terminó de imprimir en mayo de 2009 en Editores e Impresores, FOC, S.A. de C.V. Los Reyes núm. 26, Jardines de Churubusco, 09410 México, D.F.

Se tiraron 1000 ejemplares.